Gerhard Büttner

Elementarisierung im Religionsunterricht

Gerhard Büttner

Elementarisierung im Religionsunterricht

Einführung in die Praxis

Calwer Verlag Stuttgart

Bibliografische Information der Deutschen Bibliothek

Die Deutsche Bibliothek verzeichnet diese Publikation in der Deutschen Nationalbibliografie; detaillierte bibliografische Daten sind im Internet über *http://dnb.ddb.de* abrufbar.

ISBN 978–3–7668–4492–7

Satz und Herstellung: Karin Class, Calwer Verlag
Umschlaggestaltung: Karin Sauerbier, Stuttgart
Druck und Verarbeitung: Mazowieckie Centrum Poligrafii –
05-270 Marki (Polen) – ul. Słoneczna 3C – www.buecherdrucken24.de
Internet: www.calwer.com
E-mail: info@calwer.com

Inhalt

Vorwort

Wenn sich Religionslehrer/innen über unterrichtspraktische religionspädagogische Neuerscheinungen kundig machen, ist das gut nachvollziehbar. Doch wer einmal zwei Parallelklassen unterrichtet hat, weiß, dass dies meist mehr Schwierigkeiten als Vorteile mit sich bringt. Jede Stunde und jede Klassenkonstellation ist eben anders und deshalb unterscheiden sich auch die Stunden zum selben Thema. In einem Fach wie Religion kommt noch dazu, dass es sich oft um ‚unentscheidbare Fragen' handelt, d.h., dass in jeder Stunde im Prinzip ausgehandelt werden muss, um was es geht und welche Lösungen möglich sind. Da ist es hilfreich, etwas von dem zu wissen, was meine Schüler/innen bewegen könnte. Doch vermutlich noch wichtiger ist es, sich klar zu machen, was das Thema für mich selbst bedeutet. Um all diese Fragen geht es im Prinzip bei der ‚Elementarisierung'. Doch wer sich mit dem Thema genauer beschäftigt, sieht, dass das Konzept selber im Grunde auf der Suche ist und kein fertiges Schema sein kann. Dennoch kann man anhand konkreter Themen zeigen, dass man damit sinnvoll Unterricht planen kann. Dabei werden immer zwei Interessen deutlich: Wer möglichst konkret vorgeht und auch rezeptartige Vorschläge nicht scheut, läuft Gefahr, dass ihm seine schematischen Vorgaben als fragwürdige Normativität zerpflückt werden. Wer skrupelhaft immer in Alternativen denkt, findet wenig Zustimmung bei Lehrer/innen, die am nächsten Tag realen Unterricht halten müssen. Meine Gesprächspartner haben mal die eine, mal die andere Position gestärkt. Ich danke für konstruktive Rückmeldungen Herbert Kumpf, Oliver Reis und Frieder Spaeth. Ohne die poststrukturalistischen Einwände von Urs Büttner wäre das Buch weniger kritisch ausgefallen – auch dafür herzlichen Dank. Es ist heutzutage ein seltenes Privileg, dass ein wissenschaftliches Buch nach allen Regeln der Kunst lektoriert wird. Umso größer ist meine Freude und der Dank an Berthold Brohm. Ich wünsche mir, dass angehende und praktizierende Religionslehrer/innen das Buch als Chance sehen, ihr religionspädagogisches Handeln besser zu verstehen.

Haßmersheim, im Februar 2019

Einleitung

Wenn man im Katalog einer Bibliothek ‚Elementarisierung' eingibt, erhält man ein überraschendes Ergebnis. Einerseits werden diverse Didaktiken naturwissenschaftlicher Fächer genannt, andererseits dominieren religionspädagogische Veröffentlichungen. Bei der ersten Gruppe lässt sich das vielleicht am ehesten dadurch erklären, dass die Phänomene der Natur so offensichtlich sind, dass jeder – also auch ein Kind – sie vor Augen hat. Feuer ‚brennt', Dampf ‚steigt auf', Blumen ‚verwelken'. – Doch wie und warum? Das möchten auch Kinder schon wissen und bringen Erwachsene mit diesen Fragen in Bedrängnis. Dies geschieht aus drei Gründen: 1. wird erwartet, dass die Erklärungen dem Stand der Wissenschaft entsprechen, 2. sind auch scheinbar offensichtliche Phänomene oft schwer zu verstehen und zu erklären und 3. kommt es darauf an, den Sachverhalt so darzustellen, dass Kinder ihn verstehen. Wenn die Mutter dem Kind erklärt, wenn es seine Hände nicht wasche, dann kämen Tierchen in seinen Bauch und machten Aua-aua, dann mag das eine gute Erklärung für die Infektion mit Bakterien oder Viren sein. Und doch müssen wir uns klar machen, dass solche Erkenntnisse auch hierzulande noch nicht so lange geläufig sind und in vielen Kulturen – angesichts der Unsichtbarkeit potentieller Erreger – keineswegs unbestritten sind. So verwundert es nicht, dass die Didaktiker/innen der Naturwissenschaften viel Energie auf solche Fragestellungen aufwenden. Diese Aussage gilt umso mehr, als es auch im Bereich der Vorschulerziehung inzwischen immer mehr üblich ist, die Kinder als ‚kleine Wissenschaftler' zu betrachten (Fried 2008). Will man dies, dann genügt es nicht, die Kinder nur ‚irgendwas' machen zu lassen, sondern es muss eine *Theorie des Wissenserwerbs* dahinter stehen.

Und warum gibt es so viele Titel zum Thema ‚Elementarisierung' in der Religionspädagogik? Hier ist die Antwort einfacher. Es liegt daran, dass der renommierte Religionspädagoge Karl Ernst Nipkow diesen Begriff ins Zentrum seiner Arbeit gestellt hat und viele ihm darin gefolgt sind. Gibt es Vergleichspunkte zwischen Naturwissenschaft und Religion in dieser Hinsicht? In mancher Hinsicht schon. Dass Kinder als ‚geborene Theisten' (Barrett 2012) relativ leicht eine Beziehung zu und einen Begriff von einer jenseitigen Macht entwickeln können, ist wissenschaftlich gut belegt. Die Studien zur ‚Kindertheologie' konnten hier auch Signaturen dieses Prozesses erkennbar machen. Gleichzeitig wissen wir, dass es seit etwa 2000 Jahren eine elaborierte christliche Theologie gibt, die ihre Argumentationsfiguren im Gespräch mit der jeweils herrschenden Philosophie herausgebildet hat – und dies bei einem ‚Gegenstand', der im Prinzip ‚unzugänglich' ist (Blumenberg 2007). Von daher ist es ähnlich kompliziert, kindliche Aussagen über Gott in Verbindung mit entsprechenden theologischen Topoi zu bringen wie dies bei den engergetischen und molekularen Prozessen der Fall ist, die hinter dem Entstehen von Wasserdampf stehen. Je jünger die Kinder sind, umso konkreter sind auch im Fach Religion die Gegenstände, um die es geht. Es geht um Bilder in Bilderbüchern, um biblische Gestalten in Erzählungen, aber auch um geteilte Phantasien und Praktiken. Diese Konkretheit hat den französischen Philosophen Jean-Jacques Rousseau dazu veranlasst, der kindlichen Frömmigkeit ‚Götzendienerei' zu unterstellen. Wenn eine israelische Studie (Rosenberg 1989) zeigt, dass Kinder den ‚Erfolg' eines Gebets von dessen korrekter Ausführung abhängig machen, dann scheint Rousseau recht zu haben und eine religiöse Bildung jüngerer Kinder kaum verantwortbar zu sein. Doch hier zeigt es sich, dass eine Fixierung auf solche Phänomene zu kurz greift. Dem sensiblen Religionslehrer wird es nämlich gelingen, die Logik hinter den Phänomenen so zu entschlüsseln, dass diese in ein Sinnkontinuum überführt werden können, wie es eine konkrete Religion oder Konfession bereithält. Deren Semantik ist in der Regel so reichhaltig, dass sich für alle Aspekte kindlicher Religiosität Bezugspunkte finden lassen. Nicht zuletzt redet die Bibel selbst oft in sehr konkreten – und damit missverständlichen – Bildern. Ich möchte meine Argumentation an den Jesusbildern von Kindern festmachen. Diese malen Jesus oft mit besonderen Charakteristika bezüglich Kleidung und Haartracht. Nun haben viele Kolleg/innen daraus geschlossen, es gehe diesen Kindern um den ‚historischen Jesus'. Dies widerspricht jedoch klar den Befunden zur Christologie etwa der Grundschulkinder. Was wollen diese Bilder demnach darstellen? Vermutlich zeigen sie gerade *das Besondere* an Jesus. Er ist nicht gekleidet wie ein Heutiger. Damit begegnen wir hier einem Hinweis auf die Transzendenz und nicht der Vorstellung von einem bloß historischen Menschen. Wolfgang Sümkel (2007) hat zu Recht darauf aufmerksam gemacht, dass Elementarisierung immer vom Unterrichtsgegenstand ausgehen muss. Nur in dem Maße, wie dieser in seiner Vielfalt begriffen werden kann, lassen sich gangbare Wege zum Horizont der Schüler/innen finden. Das bedeutet aber auch, dass es im Hinblick auf Elementarisierung kaum etwas Allgemeines geben kann und die einzelnen Fächer je eigene Wege finden müssen. Gerade deshalb erscheint es fruchtbar, sich von den Versuchen anderer Fächer inspirieren zu lassen.

In diesem Buch soll es darum gehen, die Begriffsentwicklung des Elementarisierungsprojektes nachzuzeichnen. Ich beginne dabei mit grundlegenden Überlegungen darüber, in welchem Sinne es denn überhaupt möglich ist, vom Elementaren oder Exemplarischen zu sprechen. Danach spüre ich der Argumentation von Wolfgang Klafki in dieser Frage nach. Schließlich mache ich deutlich, wie tastend die Konzeptentwicklung bei Karl Ernst Nipkow verläuft und welche Metamorphosen die Teilbegriffe dabei durchmachen. Folgt man den Weiterentwicklungen Friedrich Schweitzers, stößt man auf einen ähnlichen Befund. Hier wird besonders deutlich, wie sehr das Projekt von der Einbeziehung empirischen Materials profitiert. Dies provoziert natürlich dazu, mit zusätzlichen empirischen Befunden – besonders aus dem Bereich der Kindertheologie – selbst nochmals neue Akzente zu setzen. Dabei erscheint es mir besonders hilfreich, nicht nur auf die pädagogischen Absichten zu schauen, sondern auf die Praktiken, die in starkem Maße den Unterricht bestimmen. Ein Seminar an der PH Ludwigsbureg und die in diesem Zusammenhang entstandenen didaktischen Analysen haben mich bestärkt, mein eigenes Elementarisierungskonzept bis in die Details der Unterrichtsplanung auszuführen. So werden die Leser/innen immer wieder konkrete Überlegungen zu konkreten – meist bekannten – Unterrichtsthemen finden.

1. Didaktik heißt Auswahl

1.1 Was unterrichte ich morgen?

Diese Frage bewegt in der einen oder anderen Form jede Lehrkraft. Wer den Stoff zum wiederholten Male unterrichtet, für den bedeutet das in der Regel, in einem Ordner im Regal oder auf der Festplatte das entsprechende Material zu suchen und zu prüfen, ob alles so bleiben kann oder Veränderungen angeraten sind. Doch die Anfängerin, egal ob im Praktikum, Referendariat oder auf einer ersten Stelle, wird bei einer neuen Thematik erst einmal überlegen müssen, um was es sich handelt, welche Aspekte des Themas relevant sind und wie man sie auf eine begrenzte Stundenzahl aufteilen kann. Ist dies geschehen, dann ergibt sich die Frage, wie eine konkrete Einzelstunde zu planen sei – mit welchen Materialien und welchen Methoden. In der Regel verläuft dieser Prozess nicht ganz so kontextfrei, wie eben skizziert. Je nach Curriculum finden sich oft schon Hinweise über die Stoffverteilung und empfohlene Texte, besonders aus der Bibel. Und Religionsbücher mit ihren Lehrerhandreichungen bieten meist ein nachvollziehbares Programm, an dem sich die Lehrkraft orientieren kann – zumal wenn ein entsprechendes Buch an Schulen eingeführt ist und sich bewährt hat.

Doch dieses Procedere verschleiert, dass die so gewählte Unterrichtsoption nur eine von vielen Möglichkeiten darstellt. Zöge man ein anderes Schulbuch heran oder konsultierte man eine der zahlreichen in Zeitschriften und im Internet angebotenen Ideen, dann würde man unsicher werden im Hinblick auf die getroffene Wahl. Andererseits könnte es doch reizvoll sein, bei einem bestimmten Thema, mit dem man sich im Studium intensiver beschäftigt hat, einmal zu überlegen, ob das, was in der Schule so ‚üblich' ist, denn dem entspricht, was man wissenschaftlich gelernt hat. Das führt etwa dazu, dass Lehrerinnen, die froh sind, ihren Unterricht routiniert gestalten zu können, es dann doch immer wieder einmal schätzen, nach einer Fortbildung oder der Lektüre eines bestimmten Buches nochmals radikal darüber nachzudenken: Was wähle ich aus? Wie setze ich den Akzent? Was ist mir wichtig?

1.2 Eine Suche in der Welt der neutestamentlichen Gleichnisse

Der nächste Schritt versteht sich als Einladung, die Unterrichtsroutinen erst einmal beiseite zu schieben und den Prozessen, die dem Planen, Schulbuch- und Lehrplan-Machen zugrunde liegen, gleichsam von außen zuzusehen und zugleich zu versuchen, diese Schritte gedanklich mitzugehen. Ich wähle dazu ein Thema, das seit der großen Lehrplanreform vor 50 Jahren fast kanonisch im Curriculum der Klassen 5 und 6 auftaucht: die Gleichnisse Jesu. Dazu zwei Aufgaben:

1. Schreiben Sie alle Gleichnisse Jesu auf, die Sie kennen!
2. Machen Sie – wenn Sie mehrere aufgelistet haben – den Versuch, diese nach einem bestimmten Prinzip zu sortieren!

Im Hinblick auf die erste Aufgabe wird man mit den Geschichten rechnen können, die auch bei Schüler/innen am ehesten bekannt sein dürften – u.a. weil sie im RU explizit aufgetaucht sind: Verlorener Sohn, Verlorenes Schaf, Barmherziger Samariter, Senfkorn, Arbeiter im Weinberg, Vierfaches Ackerfeld. Diese Auswahl ist bescheiden angesichts von fast 80 Gleichnissen, die das Gleichniskompendium von Ruben Zimmermann (2007) aufzählt – darunter allerdings einige Varianten. Mit dieser Erkenntnis wird ausgesagt, dass die Tradition der Weitergabe offensichtlich einige Texte privilegiert, so dass diese auch im kollektiven Gedächtnis außerhalb der Kirche verwurzelt sind. Doch warum sind die genannten Texte bekannt und die vergessenen vergessen? Zimmermanns Kompendium macht mit neuen, oft überraschenden und witzigen Titeln deutlich, dass man die ohne Überschrift überlieferten Gleichnisse auch anders perspektivieren kann, als dies seit den Überschriften der Bibelübersetzungen geschieht.

Die zweite Aufgabe ist um einiges trickreicher. Wer sortieren will, muss wissen wonach. Man kann formale Kriterien wählen wie die Länge oder die Zugehörigkeit zu einem bestimmten Evangelium. Die neutestamentliche Wissenschaft hat ein inhaltliches Kriterium vorgeschlagen. Handelt es sich bei der bildspendenden Erzählung um etwas Alltägliches oder um etwas Außergewöhnliches? Wer Sauerteig in eine Schüssel mit Mehl gibt, erhält, wenn die Temperatur stimmt, nach einer Weile einen durchsäuerten Teig. Dieses Bild kann man dann auf andere Situationen anwenden: vom Ausbreiten einer Krankheit bis hin zu Jesu Reich-Gottes-Botschaft. Dass jemand einen Schatz findet, kommt vor, aber eben eher selten, und dass ein Arbeitgeber einem Teil der Arbeiter einen weit überhöhten Lohn auszahlt, ebenfalls. Doch auch im normalen Leben passiert so etwas manchmal und überraschend – so wie das Reich Gottes. Man spricht im ersten Fall von Gleichnissen im engeren Sinne, im zweiten von Parabeln. Doch in dem zitierten Kompendium wird vorgeschlagen, auf diese Unterscheidung zu verzichten und nur von Parabeln zu sprechen.

Für Lehrkräfte könnte aber eine ganz andere Einteilung wichtig sein. Sind denn die Gleichnisse alle gleich schwierig für Schüler/innen? Peter Müller u.a. (2002) haben vorgeschlagen, diese Einteilung ernst zu nehmen. Sie machen darauf aufmerksam, dass manche Gleichnisse ganz kurz sind und eine einfache Handlung haben: ein Schaf geht verloren und wird gefunden und alle freuen sich. Doch bei anderen Gleichnissen ist der Sachverhalt komplizierter und stammt aus einer fremden Kultur: da gibt es Tagelöhner, die bei der Weinernte helfen und gleichen Lohn für unterschiedliche Arbeit erhalten. Das ist deutlich komplexer als das erste Beispiel. Und dann gibt es solche Geschichten, die auch den Experten erst einmal verwirren: ein Haushalter betrügt seinen Herrn und wird am Ende dafür gelobt. Hier bedarf es schon besonderer exegetischer Kenntnisse, um etwas Sinnvolles aus dem Text zu entnehmen.

Es gehört zum Alltagswissen, dass es bei Gleichnissen um Geschichten geht, die erst einmal nicht selbstgenügsam zu denken sind, sondern die auf etwas anderes (die bildempfangende Seite) verweisen wollen – häufig auf das eher unanschauliche *Reich Gottes*. Soweit herrscht auch in der neutestamentlichen Wissenschaft Übereinstimmung. Doch wie eine mögliche Übertragung zu denken ist, wird durchaus kontrovers gesehen. Geht es um eine Übertragung Punkt für Punkt oder nur bezogen auf eine Vergleichsstelle usw. Das Kompendium geht an dieser Stelle den Weg, dass das Hauptaugenmerk auf die bildspendende Seite, also das Gleichnisgeschehen selbst, gelegt wird und mögliche Übertragungen eher dezent angedeutet werden.

Gleichnisse Jesu sind für unsere Fragestellung deshalb ein gutes Exempel, weil man – gerade bei den bekannten Beispielen – in der Regel den Eindruck hat, man wisse in etwa schon, was damit gemeint sei. In aller Regel lässt sich allerdings zeigen, dass auch eine ‚Alltagsexegese' keineswegs theoriefrei ist. Deshalb lassen sich solche Exegesen oft bestimmten Positionen zuordnen, die auch in der Wissenschaft vertreten werden (Roose/Büttner 1999).

1.3 Der Blick auf die Lehrpläne

Gleichnisse Jesu sind in den allermeisten Lehrplänen für die Klassen 5/6 vorgesehen. Das ist kein Zufall. Die Übersetzung eines Sachverhaltes in einen anderen setzt entwicklungspsychologisch abstraktes Denken voraus, was in dieser Altersstufe mehr oder weniger vorausgesetzt werden kann. Dass prominente Themen in den Lehrplänen inzwischen auf den gleichen Altersstufen positioniert werden, hat pragmatische Gründe. So gibt es den Wunsch, dass die Themen in den verschiedenen Schularten und zwischen Evangelischen und Katholiken möglichst parallel liegen, damit Kooperationen möglich sind. Ein weiterer wichtiger Grund liegt darin, dass sich Schulbücher an einer gewissen ‚Normalauswahl' bei den Themen orientieren. Wenn ein Bundesland hier ausscheren möchte, ergibt sich das Problem, dass die Schulbücher nicht mehr ‚passen'.

Doch wie entstehen Lehrpläne? Wie arbeiten Lehrplankommissionen? Solche Kommissionen setzen sich meist aus praktizierenden Lehrkräften zusammen; hinzu kommen Vertreter/innen der Studienseminare, der Schulverwaltung und kirchlicher Institute, z.T. auch Vertreter/innen der Hochschulen. Im Prinzip befinden sich diese Kommissionen in derselben Situation wie die planende Lehrkraft an ihrem Schreibtisch. Zum Thema ‚Jesus Christus' geht es in der Regel um folgende Module: Geburt/Weihnachten, Wunder, Gleichnisse, Passion/Auferstehung, Bergpredigt und neuerdings Jesus im Judentum und im Islam. Diese Themen werden dann auf Grundschule und Sek I verteilt, in der Sek II werden diese dann i.d.R. nochmals themenspezifisch neu aufgenommen. Diese Vorgaben lassen sich aus unterschiedlichen Perspektiven beobachten. Die neutestamentliche Wissenschaft fragt, wieweit ihre Ergebnisse sich in den Lehrplänen niederschlagen. Dies ist durchaus der Fall. So wird die Situierung Jesu im Judentum seiner Zeit in entsprechenden Unterrichtseinheiten zu ‚Zeit und Umwelt Jesu' weitgehend rezipiert. Die sog. Zwei-Quellen-Theorie zur Entstehung der synoptischen Evangelien führt zu einer gewissen Privilegierung des MkEv, weil dieses als das älteste gilt. Dem stehen diverse Untersuchungen zur ‚Christologie der Kinder und Jugendlichen' gegenüber, die eher für einen theologischen Akzent plädieren, indem sie die Jesus-Thematik näher bei der Gottesfrage positionieren. Man kann – aus der Perspektive der kirchlichen Tradition – fragen, warum die ‚Streitgespräche' fehlen oder die Frage der endzeitlichen Wiederkunft Jesu. Die intensive Beschäftigung mit dem Judentum hat zu einer großen Vorsicht gegenüber solchen Perikopen geführt, in denen Jesus sich mit jüdischen Gegnern auseinandersetzt. Generell lässt sich eine gewisse Scheu gegenüber einer ‚hohen Christologie' erkennen – die Vorstellung von Jesu Göttlichkeit steht eben im Spannungsfeld zu jüdischen und muslimischen Vorstellungen.

Was ich damit zeigen will, ist die Tatsache, dass die Lehrplanmacher/innen zwangsläufig unter einem starken Entscheidungsdruck stehen. Welcher der gerade herrschenden *Moden* sollen sie folgen? Ich werde diese Frage präzisieren und anhand des Themas ‚Gleichnisse Jesu' in drei verschiedene Kontexte stellen, die auch in den Lehrplänen vorkommen. Geben Sie eine Begründung, welche Kontextualisierung Sie vornehmen würden:

1. Jesus redet in Gleichnissen. Damit erweist er sich als typischer Weisheitslehrer im Judentum seiner Zeit.
2. Jesu Gleichnisse geben Hinweise, wie wir als Christ/innen handeln sollen.
3. Jesus zeigt uns in seinen Gleichnissen, wie wir über Gott und sein Reich reden können.

Selbstverständlich sind alle drei Kontexte möglich. Doch welche der folgenden Gleichnisse könnte man heranziehen, um die einzelnen Kontexte zu bedienen?

Es war ein reicher Mensch, dessen Feld hatte gut getragen. Und er dachte bei sich selbst und sprach: Was soll ich tun? Ich habe nichts, wohin ich meine Früchte sammle. Und sprach: Das will ich tun: Ich will meine Scheunen abbrechen und größere bauen und will darin sammeln all mein Korn und meine Vorräte und will sagen zu meiner Seele: Liebe Seele, du hast einen großen Vorrat für viele Jahre; habe nun Ruhe, iss, trink und habe guten Mut! Aber Gott sprach zu ihm: Du Narr! Diese Nacht wird man deine Seele von dir fordern; und wem wird dann gehören, was du angehäuft hast?

Ein König hatte zwei Söhne. Einer war älter und einer war jünger. Der ältere war geehrt und der jüngere war beschmutzt. Und trotzdem liebte er den jüngeren mehr als den älteren.

Wenn ein Mensch hundert Schafe hätte und eins unter ihnen sich verirrte: lässt er nicht die neunundneunzig auf den Bergen, geht hin und sucht das verirrte? Und wenn es geschieht, dass er's findet, wahrlich, ich sage euch: Er freut sich darüber mehr als über die neunundneunzig, die sich nicht verirrt haben.

Die oben gestellte Frage lässt sich nicht eindeutig beantworten. Nur zwei der drei Gleichnisse stammen von Jesus. Das mittlere kommt aus rabbinischer Tradition. Dies ist deshalb wichtig, weil sich an ihm zeigen lässt, dass Jesus mit seinen Gleichnissen in einer jüdischen Tradition steht. Dies war lange Zeit durchaus umstritten, weil man den Jesus-Gleichnissen einen Sonderstatus zuschrieb, um sie von den Erzählungen seiner jüdischen Zeitgenossen zu unterscheiden. Dieser Hinweis war als Ausdruck der Besonderheit ihres Erzählers gedacht. Heute argumentiert man umgekehrt: Weil Jesu Gleichnisse so gut zu den Erzählungen seiner Zeitgenossen passen, deshalb können sie als echt gelten. Damit ließe sich das mittlere Gleichnis gut mit einem Jesus-Gleichnis wie Lk 15,13ff (Vom verlorenen Sohn) verbinden, gerade auch um die motivische Verwandtschaft hervorzuheben. Diese besteht in gewisser Weise auch gegenüber dem Gleichnis vom verlorenen Schaf (hier Mt 12,11f). In beiden geht es darum, dass sich Gott gerade den Geringsten bzw. Verlorenen zuwendet. Die Gleichnisse können demnach als Metaphern für Gott angesehen werden (im Sinne der dritten Lehrplanoption, siehe oben).

Das erste Gleichnis gilt als eine der wenigen sog. Beispielgeschichten (Lk 12,16ff). Die Geschichte vom reichen Kornbauern lässt sich als ethische Aufforderung – bis heute! – verstehen und lehrplanmäßig entsprechend positionieren.

Man kann auch dem niedersächsischen Vorschlag folgen, Gleichnisse aus Mk 4,1–34 auszuwählen. Diese Auswahl bezieht sich auf die Kompetenzformulierung: [Die Schüler/innen] *geben zwei Gleichnisse vom Kommen des Reiches Gottes wieder und erklären diese.*

1.4 Mk 4: Best of?

Das Curriculum führt uns wieder zur Ausgangssituation zurück. Wenn ich den Hinweis auf Mk 4 ernst nehme, dann stehen mir mehrere Optionen offen:

Das Gleichnis vom Sämann mit Auslegung	Das Bildwort von Licht und Maß
Das Gleichnis von der selbstwachsenden Saat	Das Gleichnis vom Senfkorn

Jedes der vier Angebote hat seine Besonderheit:

- Das erste Gleichnis enthält mehrere Eigentümlichkeiten. Eine davon ist, dass Mk hier gewissermaßen eine Auslegungsregel mitliefert. Diese ist mit dem Hinweis versehen, dass eigentlich nur die Insider diese verstehen könnten. In der Exegese wird herausgestrichen, dass die vorgelegte Auslegung der Intention des Gleichnisses widerspreche. D.h., wir sollten uns unterrichtlich auf Mk 4,3–9 konzentrieren.
- Das Bildwort vom Licht, das man nicht unter den Scheffel stellen soll, ist zwar einfach, entspricht aber vielleicht nicht der Intention der Lehrpläne.
- Das Gleichnis von der selbstwachsenden Saat ist gut verständlich, ist aber in seiner Aussage zum Reich Gottes durchaus eigenwillig.
- Das Gleichnis vom Senfkorn ist bekannt und unterrichtlich beliebt: Klein-Groß-Entwicklung (z.B. das Lied von Gerhard Schöne: Alles muss klein beginnen) oder eigene Pflanzversuche mit Kressesamen, pantomimische Darstellung. Meist wird der explizite Hinweis auf das Reich Gottes (Himmelreich) durch den Verweis auf die Vögel nicht beachtet.

Wir sehen, dass die unterrichtliche Tradition bereits wichtige Hinweise zur Auswahl enthält. Oft wird dann als zweites (eher einfaches) Gleichnis das oben zitierte vom verlorenen Schaf ausgewählt – zwar ein Gleichnis, aber nicht direkt eines zur Reich-Gottes-Thematik. Habe ich die Wahl zu treffen zwischen dem Sämann-Gleichnis und dem zur selbstwachsenden Saat, würde ich – trotz der geringeren Bekanntheit – für das Letztere plädieren. Es steht in seiner Aussage, dass das Reich-Gottes ‚von allein' kommt in einer gewissen Spannung zu den eher moralisch gedeuteten Gleichnissen, die *unseren Beitrag* dazu betonen. Der Text zeigt zudem eine eigenwillige Deutung des Wachstumsprozesses (der Same geht auf und wächst – und er weiß nicht wie).

Der von mir an dieser Stelle verworfene Text wird meist im Sinne eines ‚vierfachen Ackerfeldes' gedeutet, dabei liegt die Pointe auf dem letztlich – gerade für damalige Zeiten – märchenhaften Ertrag der Ähren, die dann reif geworden sind. Das Gleichnis mit Auslegung müsste dann erklären, dass die empfohlene Auslegung im Sinne einer Allegorie zwar in der kirchlichen Auslegung populär war, aber der Bedeutung der Gleichnisse bei Jesus selbst eher nicht entspricht. Für solche Schritte sind die ins Auge gefassten Kinder definitiv zu jung.

1.5 Überlegungen zur Exemplarität I

Die oben diskutierten Gleichnisse sind in der Regel nicht als Einzelstunden angedacht. Sie sind meist Teil einer größeren Unterrichtseinheit, z.B. zur Person Jesu, zu einer eigenen Gleichniseinheit oder als Baustein eines anderen Themas wie der Gottesfrage oder der nach sozialer Gerechtigkeit. Mit dieser Sichtweise wird eine Einzelstunde Teil eines größeren Zusammenhangs. D.h., dass vom Inhalt der Stunde erwartet wird, dass er nicht nur um seiner selbst willen von Bedeutung ist, sondern Teil eines größeren Programms. Der Inhalt wird zum Baustein in einer größeren Argumentationskette. Doch wie sieht eine solche aus und kann es sie überhaupt geben? Für den individuellen Wissensaufbau ist die Bildung einer inneren Struktur unaufgebbar. Man kann dies leicht ausmachen, wenn man Menschen fragt, an welche anderen biblischen Geschichten sie eine bestimmte Perikope erinnert. Oft lassen sich dann ‚Eselsbrücken' erkennen, mit denen wir unser Gedächtnis organisieren. Solche Musterbildungen gibt es auch in der Religionspädagogik. Ich referiere zwei Typen. In seinem umfassenden Programm sieht etwa Hubertus Halbfas (1982) vor, in jedem Schuljahr zu bestimmten Themenfeldern ein Angebot zu machen. Diese Themenfelder betreffen Schöpfung, Gottesfrage, Jesus, Kirche, Feste, aber auch Sprachverständnis, Symbolverständnis und Bibelverständnis. In jedem Schuljahr werden neue Bausteine innerhalb dieser Themenfelder hinzugefügt. In ähnlicher Weise hat man (vor der Kompetenzorientierung) in Baden-Württemberg den Evangelischen Religionsunterricht konzipiert. Dort finden sich (LP Gymnasium von 1994) die folgenden *Grundlinien*:

1. Die Welt als Gottes Schöpfung sehen
2. An Lebensgeschichten erfahren, wie Gott Menschen begegnet
3. Vertrauen zu Gott gewinnen und darüber sprechen

4. Die Geschichte Jesu nach den Evangelien kennenlernen
5. Sich selbst und andere wahrnehmen und annehmen
6. Mit den Geboten Gottes Regeln für das Leben finden
7. Für Frieden und Gerechtigkeit in der Welt eintreten
8. Ausdrucksformen gemeinsamen Glaubens kennenlernen (Symbole, Gebete, religiöse Praxis)
9. Personen und Brennpunkte der Kirchengeschichte kennenlernen
10. Andere Religionen und Weltanschauungen kennenlernen und respektieren.

Wo in dieser Liste könnte man das Gleichnis vom *Reichen Kornbauern* (s.o.) einordnen?

Die Frage ist gar nicht so leicht zu beantworten. Auf den ersten Blick tendiert man zur Jesus-Grundlinie (4.). Doch man könnte das Gleichnis auch im Sinne der ‚Selbstsorge' (5.) oder der ‚Gerechtigkeit' (7.) verorten. Damit wird deutlich, dass es nicht so einfach ist, eine bestimmte Unterrichtseinheit als ‚Beispiel' für einen bestimmten größeren Zusammenhang zu nehmen. Beim Umgang mit den Grundlinien stellte sich dies auch in der Praxis heraus. Obwohl alle Schulformen mit denselben Grundlinien arbeiteten, wurden dieselben Einheiten unterschiedlichen Grundlinien zugeordnet.

Fragt man Schüler/innen, aber auch Studierende nach Ordnungsvorschlägen für biblische Geschichten, dann stößt man am häufigsten auf die Idee einer Chronologie. Dieses Ordnungskriterium ist durchaus einleuchtend. So hat man das biblische Programm lange als ‚Biblische Geschichte' bezeichnet. Schaut man in die Bibel, dann beginnt diese in der Tat mit der Schöpfung der Welt und endet mit deren Ende im Zusammenhang mit der Wiederkunft Christi. Christliche Theologie hat die Texte des Alten Testaments immer als Hinweise auf das Neue gelesen usw. So gesehen kann man biblische Themen immer in einen heilsgeschichtlichen Zusammenhang einordnen – sie werden Beispiele für eine sinnvolle Geschichte Gottes mit uns Menschen. Doch auch hier stellt sich das anhand der Grundlinien angesprochene Problem: Kann man eine biblische Perikope wirklich so eindeutig in einem Programm verorten, was beim genaueren Hinsehen gar nicht so eindeutig ist, wie man zunächst meint.

1.6 Überlegungen zur Exemplarität II

Die Frage nach der Auswahl eines Unterrichtsthemas erweist sich als problemhaltiger, als man auf den ersten Blick vermutet. Deshalb soll zum Abschluss dieses Kapitels die Frage der Exemplarität grundsätzlicher bedacht werden.

Ich beginne mit einer Zeile eines Liedes der EAV:

> „Ich bin eine Mischung, die ist ziemlich lecker,
> aus Albert Einstein und Arnold Schwarzenegger.
> Soweit so gut, doch das Dumme ist nur,
> ich hab Schwarzeneggers Hirn und von Einstein die Figur …"

Die Liedzeile ist ein gutes Beispiel dafür, dass der Verweis auf ein Exempel keineswegs eindeutig ist. Die genannten Personen stehen für bestimmte Eigenschaften, die durch Konvention mit diesen verbunden sind. Da die Beispiele aber nicht nur *diese* Eigenschaften aufweisen, ist es dann auch nicht selbstverständlich, dass immer die konventionalisierten aufgerufen werden. Geschieht dies nicht, hat man – zumindest in diesem Fall – die Lacher auf seiner Seite. Der Soziologe Rainer Schützeichel (2007, 358) drückt dies so aus:

> „Das, was als exemplarisch bezeichnet wird, ist eine kontingente Selektion, ist das nie auf Dauer zu stellende Ergebnis von unterschiedlichen Strategien der Exemplarisierung, die mit unterschiedlichen Motiven wie zum Beispiel der Verehrung oder der Legitimationsbeschaffung einhergehen können. […] Kein gesellschaftlicher Bereich von den vielfachen lebensweltlichen Orientierungsproblemen über das exemplarische Gedächtnis der Kunst bis hin zu Recht, Sport, Architektur oder Technik kommt ohne Exemplarisierungsstrategien aus."

Das heißt zweierlei. Einerseits ist die Bedeutung bzw. der Bezug zum Allgemeinen niemals per se eindeutig, andererseits haben praktisch alle gesellschaftlichen Bereiche Konventionen, was ‚im Normalfall' ein Beispiel meinen soll. Ich will dies erläutern anhand des bekannten Gleichnisses vom *barmherzigen Samariter* (Lk 10,25ff). In unserem Kulturkreis gilt – weit über den Kreis der Christen hinaus – ein Samariter als einer, der einem anderen in der Not beisteht. Das ursprüngliche Gleichnis spricht aber noch ganz andere Themen an: es geht um ein theologisches Gespräch um ewiges Leben und wer der Nächste ist bzw. sein kann, es geht um die Rolle eines ‚Ausländers' und auch um die Frage der rechten Hilfeleistung. Für all diese Fragen kann das Gleichnis ein Exempel sein. Wir sehen also, dass es nicht eindeutig ist und von kulturellen Konventionen abhängt, wie eine Sache oder ein Geschehen zum Exempel für etwas Allgemeineres werden können.

Man hat versucht verschiedene Modi zu unterscheiden, die diese Zuordnung betreffen. Ich erläutere im Folgenden drei davon (unter Verzicht auf den rhetorischen Gebrauch). Willer, Ruchatz und Pethes (2007) bieten erst einmal zwei komplementäre Modelle: Das *Belegbeispiel* und das *Ausgangsbeispiel.*

Im ersten Fall, dem Belegbeispiel, suche ich etwa für meine Unterrichtreihe über ethisches Verhalten ein Beispiel – und werde bei Lk 10,25ff fündig. Das Gleichnis zeigt ein eindrückliches Beispiel für Hilfeleistung und es stellt diese in einen theologischen Kontext.

Beim Ausgangsbeispiel gehe ich von der gewählten Perikope aus und überlege, in welchem Kontext ich diese interpretieren will. In der Praxis des Religionsunterrichts geschieht dies oft im Hinblick auf ethisches Verhalten oder auch im Hinblick auf das Bild vom *Fremden* – manchmal auch zum Thema Schriftverständnis zur Zeit Jesu. Wichtig ist demnach, bei der Frage der Exemplarität die Richtung zu bedenken (dazu Roose 2013). Die dritte Variante ist das normative Beispiel: Wer Albert Einstein als Exempel nennt, will exemplarisch dessen Intelligenz herausstreichen und als Vorbild hinstellen. Dasselbe gilt für den barmherzigen Samariter, an dem sich alle ein Beispiel nehmen sollen. Gerade diese normative Bedeutung von Beispielen ist unbestritten und auch im Religionsunterricht hoch geschätzt (Mendl 2015). Normalerweise werden die drei genannten Varianten im Religionsunterricht nicht sauber auseinandergehalten, doch lässt sich annehmen, dass diese Unterscheidung analytisch hilfreich sein kann.

2. Der Kanon im Kanon

2.1 Welche Bibeltexte sind wichtig?

Auch wenn es vor Jahrzehnten eine Diskussion über den Stellenwert der Bibel im Religionsunterricht gab, so ist es doch unstrittig, dass Texte der Bibel eine wichtige Rolle spielen sollen. Dies gilt umso mehr, als die Parallelreligionen Judentum und Islam ihren heiligen Schriften eine zentrale Stellung zuweisen. Doch ganz praktisch gesehen muss man feststellen, dass es sich bei der Bibel um ein dickes Buch handelt, dessen umfassende Kenntnis selbst Expert/innen nur bedingt möglich ist. Es geht also auch hier wieder um eine Frage der Auswahl. Welche Texte sind ‚exemplarisch'? Ich beginne mit zwei Ausschnitten, von denen man annehmen kann, dass sie eher unbekannt sind.

Überlegen Sie, wo diese Texte hingehören könnten und warum sie christlichen Bibelleser/innen eher unbekannt sind:
Ein jeder fürchte seine Mutter und seinen Vater. Haltet meine Feiertage; ich bin der HERR, euer Gott. Ihr sollt euch nicht zu den Götzen wenden und sollt euch keine gegossenen Götter machen; ich bin der HERR, euer Gott. Und wenn ihr dem HERRN ein Dankopfer bringen wollt, sollt ihr es so opfern, dass es euch wohlgefällig macht. Ihr sollt es an dem Tag essen, an dem ihr's opfert, und am nächsten Tage. Was aber bis zum dritten Tag übrig bleibt, soll man mit Feuer verbrennen. Wird aber am dritten Tage davon gegessen, so ist es ein Gräuel und wird nicht wohlgefällig sein; und wer davon isst, muss seine Schuld tragen, weil er das Heilige des HERRN entheiligt hat, und ein solcher Mensch wird ausgerottet werden aus seinem Volk. Wenn du dein Land aberntest, sollst du nicht alles bis an die Ecken deines Feldes abschneiden, auch nicht Nachlese halten.

Da kam einer, der entronnen war, und sagte es Abram an, dem Hebräer, der da wohnte im Hain Mamres, des Amoriters, des Bruders von Eschkol und Aner. Diese waren mit Abram im Bund. Als nun Abram hörte, dass seines Bruders Sohn gefangen war, wappnete er seine Knechte, dreihundertundachtzehn, in seinem Hause geboren, und jagte ihnen nach bis Dan und teilte seine Schar, fiel des Nachts über sie her mit seinen Knechten und schlug sie und jagte sie bis nach Hoba, das nördlich der Stadt Damaskus liegt. Und er brachte alle Habe wieder zurück, dazu auch Lot, seines Bruders Sohn, mit seiner Habe, auch die Frauen und das Volk.

Warum kennen wir diese Texte nicht? Der erste entstammt dem Buch Levitikus (3. Mose). Dieses Buch und diese Stelle wurden und werden im Judentum als bevorzugte Textstellen für den Beginn der Bibellese für Kinder propagiert. In der Tat geht es hier um wichtige Gebote, die für das Judentum von entscheidender Bedeutung sind und das praktische Leben prägen. Im Christentum und ganz besonders im Protestantismus hat man – im Zuge der Paulusinterpretation Luthers – diese Gebote eher für problematisch angesehen, weil sie der durch Jesus Christus gebrachten ‚Freiheit' widersprächen. Ganz praktisch geht man heute davon aus, dass die Zehn Gebote – die z.T. hier auch auftauchen – genügend ethische Anweisung bieten und man eher auf narrative Texte setzt.

Der zweite Text zeigt, wie selektiv wir auch die ansonsten gern unterrichtete Passage zu Abraham lesen. Abraham als Kriegsherr passt nicht in das Bild, das wir von ihm vermitteln. So lassen wir diese Stelle – wieder im Gegensatz zum Judentum – meist weg. Nun wissen wir, dass es nicht so einfach ist, bestimmte Inhalte als wichtig und repräsentativ für etwas Umfassenderes herauszustellen. Dies zeigt auch das obige Beispiel. Doch man kann zeigen, dass die Frage nach dem Kanon (= Richtschnur) für die christliche Bibel von Anfang an wichtig war und auch heute noch nicht abgeschlossen ist.

2.2 Die Kanonfrage

Wer die beiden neuen Bibelausgaben (Lutherübersetzung und Einheitsübersetzung) miteinander vergleicht, dem wird u.a. auffallen, dass im alttestamentlichen Teil in der kath. Einheitsübersetzung einige Bücher ‚mehr ‚geboten' werden als in der evang. Übersetzung. Es handelt sich um Bücher wie Tobit, Judith oder die Makkabäerbücher, die in manchen Lutherbibeln als Apokryphen separat aufgenommen sind. Der Unterschied rührt daher, dass sich die katholische Tradition lange an der lateinischen Übersetzung (Vulgata) orientiert hat, die ihren alttestamentlichen Teil aus der griechischen Übersetzung ‚Septuaginta' bezog. Luther orientierte sich im Sinne der Renaissance an den ursprünglichen Quellen, d.h. der hebräischen Bibel. Diese enthält aber einige der Septuaginta-Teile (noch) nicht. Theologisch sind die genannten Bücher nicht von Bedeutung, doch sie zeigen, dass der Umfang der Bibel nicht so eindeutig ist, wie man das annehmen könnte. Man weiß heute, dass der alttestamentliche Kanon sich auch erst um die Zeitenwende herum endgültig herausgebildet hat. Im neutestamentlichen Kanon gab es lange Unstimmigkeiten – besonders bei Texten wie dem 2Petr und dem Judasbrief oder der Offenbarung des Johannes. Sie fehlten in bestimmten Sammlungen. Dafür gab es Texte, wie die Clemensbriefe, die heute nicht zum Kanon gehören. Erst im 4. Jahrhundert hat sich der heute gültige Kanon herausgebildet. Bis heute haben bestimmte orientalische Kirchen noch Abweichungen in ihrem Bestand kanonischer Bücher. Die Diskussion um den Kanon ist heute keineswegs ausgestanden. So geht es etwa in einer aktuellen Debatte um die Frage, ob den Texten des Alten Testaments dieselbe Bedeutung zukommen soll wie denen des Neuen. Inhaltliche Kriterien ließen schon in antiker Zeit darüber nachdenken, ob man nicht bestimmte Bücher oder Passagen weglassen sollte (Marcion). Barak Obama legte seinen Eid auf die sog. Jefferson-Bibel ab, in der maßgebliche Eingriffe im Sinne einer aufklärerischen Sicht vorgenommen worden sind. Gerade die Auswahlbibeln sind von besonderer religionspädagogischer Bedeutung. Jede Kinderbibel ist dafür ein Beleg. Welche Texte werden weggelassen? Welche Texte werden wie bearbeitet? Diese Entscheidungen thematisieren die Überlegungen des vorherigen Kapitels. Die getroffene Auswahl steht immer vor der Frage, ob sie als *Beispiel für das Gesamte* der Bibel stehen kann. Die Sichtweise auf Jesus, die ich durch meine Textauswahl betonen möchte, kann ich letztlich nur aus dem Gesamt der Texte gewinnen. Angesichts der Vielzahl der dort vertretenen Sichtweisen muss ich angeben, warum ich mich für die eine und gegen die andere Perspektive entscheide. Dies ist umso schwerwiegender, als meine Auswahl den Leser/innen vorenthält, was ich weggelassen habe. Für den protestantischen Diskurs hat bereits Luther mit seiner Bibelübersetzung deutliche Hinweise darauf gegeben, welche innere Hierarchie im Hinblick auf ihre theologische Bedeutung er den einzelnen biblischen Schriften zuweist.

2.3 Auswahl und Wertung bei Luther

Man wird den Prozess der Reformation auch als eine Neugewichtung der biblischen Bücher sehen können. So lässt sich Luthers reformatorische Erkenntnis nicht erklären ohne dessen Fokussierung auf die paulinesche Theologie. Dieser Vorgang lässt sich als zirkulärer Prozess beschreiben, innerhalb dessen Luther aus der Schrift die Kriterien erhebt, die nun ihrerseits den Maßstab der inneren Gewichtung abgeben sollen. Wenn es denn stimmt, dass implizit diese Gewichtungen nach wie vor eine Rolle auch bei der didaktischen Wertschätzung einzelner biblischer Perikopen spielt, dann erscheint es an dieser Stelle sinnvoll, einen Blick auf die Luthersche Bewertung einzelner Schriften zu werfen. Ich gehe dabei pragmatisch vor und untersuche die Bemerkungen Luthers in den diversen Vorreden zur Bibelübersetzung, wie sie in der Sammlung ‚Luther Deutsch' vorliegen.

Luther stellt das Alte Testament in seinen theologischen Referenzrahmen von ‚Gesetz und Evangelium'. Zwar sieht er die grundlegende Einteilung in das ‚Gesetzbuch' AT und das ‚Gnadenbuch' NT, doch (10)

> „sind auch im Alten Testament neben den Gesetzen etliche Verheißungen und Gnadensprüche, womit die heiligen Väter und Propheten unter dem Gesetz im Glauben Christi, wie wir, erhalten worden sind."

Dabei ist die Zuweisung des AT an die Lehre des Gesetzes kein Minderungsgrund, sondern die Benennung einer Funktion im Zusammenspiel von Gesetz und Gnade. In den konkreten Einzelerzählungen sieht Luther, dass die handelnden Personen das Gesetz durchaus im Sinne des Evangeliums praktiziert hätten. (14)

> „Denn sintemal alle Gesetze auf den Glauben und die Liebe hingerichtet sind, soll jedes nicht mehr gelten noch ein Gesetz sein, wo es dem Glauben oder der Liebe zuwider geraten will."

Damit ist die Dominanz des Evangeliums auch in den Passagen des AT für Luther gegeben. Diese Christozentrik lässt sich auch in Luthers Einschätzung der Prophetenbücher erkennen, wenn er bei diesen besonders auf deren vorbildhaftes Leiden abhebt (14). Vermutlich denkt er hier paradigmatisch an Jeremia. Uneingeschränkt ist Luthers Hochschätzung des Psalters (32):

> „Und wenn man wünschen sollte, dass aus allen Exempeln, Legenden, Historien das Beste ausgewählt und zusammengebracht und auf die beste Weise zusammengestellt würde, so müsste es der jetzige Psalter werden."

Er sieht in ihm ein Sprachangebot, um alle menschlichen Stimmungen und Situationen zu Wort kommen zu lassen (34). Nicht zufällig formuliert Luther am prägnantesten sein Programm im Hinblick auf das NT. Hier setzt er eine deutliche Bevorzugung der Predigt Jesu vor dessen Taten. Dies führt zu einer klaren Präferenz des Johannesevangeliums und der Briefe von Paulus und Petrus gegenüber den Synoptikern (42):

> „In Summa: das Evangelium des Johannes und sein erster Brief, die Briefe des Paulus, insbesondere der an die Römer, Galater, Epheser und der erste Brief des Petrus, das sind die Bücher, die dir Christus zeigen und dich alles lehren, was dir zu wissen not und selig ist."

Von diesen Prämissen kommt es zu einer Zurücksetzung des Hebräerbriefes (61f), dem er die Apostolizität abspricht und zu einer expliziten Abwertung des antipaulinischen Jakobusbriefes, dem er auch eine pseudepigraphe Verfasserschaft nachweist (64). Auch bei der Offenbarung des Johannes macht Luther Zweifel an der johanneischen Verfasserschaft geltend, auch wenn er ihre tröstende Funktion anerkennt (67).

Interessant ist, dass Luther bei den letztgenannten Schriften gewissermaßen historisch-kritische Argumentationen ins Spiel führt, um ihre Zurücksetzung zu begründen. Doch relativiert er diese Argumentation durch den Rekurs auf eine deutlich theologisch bestimmte Kriteriologie (63):

> „Was Christus nicht lehret, das ist nicht apostolisch, wenns gleich Petrus oder Paulus lehret; umgekehrt, was Christus predigt, das ist apostolisch, wenns gleich Judas, Hannas, Pilatus oder Herodes tät."

Luthers Zugang zu den biblischen Texten ist demnach eindeutig bestimmt nach dem von ihm aus der Bibel gewonnenen Kriterium einer bestimmten Christologie. Der gegenüber wird die Wertigkeit der einzelnen Schriften bestimmt und auch die bei ihrer Lektüre zugrunde zu legende Hermeneutik. Dabei spielt der Leser und Hörer der Texte bei Luther faktisch keine eigenständige Rolle. Seine Argumentation ist materiell von der Theologie bestimmt und lässt zumindest in den referierten Stellen eine explizit didaktische Sichtweise nicht wirklich zu.

2.4 Zwischenüberlegung zur Hermeneutik

Dass Luther seine Sicht auf die Bibel so stark durch Paulus bestimmen lässt, hat eine doppelte Ursache. Für ihn und sein Leben wurde die *Entdeckung des gnädigen Gottes* bei der Lektüre des Römerbriefes zur bestimmenden Erfahrung. Dies wurde gewiss auch dadurch gefördert, dass er als Augustinermönch durch die Gnadenlehre des Namenspatrons Augustinus beeinflusst war. Wie kommt nun Luther dazu, die Gewichtung der biblischen Schriften so vorzunehmen, wie er das tut? Für die Christenheit ist von Anfang an das Verstehen und die Auslegung der Bibel von entscheidender Bedeutung. Dies geschieht mittels einer Kunstlehre, der sog. Hermeneutik. Ihre Grundlagen wurden in der griechischen Antike entwickelt, dann aber gerade im Hinblick auf die Bibelauslegung präzisiert. In der Neuzeit hat man die Hermeneutik immer mehr als Lehre vom Verstehen und der Textauslegung (z.B. auch von Literatur und Recht) entfaltet. Die heiligen Schriften im Judentum, Christentum und Islam sind in ihren Aussagen nicht eindeutig und z.T. auch widersprüchlich – zumindest im Sinne philosophischer Logik. Es besteht also die Notwendigkeit,

Auslegungsregeln zu finden, um diese Probleme zu bewältigen. So hat man etwa in der katholischen Exegese vor und nach der Reformation festgehalten, dass es neben der wörtlichen Auslegung noch metaphorische Sinnebenen geben müsse. Auch im Judentum hat man kunstvolle Auslegungsregeln entwickelt. So gesehen wird man sagen können, dass Hermeneutik aus zweierlei besteht: aus einem Regelwerk zum methodischen Vorgehen, oft aber auch aus einer Instanzenregelung zur Feststellung von Verbindlichkeit. Katholischerseits ist dies das sog. Lehramt, vertreten durch Vertreter der kirchlichen Hierarchie, evangelischerseits sind dies Instanzen der theologischen Fakultäten. Will man Luthers Auswahl und Gewichtung würdigen, so wird man feststellen können, dass seine Präferenz für Paulus und Johannes im Gegensatz steht zu einer Präferierung der synoptischen Evangelien und hier besonders des Matthäusevangeliums. Gerade bei Matthäus finden sich wichtige Aussagen zur Ethik (Bergpredigt), aber auch solche, die die kirchliche Ämterlehre (Petrusamt!) präfigurieren. Man kann also sehen, dass eine hermeneutische Betrachtung nicht nur Textsignale verknüpft und deutet, sondern auch aufdecken kann, welche Motive die Ausleger leiten. Man kann also festhalten, dass Luthers Wertungen eine mögliche hermeneutische Lösung darstellen, denen sich protestantische Ausleger bis heute verpflichtet wissen, dass aber gleichwohl andere Optionen möglich sind – was, meist ohne weitere Hinweise, in jeder Kinderbibel sichtbar wird.

2.5 Von der ‚Biblischen Geschichte' zur Elementarisierung

Warum wird die Frage nach der Auswahl biblischer Texte gerade in den 50er und 60er Jahren des letzten Jahrhunderts aktuell? Wir müssen uns klarmachen, dass die Curricula der Nachkriegszeit in vielen Punkten an die Vor-NS-Zeit anschlossen. Für den Evangelischen Religionsunterricht bedeutete dies ein Programm, das man mit der Überschrift „Biblische Geschichte" versehen könnte. Man kann sich vorstellen, welche Möglichkeiten ein acht- bzw. neunjähriger Unterricht mit zwei, manchmal drei Wochenstunden für das Fach bedeutete. Es war möglich, fast den ganzen narrativen Stoff des Alten und Neuen Testaments zu unterrichten. Das bedeutet gegenüber heute etwa das Programm der Bücher Josua, Richter, Samuel und Könige und im NT die Narrative aller Evangelien und der Apostelgeschichte. Warum kam es gegen Ende der 60er Jahre hier zu einer Krise? Für alle Fächer galt es, die Modernisierung der Gesellschaft mit der Fülle neuer Themen (z.B. aus Naturwissenschaft, Technik, Internationalisierung) unterrichtlich zu thematisieren. Dies bedeutete zwangsläufig, auf Bisheriges zu verzichten. Insofern war ein pädagogisches Programm erwünscht, das eine sinnvolle Konzentration anbot. Dieses Postulat betraf dann auch die ‚biblische Geschichte'. Diese war theologisch sehr konsistent, ordnete es die Einzelgeschichten doch in einen Rahmen, der die

Perikopen des AT als ,Verheißung' denen des NT als ,Erfüllung' zuordnete. Mit der zunehmenden Rezeption wissenschaftlicher Theologie wurde jedoch offenbar, dass die historisch rekonstruierten Abläufe der Geschichte Israels und der Jesus-Zeit ein solches heilsgeschichtliches Programm nur sehr bedingt stützen können. Die Aufnahme anderer Themen aus der Lebenswelt erzeugten einen Zwang zur Konzentration und damit zur Exemplarität.

Es gab dann in den 70er Jahren Überlegungen zu ,Bibel und Elementarisierung' (Baldermann/Nipkow/Stock 1979). Interessanterweise führte dies unterschiedliche Versuche zusammen, ein solches *Elementarisierungsprogramm* zu bewerkstelligen. Wir folgen in diesem Buch dem – im Anschluss an den Erziehungswissenschaftler Wolfgang Klafki entworfenen – Programm von Karl Ernst Nipkow, das für Theorie und Praxis des Religionsunterrichts erfolgreich und folgenreich wurde. Es ist aber auch interessant, den Versuch Hans Stocks zu betrachten, der versuchte – in gewisser Weise ähnlich wie Luther – aus *theologischen* Prinzipien einen solchen Elementarisierungsprozess zu entwickeln. Er empfiehlt (im Sinne der existentialen Interpretation des Neutestamentlers Rudolf Bultmann) eine Begegnung mit dem neutestamentlichen Text aus der Konstellation der Geschichte heraus, „als ob auch wir vor Ostern lebten" (Stock 1979, 165). Was Stock beabsichtigt, bleibt aber jenseits der unterrichtlichen Praxis. Einlösen kann dieses Programm dann eher Ingo Baldermann, der plausibel machen kann, dass Texte aus den Klagepsalmen und den Seligpreisungen solche ,elementaren Bibelworte' sein können, von denen her ein Zugang zu anderen biblischen Passagen erschlossen werden kann. Baldermann entfaltet zwar ein gesamtbiblisches Programm, doch dessen curriculare Übertragung erscheint schwierig. So führt der weitere Weg dann doch zu Nipkows Programm der Elementarisierung.

2.6 Der Gedanke von ,Kerntexten' im Religionsunterricht

Jenseits der Elementarisierungsdiskussion fand die Frage nach der Auswahl der wichtigsten biblischen Perikopen an anderer Stelle eine Neuauflage. Die EKD hat sich in einem Zukunftspapier auch im Hinblick auf den Bildungssektor geäußert. Dabei wurde der Gedanke eines Pools von Texten und Liedern ins Spiel gebracht, der ungeachtet von Pluralismus und Differenzierung die Grundlage der Kommunikation in der evangelischen Kirche bilden sollte. Im entsprechenden Programmpunkt „Leuchtfeuer 7" heißt es:

> „Zur geistlichen Beheimatung verhilft der Protestantismus dann, wenn Menschen durch geeignete Bildungsprozesse mit den elementaren Wissensbeständen der evangelischen Frömmigkeit vertraut gemacht werden. Evangelische Bildungsbiographien

entstehen durch Einführung in eine evangelische Frömmigkeitstradition, durch Kenntnis biblischer Grundtexte und zentraler Glaubensaussagen der christlichen Tradition, durch Begegnung mit wichtigen Gebeten und geistlichen Liedern, durch Beschäftigung mit Vorbildern christlicher Existenz und theologischen Denkens. In einer nicht mehr selbstverständlich christlich geprägten Welt sollte es in Schulen, im Religionsunterricht, in Konfirmandengruppen und in Fortbildungsseminaren wieder zur Regel werden, dass solche Grundlagen und Grundtexte memoriert und interpretiert werden. Dazu ist eine Verständigung darüber nötig, was zum Grundbestand zentraler biblischer Texte, wichtiger evangelischer Lieder gehört und welches katechismusartige Wissen über Gottesdienst und Gebet, über Glaubensbekenntnis und Gebote jedem evangelischen Christen zu Gebote stehen sollte. Es sollte eine Verständigung über die zwölf wichtigsten biblischen Geschichten, die zwölf wichtigsten evangelischen Lieder, die zwölf wichtigsten Gebete geben, die Gemeinsamkeit und Beheimatungskraft zugleich ausstrahlen."

In der Folge kam es dann in der Tat zu einer Zusammenstellung von ‚Kerntexten'. Hartmut Rupp und Bernhard Bosold haben evangelisch-katholisch konsensuell die folgende Liste von Bibeltexten zusammengestellt:

Zwölf Biblische Basics

1. Schöpfung Gen 1–11
2. Abraham
3. Mose und der Auszug aus Ägypten
4. Dekalog
5. Die Weihnachtsgeschichte
6. Bergpredigt und Vater Unser
7. Barmherziger Samariter
8. Verlorener Sohn
9. Bartimäus
10. Passion und Ostern
11. Pfingsten
12. Das Ende der Welt (Offenbarung)

Wie kommen die beiden Religionspädagogen zu ihrer Auswahl? Betrachtet man das Kirchenjahr, dann ist die Hälfte der Textpassagen zwingend. Die anderen Optionen haben schlichtweg – auch außerhalb der kirchlich Affinen – den größ en Bekanntheitsgrad. Katharina Kammeyer und ich (2011, 4/17) haben eine Befragung nach den bekanntesten Bibeltexten durchgeführt und kamen praktisch zum selben Ergebnis wie Hanisch / Bucher in einer früheren Studie. Im Folgenden die zwölf am meisten gewählten Bibeltexte mit Bekanntheitsgrad):

1. Die Arche Noah	94,5 %
2. Die Kreuzigung Jesu	94,0 %
3. Die Auferstehung Jesu	91,8 %
4. Die Geburt Jesu	91,2 %
5. Adam und Eva	84,1 %
6. David und Goliath	69,2 %
7. Mose und das Volk Israel ziehen durchs Schilfmeer	69,2 %
8. Jesus heilt einen Blinden	65,4 %
9. Abraham, Sara und Isaak	48,9 %
10. Das Gleichnis vom barmherzigen Samariter	47,8 %
11. Das Gleichnis vom verlorenen Sohn	45,1 %
12. Der Psalm „Der Herr ist mein Hirte"	42,3%

Mit der Befragung bekommen wir einen ganz anderen Auswahlmodus in den Blick. In einer evolutionstheoretischen Perspektive können wir fragen: ‚Welche Texte sind beim Kampf um Aufmerksamkeit am *erfolgreichsten*?' Eine solche Sichtweise sieht keinen expliziten auswählenden Akteur am Werk. Vielmehr werden in einem Prozess Texte gewählt, weil sie Aufmerksamkeit erzeugen, und die Auswahl bestätigt dies zugleich. Ihren ‚klassischen' Charakter erhalten die Texte demnach weniger aus explizit theologischen Erwägungen, sondern weil alle Teilnehmer/innen an der Kommunikation – so auch die Lehrplanmacher – Teil dieses Selektionsprozesses sind (Treml 1997).

2.7 Hartmut Rupps narrativ-heilsgeschichtlicher Ansatz

Zwar konnte ich am Beispiel der für den Religionsunterricht auszuwählenden Bibeltexte Mechanismen und Begründungen von Auswahlprozessen ansprechen. Offen bleibt dann aber, ob die einzelnen Perikopen zusammen ein Ganzes bilden können. Wir stoßen hier wieder auf die im letzten Kapitel angesprochene Frage nach der Möglichkeit von Exemplarität. Wie oben angesprochen, ist es eine theologische Grundaussage, dass die in der Bibel überlieferten Geschichten Teil eines Heilsplanes Gottes sind, an dem auch wir Anteil haben. Das Kirchenjahr und die Gottesdienstordnungen wollen dies immer wieder bestätigen. Lässt sich ein solches heilsgeschichtliches Modell als Rahmen im Religionsunterricht etablieren, um den einzelnen Perikopen in diesem einen Ort zu geben? Hartmut Rupp nimmt zahlreiche theologische und religionspädagogische Impulse auf, um seine Überlegungen zum biblischen Wissen zu fundieren. Er weiß, dass der theologische Gedanke einer Heilsgeschichte ein narratologisches Konstrukt ist. Die bei Baldermann angesprochene Frage der Vernetzung sieht er in einer ‚großen Erzählung' zusammenlaufen. Gleichzeitig weiß er, dass es sinnvoll ist, jeweils erzielte Lernfortschritte zu visualisieren (advance organizer). Hierzu bedient er sich bei der von Franz Kett entwickelten ‚Religionspädagogischen Praxis' mit ihren Bodenbildern. Skizziert Baldermann Übergänge zwischen verschiedenen Perikopen durch die Psalmkarten oder Erzählanknüpfungen, so bietet Rupp ein quasi mitlaufendes Element, um die jeweilige biblische Einzelerzählung in einem größeren Rahmen zu verorten. In seiner ‚Erzählung vom trinitarischen Gott' entfaltet er sieben Stufen (Rupp 2009, 149f):

> „1. Zunächst wird ein großes blaues Tuch mit den Worten ausgelegt: ‚So ist die Welt. Sie ist schön und manchmal schrecklich. Es gibt verlässliche Zusammenhänge und überraschende Veränderungen. Manchmal hat man Grund zu singen und manchmal hat man Grund ganz traurig zu sein und zu klagen. Die Menschen sind mal gut, aber öfter auch böse. Sie sind nicht immer so, wie sie sein wollen, und vor allem auch nicht, wie sie sein sollten. Von dieser Welt sagt die Bibel: Das ist Gottes Schöpfung. Gott hat sie am Anfang erschaffen. Gott erhält sie. Gott macht sie irgendwann auch einmal ganz neu. Das verdient Lob und Dank.'
> 2. Dann werden grüne Tücher ausgelegt mit den Worten: ‚Die Bibel sagt: Gott will nicht einfach im Hintergrund bleiben. Gott geht auf Menschen zu, Menschen wie Abraham, Mose und Jesaia. Er spricht die Menschen an, manchmal im Traum, verbündet sich mit ihnen, begleitet sie und gibt ihnen Regeln für ein gutes Leben an die Hand. Gott will, dass Menschen im Vertrauen auf sein Mitgehen fröhlich, aufrecht und mit offenen Augen und Händen für andere durch das Leben gehen.'
> 3. Ein schwarzes Tuch kommt hinzu. ‚Immer wieder haben Menschen den Eindruck, Gott habe sich versteckt oder sei überhaupt nicht da. Dann schreien sie und weinen sie. Sie strecken die Hände nach Gott aus und hoffen, dass Gott sie ergreift. Auch davon erzählt die Bibel.'
> 4. Auf das vierte grüne Tuch wird ein weißes Tuch gelegt. Es liegt nun auf dem grünen. ‚Die Bibel erzählt von Jesus, dem jüdischen Mann aus Nazareth. In ihm zeigt Gott, wie er ist. Menschen, die ihm begegnen, erfahren, wie es ist, wenn Gott das Sagen hat. Jesus zeigt Gottes Liebe durch Worte und Taten. Er zeigt, was es heißt, menschlich zu sein.'
> 5. Auf das zweite weiße Tuch wird ein schwarzes gelegt. ‚Die Menschen lehnen Jesus ab. Sie schlagen ihn ans Kreuz. Sie bringen ihn um, wie so viele Menschen immer wieder umgebracht werden. Jesus schreit und Jesus stirbt. Doch Gott erweckt ihn zu neuem Leben. Der Tod hat nicht das letzte Wort. Jesus wird verwandelt. Was er gesagt hat, gilt für alle Zeiten. Seine Auferstehung ist die Hoffnung für viele.' Nach dem schwarzen Tuch wird wieder ein weißes aufgelegt.
> 6. Auf das letzte weiße Tuch wird ein rotes gelegt. ‚Die Bibel erzählt: Gott und Jesus lassen die Menschen nicht allein. Sie schicken ihnen den Heiligen Geist. Dieser erfasst Menschen und Gruppen. Er zeigt sich in Vertrauen und Mut (Glaube), in der Zuversicht,

dass nicht alles so bleibt, wie es ist (Hoffnung), und in der Liebe zu Schwachen, zum Fremden, ja sogar zum persönlichen Feind (Agape).‘
7. Mit Blick auf den blauen Grund wird hinzugefügt: ‚Gottes Schöpfung ist noch nicht zu Ende. Gott arbeitet noch an dieser Welt. Eines Tages, so erzählt die Bibel, wird diese Welt ganz neu sein, wie ein wunderbarer Garten oder wie eine leuchtende Stadt. Alle Menschen setzen sich an einen großen Tisch und teilen Essen und Trinken. Es herrscht Gerechtigkeit und Friede.‘“

Rupp geht davon aus, dass nach Einführung dieses Modus im Prinzip bei jeder neuen biblischen Perikope darüber nachgedacht werden kann, an welcher Stelle sie jeweils zu lokalisieren ist. Dies kann mit bestimmten Bildern, Symbolen oder Liedern verbunden werden. Auf diese Weise ergibt sich ein inneres Bild und es entstehen Assoziationsanreize.

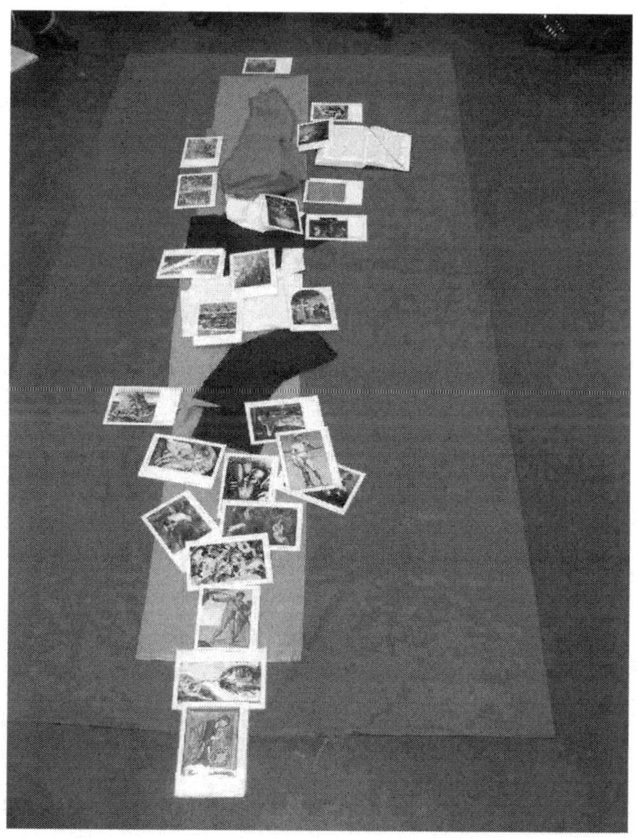

3. Das Elementare bei Wolfgang Klafki

3.1 Der Zwang zur Auswahl

Jede Schulreform bringt es mit sich, dass dem gesellschaftlichen Druck nachgegeben wird, den neuen Herausforderungen, denen die Familien allein offenbar nicht genügen können, mit einem unterrichtlichen Angebot zu begegnen. Da die Zahl der verfügbaren Stunden insgesamt meist eher ab- als zunimmt, verschärft sich das Problem der Auswahl. Wie soll man da entscheiden?

Wählen Sie aus dem folgenden Dreierangebot jeweils eines aus und begründen Sie Ihre Wahl!

I. Russische Revolution, Französische Revolution, deutsche Revolution von 1848.
II. Die mittelalterliche Stadt, das mittelalterliche Kloster, die mittelalterliche Burg.
III. Wahrscheinlichkeitsrechnung, Matritzenrechnung, Topologie.

Die Aufgabe ist insoweit uneindeutig, als sie nicht weiter klärt, für welche Altersstufe ein Thema ausgewählt werden soll und was damit beabsichtigt ist. Denkt man bei den Mittelalter-Themen an Grundschüler/innen, dann wäre zu überlegen, welcher Gegenstand am leichtesten zugänglich ist. Wo eine Ritterburg im näheren Umfeld liegt, wird man dieses Thema auswählen, wenngleich man darüber nachdenken kann, ob die mittelalterliche Stadt nicht größere Nachwirkungen auf die Gegenwart hat. Und sind die Klöster entbehrlich, gerade weil ihre Bedeutung heute scheinbar gering ist?

Und was ist eine Revolution? Die Ereignisse von 1989 sind in Deutschland bis heute in ihren Auswirkungen gegenwärtig. Kann man sie mit den Genannten vergleichen? Die französische Revolution gilt als eine Art Prototypus. Doch sind die Auswirkungen etwa der ‚Glorious Revolution‘ in England nicht nachhaltiger gewesen, obwohl wesentlich weniger Blut floss?

Bei den mathematischen Themen ist es für den Laien noch schwieriger zu entscheiden. Wahrscheinlichkeitsrechnung ist für unsere Gegenwart von entscheidender Bedeutung – gilt aber zu Recht eher als schwierig. Topologie ist etwas Exotisches, doch die Fragen, wie viele Farben man braucht, um die Länder auf einer Landkarte darzustellen oder wie man den Weg auf eine Flussinsel mit optimaler Brückenbenutzung gestalten kann, sind Knobeleien, die auch schon für Kinder mathematisches Denken zugänglich machen können. Man merkt, dass es nur schwer möglich ist, absolute Kriterien für eine Auswahl anzugeben. Dennoch spürt man, dass sich das Nachdenken lohnt, weil es offenbart, dass jede Wahl andere Anschlussmöglichkeiten bereithält und damit bereits Ideen für einen unterrichtlichen Einsatz. Und jede Wahl zeigt auch, welcher Aspekt dann u.U. gar nicht erscheinen kann. Die Kür zum Unterrichtsthema bricht bestimmte Geschehnisse oder Sachverhalte notwendigerweise aus ihrem Zusammenhang heraus. Dies wird offensichtlich, wenn sie im Fachunterricht einer dort etablierten Logik und Sequenzialität unterworfen werden. Von daher sind Lehr-Lern-Situationen besonders interessant, in denen der Lerngegenstand noch in seiner ganzen Vieldeutigkeit in den Blick kommt: In der Bäckerei kann man sehen, wie ein Teig gemacht wird und wie lange er in den Backofen muss. Mann kann aber auch mit Brezeln und Brötchen zählen und rechnen und Adjektive sammeln, die charakteristisch sind für diesen Prozess. Nicht zufällig haben gerade die Klassiker der Pädagogik ihr Augenmerk auf solche *elementaren* Konstellationen gerichtet. Wolfgang Klafki, selber ein Klassiker der deutschsprachigen Pädagogik des 20. Jahrhunderts, hat in seiner Dissertation von 1959 (1964) die Diskussion dazu gesammelt dargestellt. Die Beschäftigung mit ihm lohnt sich auch deshalb, weil fast alle Religionspädagogen mehr oder weniger intensiv an Klafkis Werk anknüpfen.

3.2 Die Suche nach dem Elementaren

Zu Beginn seiner Untersuchung blickt Klafki auf zwei berühmte Pädagogen, Pestalozzi und Fröbel, die ihrerseits besonderes Augenmerk auf jüngere Kinder richteten. In der Tat fasziniert das Anfangsproblem. Wie kann die Begegnung mit einem neuen Gegenstand oder Sachverhalt beim Kind dazu führen, dass aus dieser erst einmal vereinzelten Begegnung schließlich ein Prinzip entsteht? Gerade im Vorschulalter kommen Kinder immer wieder in solche Situationen der Erstbegegnung. Friedrich Fröbel (1982), dem wir hier exemplarisch folgen wollen, hat im Zusammenhang mit seinen Spielgaben intensiv darüber nachgedacht, in welcher Reihenfolge er denn grundlegende geometrische Körper den Kindern präsentieren sollte.

Ordnen Sie die Körper Würfel, Walze und Kugel nach dem Grad ihrer Elementarität!

Fröbel zeigt mit guten Gründen, dass ein runder idealer Gegenstand wie ein Ball und dann eine Kugel elementarer ist als der Würfel. Er macht dies u.a. daran fest, dass der Ball ebenfalls ebene Flächen bilden kann, wenn er auf eine solche Fläche gedrückt wird. Dass die Walze dann die dritte Stufe bildet, ergibt sich daraus, dass sie den Kreis und die rechteckige – abgerollte – Fläche miteinander verbindet. Hinter diesen Überlegungen steht der Gedanke, es gäbe ‚in der Natur der Dinge' gewisse Gesetzmäßigkeiten, die ihre Entsprechung in den Mustern der menschlichen Perzeption haben. Wir werden sehen, dass diese ontologische Grundannahme die Basis des Klafki'schen Entwurfs bildet. Selbst wenn man diese Annahme zu teilen bereit ist, fällt natürlich auf – so zeigen es die Beispiele des Anfangs –, dass solche Evidenzen an komplexerem Material kaum herstellbar sind. Klafkis Argumentation bewegt sich zwischen diesen beiden Einsichten. Ich folge hier im Wesentlichen der Darstellung von Meinert und Hilbert Meyer (2007, 25):

> „Das Elementare erschließt [...] die Welt für die Lernenden, weil es die Elemente (die Bausteine) bereitstellt, aus denen die Welt besteht, und weil es so ermöglicht, das Konkrete, das Einzelne, das Zufällige, das Einseitige in Richtung auf das Allgemeine zu überschreiten."

Wir erkennen gleich, dass wir uns hier im Exemplaritätsdiskurs bewegen, wie er im ersten Kapitel angesprochen wurde. In der Diktion von Willer, Ruchatz und Pethes (2007) geht es um *Ausgangsbeispiele*, anhand derer ein Allgemeines entfaltet werden soll. Suggeriert das Fröbel-Beispiel, es gäbe die Möglichkeit, eine gewissermaßen inhärente Logik der Dinge zu finden, die dann eine aufsteigende Sequenzialität vom Einfachen zum Komplexen zulasse, so löst sich Klafki von dieser Annahme (Meyer/Meyer 2007, 28):

> „Offenbar verlangt die Bildung für die komplex-komplizierte Welt, in die die Kinder hineinwachsen, auch komplexe Lernarrangements, die nur über Elementarisierung nicht angemessen eingefangen werden können."

Gleichwohl bleibt Klafki in seinem Gedanken der kategorialen Bildung der Idee verbunden, dass es spezifische Entsprechungen zwischen der Sache und dem erkennenden Subjekt geben müsse (56):

> „Deutlich wird [...], dass sich hinter dem Anspruch, den kategorialen Bildungsbegriff phänomenologisch zu beschreiben, ein ontologisierendes Konzept verbirgt. Es geht Klafki darum, zugleich das Wesen dieser Welt zu erfassen, *und* das Wesen der sich bildenden Personen zu bestimmen."

Das hat zur Konsequenz (31/40):

> „Wenn es gelingt, aus der Fülle des Lehrbaren diejenigen Themen, Problemstellungen und Aufgaben auszuwählen, die man durch Elementarisierung durch die kategorialen Strukturen bis auf das Fundamentale zurückführen kann, dann kann Bildung die erschließende Kraft entfalten, die sich Klafki erhofft. [...] Anders gesagt: Unterrichtsinhalte sind nur dann bildend und nicht nur eine enzyklopädische Anhäufung von Faktenwissen, wenn sie den lernenden Subjekten Grunderfahrungen und grundlegende Einsichten vermitteln, die ihnen zugleich welterschließende Kategorien (*Gedankenformen* in philosophischem Sinne) an die Hand geben."

Daraus resultiert dann die Aufgabe (45):

> „Aus der unübersehbaren Fülle von Inhalten und Themen muss man mit Methode das herausstellen, was Bildungsinhalt werden kann. Elementare Aufgaben, Themen und Erlebnisse müssen die Welt verallgemeinernd abbilden und so zur Bildung der Heranwachsenden beitragen."

Meinert und Hilbert Meyer kommen freilich zu der Erkenntnis, dass Klafkis Programm nicht in einem eindeutigen Sinne funktioniert. Die kategoriale Analyse kann im Grunde nichts ausschließen, was dann nicht im weiteren Procedere wieder auftauchen kann (46). Niklas Luhmann (1975, 209) formuliert im Hinblick auf *ausgewählte Elemente*: „Das, was als Element fungiert, ist [...] nicht unabhängig von seiner selektiven Behandlung bestimmbar." D.h., dass ein als elementar ausgewähltes Beispiel immer nur für eine bestimmte Selektion exemplarisch sein kann, es also nie ausgeschlossen werden kann, dass die ausgeschlossenen Konnotationen doch zur Geltung kommen. Meyer/Meyer (2007, 48f) resümieren deshalb:

> „Das Elementare ist immer nur ‚Moment' in einem größeren lebensweltlichen Zusammenhang; es lässt sich nicht in eine einstrahlig-lückenlose Abfolge von Lernaufgaben zunehmender Komplexität zwängen. Das Elementare ist also, wie wir sagen würden, ein Konstrukt."

Meyer/Meyer (2007) stehen also dem Gedanken skeptisch gegenüber, ob es Sinn macht, nach Art von Fröbel darüber zu streiten, welche Figur elementarer ist. Demnach kann ein Kind in derselben Weise die geometrischen Kategorien erlernen, wenn ihm diese Körper in anderer Reihenfolge oder gleich zusammen präsentiert werden. Die Autoren machen mit Recht deutlich, dass Klafki auf den weltanschaulichen Voraussetzungen der geisteswissenschaftlichen Pädagogik argumentiert (58). Deren Annahmen zur Lebenswelt sind in der Tat bestimmt von einer Weltsicht, die affin ist zum phänomenologisch inspirierten sozialen Konstruktivismus in der Tradition von Alfred Schütz (vgl. Thiersch 1983). Wenn dies korrekt ist, dann sind Klafkis ontologische Annahmen vielleicht nochmals anders zu sehen. Man weiß durch psychologische Experimente, dass Menschen in unserem Kulturkreis – aufgefordert, ein Werkzeug, eine Blume oder eine Farbe zu nennen – dann doch in großer Übereinstimmung ihre Präferenzen nennen. So gesehen erscheint es mir durchaus verständlich, dass Klafkis impliziter Strukturalismus letztlich pädagogisch so erfolgreich war und ist. Von daher verwundert es auch nicht, dass ein kurzer Beitrag des frühen Klafki ein bis heute rezipiertes Modell der Unterrichtsplanung darstellt, das auch religionspädagogische Aufnahme fand.

3.3 Unterrichtsplanung mit Klafki

Zeitlich fast parallel zu seiner Dissertation hat Wolfgang Klafki 1958 (1975) seinen Aufsatz ‚Didaktische Analyse als Kern der Unterrichtsvorbereitung' veröffentlicht. Dieser Beitrag versucht, die Einsichten zur kategorialen Bildung bis in den Bereich der konkreten Unterrichtsplanung fortzuschreiben. Dies ist ihm so sehr geglückt, dass man den heute im Umlauf befindlichen Schemata zur Unterrichtsplanung leicht ansieht, wie stark sie von diesem Klafki-Text abhängig sind. Klafki hat später seinen Ansatz vielfältig modifiziert, doch blieb die Rezeption der hier entworfenen Schemata davon faktisch unberührt. Was sind die Charakteristika dieses Entwurfs? Wichtig – wenngleich öfter kritisiert – ist Klafkis Voraussetzung, dass die Lehrperson sich inhaltlich an dem orientiert, was der Lehrplan vorgibt. Klafki klammert damit den Auswahldiskurs der Curriculum-Macher an dieser Stelle völlig aus. Modelltheoretisch lässt sich sagen, dass dies für den Planungsvorgang dann in Ordnung ist, wenn sich die Lehrperson klar macht, dass der Lehrplan ein Modell darstellt, das Voraussetzungen impliziert, die manchmal – wenn sie nicht durchschaut sind – bei der Unterrichtsdurchführung zu Problemen führen können. So propagierten jahrzehntelang Curricula bestimmte Vorstellungen vom ‚historischen Jesus' für die Grundschule, die zwar dem aktuellen theologischen Diskurs entsprachen, dem Denken von Grundschüler/innen aber diametral widersprachen. Trotzdem ist Klafkis Beschränkung aus pragmatischer Sicht sinnvoll. Das Profil von Klafkis Vorgehen wird am ehesten in der Abgrenzung zu Alternativen deutlich. So ist Klafkis Entwurf eindeutig an *Unterrichtsinhalten* orientiert – im Gegensatz etwa zu der sog. Hamburger bzw. Berliner Didaktik, die besonderes Augenmerk auf die Randbedingungen von Unterricht wirft. Die markanteste Unterscheidung besteht aber gegenüber jeglicher Form von Abbild-Didaktik. Diese ist nach wie vor bedeutsam, zumal sie sich in der Organisation der Fächer an der Universität widerspiegelt. Klafki betont gegenüber dieser Sichtweise, die meint, die wissenschaftlichen Inhalte ‚herunterbrechen' zu können, die Unmöglichkeit, das Elementare im Bildungsprozess fachwissenschaftlich begründen zu können (Meyer/Meyer 2007, 71). Es gibt definitiv keine automatische Passung zwischen den Ergebnissen der Wissenschaft und den Rezeptionsmodi der Schüler/innen. Klafki (1959/1975, 130ff) betont von daher die Notwendigkeit der Umwandlung der *Bildungsinhalte* in *Bildungsgehalte*. Im Wissenschaftssystem wird ein Inhalt danach betrachtet, welche Fragen, Logiken und Argumentationen er enthält. Im Erziehungssystem herrscht jedoch eine ganz andere Betrachtungsweise. Hier dominieren Fragen nach Verstehbarkeit, Anschlussfähigkeit an die eigene Lebenswelt, Brauchbarkeit in Gegenwart und Zukunft. D.h., dass der Unterrichtsinhalt eine Metamorphose durchmachen muss, um Schulstoff zu werden. Ich will versuchen, dies an zwei Beispielen zu erläutern.

Meinert und Hilbert Meyer untersuchen eine Unterrichtsstunde im Lichte der Klafki'schen Vorgaben (76ff). Der Unterrichtende präsentiert den Schüler/innen einer 11. Klasse eine Quelle, konkret einen Text des Aristoteles zur sog. Solonschen Reform. Die Idee ist, im ersten Teil den Text zu bearbeiten und dann dessen Probleme in der zweiten Hälfte der Doppelstunde zu diskutieren. Meyer/Meyer vermerken, dass dieses Unternehmen deshalb vergleichsweise schlecht funktionierte, weil der Text für die Schüler/innen schwer war und der Unterrichtende kaum bedacht hatte, in welcher Weise dieser den Lebenshorizont der Schüler/innen berührt. D.h. eine kategoriale Erschließung des Themas hat nie stattgefunden. Doch wie ist eine solche möglich? Meyer/Meyer (2007, 69) verweisen zu Recht darauf, dass dazu – was Klafki unterlässt – empirische Befunde heranzuziehen wären. ‚In welcher Weise können sich Schüler/innen heute das Leben in einer antiken griechischen Polis vorstellen? Welche Vorstellung von demokratischen Entscheidungen kennen sie?' Nur wenn Fragen dieser Art bewusst gemacht sind, ist es sinnvoll, darüber nachzudenken, worin der Reiz liegt, den allerersten Versuch, ein Gemeinwesen *demokratisch* zu organisieren, genauer zu untersuchen. Der naive Weg vom Inhalt zum Schüler funktioniert demnach nicht, weil es eine Fiktion ist, dass sich der Unterrichtsinhalt 1:1 in den Köpfen der Schüler/innen abbilden könnte. Es ist demnach absolut geboten, sich zuallererst um die Schemata (Kategorien) zu kümmern, in denen das Thema Gestalt gewinnen und so dann auch von den Schüler/innen rezipiert werden kann. Wie so etwas gehen könnte, leitet Klafki nicht von empirischen Studien ab, sondern aus den hermeneutischen Regeln der geisteswissenschaftlichen Pädagogik, pädagogischer Intuition und tradierter Erfahrung. Vor Augen stand ihm wohl etwa das Werk von Martin Wagenschein. Entsprechend muss man sich auch die von ihm ins Auge gefassten Unterrichte vorstellen. Wenn Kinder fragen: ‚Was passiert beim Gefrieren des Wassers?', ‚Was ist eine Sonnenfinsternis' oder ‚Wie kann schmutziges Wasser wieder sauber werden?', dann sind das Aufgaben, die konkret und anschaulich bearbeitet werden können und den Kindern zugleich ein Prinzip verdeutlichen, das dann auch Folgefragen lösbar werden lässt. Man spürt, dass die Frage nach dem Accusativus cum infinitivo im Lateinunterricht oder nach den Flügeln von Engeln vermutlich ungleich schwerer unterrichtlich operationalisierbar sind und nicht dasselbe Schülerinteresse bedienen. Man wird dies bedenken müssen, wenn wir das höchst erfolgreiche Schema zur Stundenplanung betrachten (Meyer/Meyer 2007, 75):

Didaktische Grundfrage	**Bedeutungsaspekt**
1. Welchen allgemeinen Sachverhalt, welches allgemeine Problem erschließt der betreffende Inhalt ?	Exemplarische Bedeutung
2. Welche Bedeutung hat der betreffende Inhalt bereits jetzt im Leben der Kinder meiner Klasse, welche Bedeutung sollte er – vom pädagogischen Gesichtspunkt aus gesehen – darin haben?	Gegenwartsbedeutung
3. Worin liegt die Bedeutung des Themas für die Zukunft der Kinder?	Zukunftsbedeutung
4. Welches ist die Struktur des (durch die Fragen 2 und 3 in die pädagogische Sicht gerückten) Inhalts?	Struktur des Inhalts
5. Welches sind die besonderen Fälle, Phänomene, Situationen, Versuche, in oder an denen die Struktur des jeweiligen Inhaltes den Kindern dieser Bildungsstufe, dieser Klasse interessant, fragwürdig, zugänglich, begreiflich, ‚anschaulich' werden kann?	Zugänglichkeit

Wie geht man nun als Lehrperson mit diesem Katalog um? Meyer/Meyer (72) meinen, dass Lehrer/innen zirkulär damit operieren. D.h., sie springen von der Sache zum Schüler und umgekehrt. Es ist also nicht sinnvoll, sich am Detail des ausgewählten Materials festzubeißen, bevor man es unter der Perspektive der Schüler/innen geprüft und durchdacht hat. Doch dann ist auch wieder zu fragen, wo das ausgewählte Material über sich selbst hinaus weist usw. Ich werde im Folgenden versuchen, eine Planung in diesem Sinne durchzuführen.

3.4 Probe aufs Exempel

Wie könnte eine Unterrichtsplanung aussehen? Wir sehen, dass Klafki seine Orientierung im Grunde auf den *Bildungsinhalt* konzentriert. Wichtige Faktoren zur Klasse, zum Raum, zur Zeit tauchen bei ihm explizit nicht auf. Für eine ‚Trockenstunde' stört das nicht, lässt aber zwangsläufig viele Planungsvariablen aus. Ich gehe von dem im 1. Kapitel angesprochenen Lehrplanimpuls aus, *Jesus in seiner Zeit* anhand seiner *Gleichnisse* zu thematisieren. Ich denke hier an eine Klasse der Sek I. Ich kann eine Auswahl im Sinne von Exemplarität nur treffen, wenn ich Ahnung von den fachwissenschaftlichen Voraussetzungen habe. Insofern gehe ich von folgenden Prämissen aus:

- Für den ‚historischen Jesus' gelten die Gleichnisse als dessen authentische Rede (*ipsissima vox*);
- das zentrale Thema dieser Gleichnisse ist die Nähe bzw. das Gekommensein der Gottesherrschaft (*basileía tou theũ*);
- das Problem dieses ‚Reiches Gottes' liegt darin, dass es immer nur ansatzweise sicht- und greifbar ist.
- Ich werde als Unterrichtsthema also ein solches Reich-Gottes-Gleichnis aussuchen. In der religionspädagogischen Diskussion werden zwei wichtige Perspektiven formuliert, die in einer gewissen Spannung zueinander stehen:
- Die Jesus-Zeit ist für uns eine ‚fremde Welt', die ich praktisch in einer Art ‚Expedition' erforschen muss. Dies gilt auch für die an sich anschaulichen Gleichnisse, weil deren Lebenswelt sehr anders ist als unsere.
- Nicht zuletzt Ingo Baldermann hat deutlich gemacht, dass die Hoffnungsbilder des Reiches Gottes auch heute noch unmittelbar zugänglich sind und den Ängsten und Erwartungen der Schüler/innen Ausdrucksmaterial zur Verfügung stellen.

Die Gegenwarts- und auch die Zukunftsbedeutung des Themas drückt sich wohl eher in der zweiten Option aus, zumal wenn ich die religiöse Dimension besonders fokussieren will. Welches der Gleichnisbilder ist nun besonders ‚zugänglich'? Ich schlage vor, das des *Gastmahls* zu wählen. Wenn ich die Auswahl nun selber treffen muss, dann werden mir einige exegetische Grundkenntnisse hier helfen können. Es gibt im Neuen Testament nämlich zwei Geschichten, die vom Erzählplot verwandt sind, aber mit ganz anderem Personal arbeiten und auch deutlich andere Akzente setzen. Ich wähle hier die Version Lk 14, weil hier von ‚normalen Menschen' die Rede ist und nicht von einem König und einer Hochzeit wie in Mt 22. In der Regel gilt die einfachere Version als die ursprünglichere. Wie grenze ich die Perikope ab? Das eigentliche Gleichnis geht von V. 16–23. Es ist exegetisch nicht eindeutig zu sagen, wo genau die Einleitung des Gleichnisses beginnt, denn spätestens ab V. 12 geht es um die im Gleichnis verhandelte Frage, wie man es mit der Einladung von Gästen halten soll. Der V. 24 bildet in seiner harten Ausschließung einen Gegensatz zu der im Gleichnis angesprochenen Feststimmung. Ist er von Jesus oder Teil der lukanischen Redaktion? Aus diesen exegetischen Überlegungen ergeben sich Konsequenzen in Richtung der auszuwählenden Gleichnistheorie. Ich kann die Erzählung von der Einladung zum Festmahl und deren Zurückweisung narrativ präsentieren oder von Schüler/innen spielen lassen mit dem Schluss, dass dann eben andere (die Armen und Randständigen) eingeladen werden. Diese Geschichte hat unterrichtlich Dynamik genug und folgt der Annahme vom Gleichnis als ‚autonomem Kunstwerk'. Jesus kommt dann nur als Erzähler ins Spiel mit der offenen Frage nach dessen möglicher Erzählabsicht. Situiere ich das Gleichnis in die Jesuszeit, dann werde ich zumindest die einleitende Gesprächssequenz über die Gepflogenheiten im Hinblick auf Festmähler thematisieren und Jesu Haltung dazu, zumal es V. 15 um ‚Seligkeit' und das ‚Reich Gottes' geht. In der einschlägigen Literatur (Schottroff 2007; Jeremias 1980) erfährt man darüber hinaus, dass zur Zeit Jesu eine Geschichte kolportiert wurde, wonach ein reicher Zöllner ein solches Festmahl veranstaltet hat und ihn die Notabeln durch ihre Abwesenheit brüskierten und er so notgedrungen ein Mahl für die Armen abhielt. Da er danach starb, hatte er sich durch diese Tat quasi ‚aus Versehen' das Himmelreich ‚verdient' – so die landläufige Meinung. In diesem Kontext wäre das Gleichnis ein Exempel für die religiösen Auseinandersetzungen in dieser Zeit. D.h., ich muss mich zwischen diesen beiden Optionen entscheiden. Wähle ich die erste Option, hätte ich den Vorteil, dass ich über die Reich-Gottes-Assoziationen der Schüler/innen mit Jes 25,6ff ein Bild vom Gottesreich als Freudenmahl ins Spiel bringen könnte, das unmittelbar anschlussfähig ist an die Vorstellungswelt der Schüler/innen. Auch in Zeiten des Konsums ist das ‚Schlaraffenland' eine gängige Paradiesphantasie. Die Frage der Einladung bzw. des Eingeladen-Werdens ist ein zentrales Thema von Schüler/innen. Dazu ist der Umgang mit ‚Randständigen' eine vom Gleichnis angesprochene Schlüsselfrage.

Wie kommen diese Themen nun im Unterricht vor? Ich referiere dazu Beobachtungen und empirische Befunde:

Das gemeinsame Essen als Antizipation ‚himmlischer Erfahrungen' ist eine Schlüsselaussage christlicher Theologie und findet Ausdruck v.a. in der Vorstellung vom eucharistischen Mahl. Dem liegt die Doppelfunktion des Essens zugrunde. Den einen Pol bildet das Sättigungsmahl – notfalls reduziert auf die bloße Nahrungsaufnahme ‚zwischendurch' oder ‚nebenbei'. Den anderen Pol bildet die Erfahrung von intensiver Gemeinschaft – bis dahin, dass die Nahrungsaufnahme an den Rand gedrängt wird zugunsten der Feierlichkeit des Rituals, wie dies etwa in der eucharistischen Feier im Gottesdienst geschieht. Auf der Grundlage dieser Einsicht wollten wir (die unterrichtende Studentin und ich als Mitplanender) ein Kreisgespräch inszenieren, in dem die Schüler/innen ‚ihr schönstes Essenserlebnis' thematisieren sollten. Es handelte sich um Schüler/innen einer ländlichen Realschulklasse. Was überraschend war, war die Häufung von eher bedrückenden Erfahrungen. ‚Ich hol mir was aus dem Kühlschrank'; der Hamburger abends im Sportheim; ‚Seit der Trennung meiner Eltern gibt es bei uns kein schönes Essen mehr' usw. Glücklicherweise erzählte ein Schüler dann doch noch: ‚Am Sonntag kocht mein Vater. Da nehmen wir das gute Geschirr.' Mit diesen Statements konnte man gut das breite Spektrum der Essenserfahrungen thematisieren – und auch deutlich machen, dass dort, wo es glückt, Erfahrungen beim Essen möglich sind, die weit über die der bloßen Sättigung hinausgehen.

An derselben Schule hatten wir das angesprochene Gleichnis unterrichtlich behandelt. Wie erwartet spielte die Frage der Einladungen etwa zu Geburtstagsfeiern eine ganz wichtige Rolle für diese Schüler/innen. So beschäftigten auch die Absagegründe der Eingeladenen in dem Gleichnis. So war durchaus einsichtig, dass einer angesichts der eigenen Hochzeit eine solche Einladung ausschlagen darf. Und wie verhält man sich zur Einladung von Jesus? Für die Schüler/innen war eine Option von besonderem Interesse, die das Gleichnis wohl gerade nicht im Sinn hat. Die Schüler/innen wollten die Einladung ‚aufheben' für den Moment, wo man sie brauchen kann bzw. in der sie halt passt.

Es ist unmittelbar einleuchtend, dass es in dem Gleichnis um das Wohl der Armen geht, die von der ‚zweiten Einladung' profitieren. Interessanterweise verzichtet Lk im Gegensatz zur Mt-Stelle auf eine Aussage darüber, wie sich die Armen denn nun verhalten sollen. Sind sie nur ‚das Objekt' der Barmherzigkeit der anderen? Mirjam Zimmermann (2009) hat dazu eine interessante kleine Untersuchung in Südafrika durchgeführt. Zum Gleichnis vom ‚Reichen Mann und vom armen Lazarus' fragte sie u.a. auch Kinder aus den Townships, die allen Grund haben, sich selbst als ‚die Armen' zu begreifen und sich entsprechend in die Geschichte einzuzeichnen. Doch auch diese Kinder lesen ‚die Armen' immer als ‚die Anderen', denen gegenüber Barmherzigkeit geboten ist. Dieser Rezeptionsmodus ist auch im Hinblick auf das Gastmahlgleichnis zu erwarten.

Wenn man in dem Gleichnis zwei Adressierungen sieht, dann ist zu fragen, was es für die Einladenden und was für die ursprünglich Eingeladenen bedeutet. Im Hinblick auf die Zweiteingeladenen enthält es keine Adressierung. Ebenso ist eine allegorische Auslegung im Sinne der Mt-Version auszuschließen, die die Ersteingeladenen als das Judentum deutet und die Zweiteingeladenen als die Heidenchristen. Dann ergibt sich das folgende Schaubild:

Adressaten im Gleichnis und Appelle	Korrelate in der Lebenswelt der Schüler/innen
Einladende: Lade nicht nur solche ein, bei denen du auf eine Gegeneinladung hoffen kannst, sondern auch solche, für die sie wichtig sein kann! Gott vergilt es dir!	Wen lade ich zum meinem Geburtstag ein?
Eingeladene: Nimm die Einladung (Jesu) an, es gibt ein Zu-Spät!	Was mache ich mit Einladungen an mich? Was mit solchen, zu denen ich nicht kommen kann / kommen will? Wie gehe ich mit der Einladung Jesu um?

3.5 Was heißt Struktur?

Unterrichtsplanung heißt Strukturierung. D.h., dass man ohne den Strukturbegriff kaum sinnvoll planen kann, was in einer Unterrichtsstunde geschehen soll. Nun ist ein Geschehen mit ca. 25 Schüler/innen und einer Lehrperson in seiner Komplexität weder in Gänze zu erfassen noch zu steuern. Dennoch gibt es vorgegebene ‚Strukturen', z.B. die Zeit. Es gehört zur rollendefinierten Aufgabe der Lehrperson, in einer bestimmten Dosierung Impulse zu setzen, die das Geschehen in der Klasse bestimmen sollen. Die Lehrperson wird aus Erfahrung oder weil es die Lehrmaterialien suggerieren, davon ausgehen (können), dass die Schüler/innen sich (zumindest im Prinzip) in ihrem Tun und Verhalten an diesen Lehrervorgaben orientieren. Die hier vorausgesetzten impliziten oder expliziten Verhaltenserwartungen kann man als Struktur verstehen. Sie funktionieren deshalb, weil Schule ein Bündel von Erwartungen erzeugt, auf das mehr oder weniger sicher zurückgegriffen werden kann. Ohne diese bei Schüler/innen und Lehrperson einsozialisierten Muster wäre Schule kaum möglich. In diesem Sinne bedeutet Unterrichtsplanung das Operieren innerhalb gesetzter Erwartungen und das bewusste Einsetzen zur Verfügung stehender Strukturelemente. Dies können Unterrichtsmaterialien sein, aber auch verbale oder visuelle Impulse oder Varianten von gemeinsamem Gespräch.

Es ist in diesem Kontext interessant, wie eine explizit strukturalistische Perspektive das Strukturverständnis der geisteswissenschaftlichen Pädagogik wahrnimmt. Dieter Lenzen (1976, 11) sieht Strukturen immer in Bezug auf ein bestimmtes System:

> „Die Struktur solcher Systeme aufzudecken bedeutet dann, sich der Identifikation ihrer Elemente und den koexistentiellen, morphologischen oder aber strukturellen ‚Gesetzen' zuzuwenden, die die Relationen zwischen diesen Elementen ausmachen. Insofern könnte die jedem Lehrer aus der zweiten Phase seiner Ausbildung geläufige Aufgabe, die Erstellung eines Unterrichtsentwurfs ‚nach Klafki' die ‚Struktur des Unterrichtsinhaltes' aufzufinden und zu beschreiben, tendenziell eine strukturalistische Tätigkeit darstellen, obschon diese Aufgabe oft als bloße Beschreibung der ‚äußerlich' wahrgenommenen Oberflächenphänomene eines Gegenstandes missverstanden wird."

Lenzen spricht hier von einer ‚Strukturentdeckung' der Oberflächenphänomene, denen er keine spezifische Systemreferenz zuordnet. Klafkis ‚Strukturen' wären demnach von dieser Art. Eine „Erschließung, oder besser Rekonstruktion der den Oberflächenstrukturen zugrundeliegenden Tiefenstrukturen stellt nun die eigentliche Aufgabe der *strukturalen Methode* dar" (13).

> „[S[o lässt sich im Rahmen der erziehungswissenschaftlichen Forschung [...] nach den (kognitiven, aber nicht nur diesen) Tiefenstrukturen aller am Erziehungsprozess Beteiligten (Lehrer, Schüler, Eltern usw.) und nach den Regeln fragen, aufgrund derer ein spezifischer Erziehungspakt an der Oberfläche so erscheint, wie er erscheint."

Wir werden sehen, dass der Übergang von Klafki zu Nipkow letztlich auf dieser Unterscheidung gründet. Denn mit der Zuwendung zur kognitivistischen Entwicklungspsychologie orientiert sich die didaktische Analyse zunehmend an den ‚Tiefenstrukturen', die etwa durch die kognitiven Schemata der Schüler/innen vorausgesetzt werden.

4. Elementarisierung im Religionsunterricht – Karl Ernst Nipkow

4.1 Die Genese des Konzeptes

Wie im zweiten Kapitel angesprochen gab es in den 70er Jahren des letzten Jahrhunderts die von Hans Stock angeregte Diskussion um *elementare Theologie* – inspiriert von hermeneutischen Überlegungen der neutestamentlichen Wissenschaft. Der Religionspädagoge Karl Ernst Nipkow erkannte jedoch, dass diese Überlegungen nicht praxistauglich waren und dass ein Konzept der Elementarisierung sich am entsprechenden Diskurs der Erziehungswissenschaft, speziell an Wolfgang Klafki, zu orientieren habe. Im Rückblick charakterisiert Nipkow sein Vorgehen wie folgt (Boschki/Schlenker 2001, 114):

> „Elementarisierung ist aber [im Gegensatz zu Stocks Bemühungen] mehrdimensional, betrifft nicht nur die einfachen ‚elementaren Strukturen', sondern auch die ‚elementaren Erfahrungen', die einerseits hinter den Textstrukturen stehen und andererseits uns heute bewegen, also das elementar Erfahrene als das Authentische damals und jetzt. Und dann kommt die Wendung, die von Hans Stock gar nicht in den Blick genommen werden konnte, nämlich die Frage nach dem, was denn nun das elementare Beginnen, das Anfängliche ist, das, was die Sache überhaupt zugänglich macht, die ‚elementaren Zugänge'. Ich habe ferner darauf beharrt, dass viertens als wichtigste Frage die Frage nach der ‚elementaren Wahrheit' mit in die didaktische Analyse gehört. An diesen beiden Stellen geht das Konzept über das bei Wolfgang Klafki in seiner sogenannten didaktischen Analyse von 1954 Angelegte hinaus."

Interessant ist, dass Nipkow hier die Dimensionen ‚Struktur' und ‚Erfahrung' auf Klafki zurückführt und in den ‚Zugängen' und der ‚Wahrheit' seine eigene spezifische Profilierung des Elementarisierungskonzeptes sieht. Daran ist zumindest die Erkenntnis richtig, dass die unter dem Stichwort ‚Anfänge' bzw. ‚Zugänge' erfolgte Einbeziehung der kognitivistischen Entwicklungspsychologie das traditionelle Konzept der geisteswissenschaftlichen Hermeneutik gesprengt hat. Die Profilierung dieser Dimension ist wahrscheinlich die folgenreichste Wirkung des

Elementarisierungsansatzes. Man kann dies an einer frühen Schrift Nipkows zum Thema Elementarisierung gut studieren. Sein Beitrag (Nipkow 1979) erschien gemeinsam mit Beiträgen von Hans Stock und Ingo Baldermann in einem Büchlein zum Thema ‚Bibel und Elementarisierung'. Nipkow entfaltet hier nur drei Elementarisieringsdimensionen – die elementare Wahrheit fehlt noch. Er beginnt mit der elementaren Struktur (und damit der Auseinandersetzung mit Stock, 38):

> „Die Art der Elementarisierung in dieser ersten Fragerichtung ist nicht voraussetzungslos. Sie ist durch wissenschaftliche Denk- und Zugangsweisen bedingt: elementarisierte biblische Inhalte kommen in den folgenden Beispielen so zur Sprache, wie es wissenschaftlicher theologischer Arbeit gemäß ist: als wissenschaftlich reflektierte Bedeutungsstrukturen und als wissenschaftlich reflektierte Sprachformen und Überlieferungsstrukturen."

Dies führt zu der Erkenntnis (41):

> „In den elementaren Strukturen des Gegenstandsbereichs spiegeln sich folglich die Gesetzmäßigkeiten des erkennenden wissenschaftlichen Bewusstseins."

Für die Auswahlprozesse kommt Nipkow (43f) zu dem Ergebnis, dass für die wissenschaftliche Forschung zwar im Prinzip die ganze Bibel als Forschungsgegenstand dienen könne, es aber durchaus Konsense über die Bedeutung der einzelnen Bücher bzw. Passagen gäbe. Für die Religionspädagogik macht er zudem einen über einen längeren Zeitraum laufenden Kanon aus. Wir können also festhalten, dass die elementaren Strukturen für Nipkow in erster Linie durch *Tradition* geprägt sind. Diese Tradition wird protestantischerseits garantiert durch die theologische Wissenschaft. Nun weiß Nipkow aber – nicht zuletzt durch seine interkulturellen Erfahrungen auch und gerade mit Theologien anderer Regionen – dass der Wissenschaftskanon, an dem er sich hier orientiert, ein spezifisches Konstrukt mit Moden und Vorlieben, aber auch mit Voraussetzungen ist. Man kann dies leicht zeigen am Konstrukt der Formen und Gattungen. Es gab in den biblischen Wissenschaften einen Boom der ‚Formgeschichte' mit dem Narrativ, dass bestimmte Formen wie Gebete, Prophetensprüche oder Gleichnisse jeweils in einer bestimmten sozialen Konstellation situiert werden könnten – dem sog. *Sitz im Leben*. Doch später begannen Zweifel, ob man die Erzähl- oder Sprechsituation des mündlichen Textes (vor seiner Verschriftlichung) wirklich so rekonstruieren könne. Dazu kam die Frage, ob es legitim sei, heutige Gattungsbegriffe wie ‚Novelle' für Textsorten zu gebrauchen, die in einer Zeit entstanden sind, wo man diese Kategorien noch gar nicht kannte. Nipkow ist an dieser Stelle eindeutiger als Klafki, da er anerkennt, dass die Strukturen einerseits Konstrukte sind, diese sich andererseits in der Theologie und Religionspädagogik als *Tradition* aber durchaus bewährt haben.

Für seine zweite Dimension orientiert sich Nipkow an den Beobachtungen Ingo Baldermanns (2006). Dieser hatte in seiner unterrichtlichen Praxis festgestellt, dass es biblische Passagen, besonders aus den Klagepsalmen, ermöglichen, unmittelbar Resonanz bei heutigen Schüler/innen zu erzeugen. Daraus ergab sich für Nipkow die Einsicht, dass die von Klafki postulierte gegenseitige Erschließung von Schüler und Sache dadurch funktionieren kann, dass *Erfahrungen* biblischer Zeit heutige *Entsprechungen* haben. Ließe sich dies verallgemeinern, dann wären *Kategorien* im Klafki'schen Sinne identifizierbar. Doch Nipkow ist skeptisch, ob sich solche ‚universellen' Strukturen ausmachen lassen (1979, 59):

> „Die Kontextualität der elementaren Erfahrungen ist in der geschichtlich-gesellschaftlichen Bedingtheit menschlichen Erlebens begründet. [Dies fördert] die Gefahr eines ungeschichtlichen Strukturalismus, indem ein Logisches-Allgemeines beim fachwissenschaftlichen und ein Anthropologisch-Allgemeines beim anthropologischen Ansatz, abgehoben von den individuellen und kollektiven Lebensumständen festgehalten wird."

Wie kommt Nipkow nun über die impliziten bzw. expliziten strukturalistischen Annahmen seiner Zeit hinaus? Seine Entdeckung der kognitivistischen Entwicklungspsychologie destruiert zwangsläufig wichtige Annahmen sowohl der neutestamentlichen Theologie als auch von Klafki. Es kann keine universell gültige existentiale Interpretation der Bibel geben, noch eine Erschließung eines Inhaltes für einen Schüler im allgemeinen Sinne. Die Rezeption zunächst von Piaget und Kohlberg macht Nipkow deutlich, dass *ein* solches Verständnis unmöglich ist angesichts der verschiedenen Erkenntnismodi im Laufe der Entwicklung. Mit der dritten Elementarisierungsdimension der *elementaren Anfänge* bzw. *Zugänge* öffnet sich Nipkow einer konstruktivistischen Sichtweise und muss damit im Grunde die hermeneutische Zugangsweise der ersten beiden Dimensionen dementieren. Interessanterweise hat Nipkow gerade zur Bedeutung der Entwicklungspsychologie in der Religionspädagogik weitergearbeitet und damit seinen Ansatz nolens volens in dieser Richtung weiter profiliert.

Im 3. Band seiner ‚Grundfragen' (1982) bringt Nipkow eine vierte Dimension der Elementarisierung ins Spiel: die Frage nach der elementaren Wahrheit. Er beginnt damit die Darstellung der Dimensionen. Er vergleicht die Wahrheitsfrage in der Religionspädagogik mit der der allgemeinen Didaktik (198):

> „Hat die christliche Theologie und die ihr folgende Religionsdidaktik die ‚elementaren Wahrheiten' eindeutiger im Blick, sicherer in der Benennung als die allgemeine Didaktik? Ja und nein. Theologisch-religionspädagogische Elementarisierung hat einerseits

> eine eindeutige Ursprungstradition: die Überlieferung der Bibel Alten und Neuen Testaments. Hier hat Elementarisierung immer wieder einzusetzen. Die Konsens- und Wahrheitsfrage ist hierhin verwiesen [...]. Aber jeder weiß, es gibt einen belastenden Streit innerhalb der christlichen Kirchen und Theologien und zwischen den Kirchen um die Aussagen der Schrift und damit um die Wahrheitsansprüche, auf die es ankommen soll."

Damit wird klar, dass sich die Wahrheitsfrage nur in einem pluralen Sinne beantworten lässt (198f):

> „Das Elementarisierungsprogramm wird überfordert, wenn man meint, damit die Konsensfrage lösen zu können. [...] Die Theologie, die helfen soll, die Konsens- und Wahrheitsfrage zu lösen, hat selbst teil an dem Streit um die Bibel und bringt ihn selbst mit hervor. Dies ist jedoch aus ähnlichen theologisch-hermeneutischen Gründen unvermeidbar, wie die Didaktik aus bildungstheoretisch-geisteswissenschaftlichen Einsichten die Wahrheitsfrage in den offenen geschichtlichen Prozess zu stellen sich gezwungen sah."

Damit ist klar, dass es ‚die Wahrheit' nicht in einem eindeutigen Sinne geben kann, sondern dass diese die Pluralität widerspiegeln muss, die sich bereits in der Bibel selbst (Käsemann 1970) findet und die in den diversen Auslegungen neu zur Geltung kommt. Nipkow lehnt von daher den Versuch ab, *abstrakte Prinzipien* generieren zu wollen, die als Kriterien der Beurteilung herangezogen werden. Dies trifft sowohl die Versuche zu ‚genereralisierten Kurzformeln der Theologie' (1982, 198) als auch das ‚Allgemeine' der Bildung im Sinne Klafkis (207). Nipkow denkt bei der Konsensbildung eher an mündliche Abstimmungen unter Laien (203). Konkret bedeutet das für den Religionslehrer (224):

> „Er sollte [...] sein persönliches Vorverständnis [...] prüfen und versuchen, über seine eigenen christlichen Denkvoraussetzungen ‚konzeptionelle Klarheit zu gewinnen'."

Es geht demnach bei der Frage der ‚elementaren Wahrheit(en)' um *Lehrertheologie*, auch wenn Nipkow diesen Begriff so noch nicht gebraucht.

4.2 Die verbesserte Version

Meinert und Hilbert Meyer (2007, 65) hatten vermerkt, dass Klafkis Entwurf letztlich die Empirie fehle. An dieser Stelle geht Nipkow den entscheidenden Schritt weiter. Hatte er in den ersten Überlegungen zur Elementarisierung entwicklungspsychologisch nur auf Piaget und Kohlberg zurückgegriffen, so ist er es, der die Studien zur ‚Glaubensentwicklung' (Fowler 1989) und zum ‚Religiösen Urteil' (Oser/Gmünder 1996) in der Religionspädagogik heimisch macht. Er führt sie auf einer großen Konferenz zusammen (Nipkow u.a., 1988) und unternimmt selbst ein größeres Forschungsprojekt, in dem er die Bedeutung entwicklungspsychologischer Sichtweisen anhand von Unterrichtsdokumentationen nachweist (Schweitzer u.a. 1995). Auf dieser Grundlage kann Nipkow dann sein Elementarisierungskonzept wesentlich präziser und näher am konkreten Unterricht situieren. Hatte er seine Modellanalyse zu Mt 4,1–11 (Jesu Versuchung) (1982, 223ff) noch ‚trocken' durchgeführt, so wählt er jetzt die Dokumentation einer videografierten Unterrichtsstunde zum Ausgangspunkt (Nipkow 1984). Es geht um 1Kön 18, das ‚Gottesurteil auf dem Karmel'. Die Unterrichtseinheit zum Propheten Elia gehörte damals in Baden-Württemberg zu den Pflichtthemen für die Klassenstufe 5/6. In der konkreten Einzelstunde geht es darum, dass angesichts einer durch das Ausbleiben des Regens veranlassten Hungersnot der JHWH-treue Prophet die konkurrierenden Priester des Fruchtbarkeitsgottes Baal zu einem Gottesurteil auf dem Berg Karmel versammelt. Als Elia ‚siegt', weil sein Opfer angenommen wird, werden die Baals-Priester getötet und es beginnt zu regnen. Nipkow kann nun anhand dieser Stunde zeigen, dass die Schüler/innen an zahlreichen Stellen Dinge ‚falsch verstehen'. So vermuten sie als Religionszugehörigkeit des Elia ‚evangelischer Christ' – im Sinne Piagets ein Ausdruck von Egozentrismus. Nipkow kann an mehreren Stellen durch Rekursnahme auf entwicklungspsychologische Theorien ähnliche ‚typische Missverständnisse' aufklären. Bei einer Befragung von Religionslehrer/innen (Büttner u.a. 1993) stellte sich dann heraus, dass diese vor allem die Tötung der Baalspriester zum Anlass nahmen, die Unterrichtseinheit trotz ihrer Obligatorik wegzulassen. Dies und Nipkows Untersuchung führten erst zu einer Verschiebung in die Klassenstufe 7/8 und schließlich zu ihrem Verschwinden aus dem Lehrplan.

Nipkow hat daraufhin in mehreren Veröffentlichungen sein erneuertes Elementarisierungskonzept erläutert. Auffällig ist dabei, dass er die Reihenfolge der Elementarisierungsdimensionen variiert. Man kann dies wohl als Indiz dafür ansehen, dass der Elementarisierungsprozess in der Praxis sich letztlich nur als ein Oszillieren zwischen diesen Perspektiven denken lässt. Wie geht Nipkow im Einzelnen vor? Ich orientiere meine Darstellung an seiner detailliertesten Studie (Nipkow 1986a).

Nipkow bezieht sich hier genauer auf Klafkis Schema der Unterrichtsplanung (→ Kap. 3). Seine elementare Struktur und die elementare Erfahrung sieht er in den einzelnen Punkten Klafkis abgebildet, die Zugänge und die Wahrheit bilden dagegen ein Spezifikum seines Ansatzes (4). Auch diskutiert Nipkow, ob das Elementare nicht das sei, was dauerhaft bei den Schüler/innen ‚hängen bleibe' (5f). Dieser Gedanke ist verlockend, doch zeigen empirische Studien, dass das oft sogar dann vergleichsweise wenig ist, wenn man am Abend Kinder nach dem morgendlichen Unterricht fragt (Föllig-Albers/Meidenhauer 2010).

Interessant wird Nipkows (1986a) Überlegung zur elementaren Struktur, und zwar deshalb, weil sich im jetzigen Setting zeigen muss, ob diese überhaupt die Rolle im konkreten Unterricht spielt, die ihr im Theorieentwurf zugeschrieben wird. Nipkows Procedere entspricht zunächst einmal der Erwartung des wissenschaftlich-theologischen Mainstreams, der von der Fachwissenschaft die entscheidenden Impulse erwartet. Demnach sollte man bei biblischen Texten den neuesten Kommentar bzw. die jüngste Monografie zum Thema konsultieren. Doch was kann die liefern? Eine entsprechende alttestamentliche Studie wird versuchen, zwei Fragen zu beantworten: 1. Wie verhält es sich mit der Einheitlichkeit des Textes bzw. welche Stufen der Überlieferung der einzelnen Textpassagen lassen sich unterscheiden? 2. Wie sind die geschilderten Ereignisse historisch einzuordnen?

Das ehemalige Reich Davids und Salomos ist in der Mitte des 9. Jahrhunderts v.Chr. in zwei Staaten getrennt. Das Nordreich regiert der König Ahab, der eine kanaanäische (heidnische) Königin geheiratet hat. Die Bevölkerung ist wohl eher synkretistisch orientiert. D.h., dass sie neben JHWH, dem Gott Israels, auch den kanaanäischen Gottheiten anhängt. Der König respektiert dies, vermutlich auch wegen der kanaanäischen Bevölkerungsanteile bzw. als Referenz an seine Frau. Dem steht der JHWH-treue Prophet Elia gegenüber, der in mehreren Episoden mit dem König in Konflikt gerät.
Der in der Perikope geschilderte Konflikt nimmt seinen Ausgang am Ausbleiben des Regens und der damit einhergehenden Hungersnot. Das Konfliktfeld ist insofern religiös aufgeladen, weil für die Fruchtbarkeit traditionellerweise die kanaanäischen Gottheiten Baal und Aschera ‚zuständig' waren. Elias Verweis, dass das Ausbleiben des Regens eine Folge einer Haltung sei, die neben JHWH noch andere Gottheiten verehrt, postuliert einen Glauben allein an JHWH.
Das Gottesurteil führt zum Aufbau zweier Altäre mit Opfergaben – einer für Baal und einer für JHWH. Durch eine Art ‚Gottesblitz' werden die Gaben auf dem JHWH-Altar entzündet, und somit ist Elia der Sieger. Die Baalspriester werden getötet und der lang erwartete Regen setzt ein.
Der Text ist Teil eines Geschichtswerkes, das die Zeit von der Landnahme bis zum Exil im Sinne deuteronomistischer Theologie schildert. Dort werden die Könige des Nordreichs grundsätzlich negativ dargestellt, weil sie den (im Ausland liegenden) Jerusalemer Tempel nicht als einziges Heiligtum respektieren. Dazu kritisiert die deuteronomistische Theologie generell die synkretistische Haltung des Volkes und stellt diesem die Propheten Elia, Hosea und Jeremia als exemplarische Kämpfer für JHWH entgegen.
Eine eher historische Perspektive ist demgegenüber durchaus willens, die Politik des Ahab angesichts der diversen Bedrohungen eher positiv zu bewerten.

Die Frage stellt sich, ob die hier skizzierten Aussagen für den Religionsunterricht einer 5. oder 6. Klasse Bedeutung haben. Doch die Frage geht darüber hinaus, ob das, was die alttestamentliche Wissenschaft erforscht, generell Relevanz für Religionsunterricht haben kann. Die Überlegungen zum Status des Textes sind unterrichtlich eigentlich nur dann von Bedeutung, wenn man daraus Konsequenzen für den eigenen Erzählplot ziehen will bzw. kann. In unserem Falle spräche etwa viel dafür, die längere Passage mit dem Auftreten von Elias Diener Obadja wegzulassen und die Handlung zu straffen. Die Kontexte aus der Geschichte Israels haben ebenfalls nur einen Informationsgehalt für die Lehrperson. Wir sehen hier, dass das historisch-kritische Wissen eigentlich nur der Lehrkraft als Hintergrundinformation dienen kann, zur elementaren Struktur einer Unterrichtsstunde für Kinder aber nichts austrägt. Neuere exegetische Arbeiten ziehen – vielleicht auch deshalb – eher narratologische Kategorien zur Analyse biblischer Perikopen heran. So könnte etwa eine Analyse der Figurenkonstellation innerhalb der Geschichte im Hinblick auf den König, den Propheten, die Baalspriester und das Volk wichtige Merkmale herausarbeiten, die dann in der Tat für realen Unterricht bedeutsam sein könnten (z.B. Zimmermann 2014).

Interessanterweise greift Nipkow dann bei den elementaren Erfahrungen auf einen anderen Theologen zurück, der den Text nicht primär philologisch oder historisch interpretiert, sondern nach seiner politischen Relevanz fragt (8f). So macht Ton Veerkamp – Nipkows Gewährsmann an dieser Stelle – darauf aufmerksam, dass die Baalsreligion hier als Legitimation der Königsmacht dient und der König die Hungersnot erst dann wahrnimmt, als seine militärisch relevanten Tiere kein Wasser mehr erhalten. Das Verhalten des Volkes wird dann so gedeutet, dass der Fruchtbarkeitsgott Baal für seine materiellen Interessen steht. Die Analogie zu heute läge dann in Luthers Diktum, dass das, woran wir unser Herz hängen, unser eigentlicher Gott sei. Das Tertium comparationis wäre demnach all das, was die Schüler/innen besonders begehren und verehren – und damit dem wahren Gott vorziehen. Damit wäre – theoriegemäß – die Erfahrung sowohl in der biblischen Perikope als auch in der Lebenswelt der Schüler/innen aufgezeigt. Doch Nipkows Analyse zu der konkreten Unterrichtsstunde dementiert alle Aussagen zu den ersten beiden Elementarisierungsdimensionen. Wie in dem oben angesprochenen Problem der Religionszugehörigkeit Elias fanden sich noch zahlreiche andere Missverständnisse der Schüler/innen, die Ausdruck ‚inadäquater' Verstehensschemata waren. So wurde etwa moniert, dass die Baalspriester die Leute betrogen hätten, indem sie diese aufforderten, ihre besten Stiere als Opfergaben abzugeben für einen Gott, den es doch gar nicht gibt (11). Interessanterweise erweist sich an dieser Stelle die Theorie der Entwicklung des moralischen Urteils von Lawrence Kohlberg als besonders leistungsfähiges Interpretament (10):

> „Die heftigste Diskussion entzündete sich an der Tötung der Baalspropheten durch Elia. Nicht das Verhältnis des Volkes Israel zu Gott (oder gar das eigene der Schüler zu Gott) geriet in den Mittelpunkt, sondern umgekehrt Elias Verhältnis zur Moral.
> Die Schüler urteilten zum einen auf präkonventionellem Niveau: Gott ‚hätte noch mehr Anhänger gehabt, wenn Elia die Baalspropheten nicht umgebracht hätte', so der eine Schüler, Elias Handeln verurteilend. ‚Wenn Elia die Priester hätte leben lassen, dann hätten sie die Leute wieder herumgekriegt', so ein anderer, Elias Verhalten rechtfertigend. Es handelt sich um Kosten-Nutzen-Erwägungen vormoralischer Art, wobei genau im Sinne L. Kohlbergs die gleiche Urteilsstruktur mit entgegengesetzten Inhalten auftreten kann."

Nipkow zeigt an dieser und anderen Stellen, wie leistungsfähig die Theorien der kognitiven Entwicklung für das Verstehen der Unterrichtsinteraktionen ist. Dass hier bevorzugt Kohlberg-Themen zur Sprache kamen, lag am Unterrichtsinhalt. Die Gottesfrage kam für die Schüler/innen an keiner Stelle in relevanter Weise in den Blick. Die Mitte der Stunde und damit die Frage der elementaren Wahrheit stellte sich als moralischer Konflikt heraus (11):

> „Die Schüler waren in der betreffenden Unterrichtsstunde eigentlich nur an der zuletzt genannten Stelle elementar betroffen; nur hier ging es einigen unter die Haut. Ein elementarer Wahrheitsanspruch war berührt. Entgegen der elementaren Mitte des Textes selbst wurde allerdings für die Schüler etwas anderes elementar wichtig, nämlich, *dass es in der Bibel gerecht zugehe*."

Nipkow kann natürlich mit dem Resultat seiner Analyse nicht zufrieden sein. Er zieht die Konsequenz, die Perikope für ältere Schüler/innen vorzusehen (12f) und dafür ‚leichtere' Elia-Perikopen zu wählen. Das erscheint etwas zu einfach. Wenn der Lehrplan die vier oder fünf Elia-Perikopen unterrichtlich vorsieht – etwa um die Gestalt der Propheten im AT zu thematisieren, dann erscheint es nicht sinnvoll, diese Perikope wegzulassen, zumal die anderen analoge Verstehensprobleme aufwerfen. Es wäre auch mutwillig, im Nachhinein jetzt eine ‚bessere' didaktische Analyse vorzuschlagen. Nipkows Beispiel zeigt aber, dass es kaum möglich ist, einen Unterricht zu planen, wenn nicht empirisches Material als Anschauung zur Verfügung steht – in publizierter Form oder aus der eigenen Praxis. Bezogen auf Nipkows Beispiel kann man auf jeden Fall festhalten, dass die Beobachtungen zu den elementaren Anfängen und zur elementaren Wahrheit erst einmal deutlich machen, worum es bei einem Thema im Schülerkontext überhaupt gehen kann. Dazu gehört essentiell, sich über den Rahmen klar zu werden, innerhalb dessen etwa eine biblische Geschichte präsentiert werden soll. Nipkows Überlegungen zur elementaren Erfahrung ist in dieser Form an dieser Stelle eher hinderlich, weil hier vorausgesetzt wird, es gäbe erwartbare Parallelen zwischen dem Erfahrungshintergrund des Bibeltextes und dem eigenen. Das kann sein – etwa bei Psalmversen. Auf der anderen Seite ist es wichtig, die biblische Welt zunächst einmal als ‚fremde Welt' einzuführen, in der Regeln und Gepflogenheiten herrschen, die erst einmal nicht die unseren sind. In diese Welt kann man dann die Personen einführen und klären, was man von diesen erwarten kann oder muss. Elia hilft der armen Witwe (1. Kön 17), Ahab nimmt dem frommen Nabot seinen Weinberg weg (1. Kön 21). Warum handeln die Personen, wie sie handeln? Spielt dabei Gott eine Rolle? Handelt er so, wie wir es erwarten? Nicht nur Nipkow hat feststellen können, dass Schüler/innen für biblische Texte mit eigenen Regeln rechnen. Sie halten dort Dinge für möglich, die sie sonst grundsätzlich bezweifeln – auch kritische Kinder.

An dieser Stelle wird klar, dass die Konsultation exegetischer Fachliteratur gewiss anregend sein kann, auf keinen Fall aber die Suggestion erzeugen sollte, man könne das dort Verhandelte ‚übernehmen' oder ‚runterbrechen'. Die Wahrheit des Konzepts von der ‚biblischen Geschichte', das den Religionsunterricht der Nachkriegszeit bestimmt hat, lag im Wissen, dass der Religionsunterricht eine biblische Welt etablieren sollte, in der sich die Schüler/innen – schließlich selbständig – bewegen können. Deren Logiken sind zunächst einmal theologischer Art. Das nötigt dann dazu, dass die Lehrperson weiß, dass in einer Welt, in der die Zehn Gebote vom Sinai das Regelwerk bilden, zu erklären sein wird, warum der ‚fromme Prophet' trotzdem tötet. (Hier kann es hilfreich sein zu wissen, dass Elia zur blutigen Revolution gegen das Haus Ahab anstachelt [1. Kön19,14ff], dass aber just dies vom späteren Propheten Hosea [1,4] wieder kritisiert wird). D.h. aber auch, dass ‚elementare Strukturen' nur solche sein können, die im Verstehen der Schüler/innen eine Entsprechung finden. Wissenschaftliche Inhalte sind per se noch keine Bildungsgehalte. Für die von Nipkow vorgesehene Unterrichtsplanung auf der Grundlage der vier Elementarisierungen empfiehlt sich ein Vorgehen eher von den ‚Anfängen' aus mit der Frage, welche der Strukturelemente sich denn möglicherweise als anschlussfähig erweisen können.

Man sieht an dieser Stelle, dass es nachvollziehbar ist, dass der Nipkow-Schüler Friedrich Schweitzer versucht hat, das Elementarisierungskonzept noch näher an die unterrichtliche Praxis heranzuführen und dabei etwas zu modifizieren. Dies wird im nächsten Kapitel im Kontext anderer Variationsvorschläge diskutiert werden, bevor die vier Dimensionen Nipkows nochmals systematisch betrachtet werden sollen.

5. Elementarisierung – Weiterführungen

5.1 Elementarisierung als Programm der Tübinger Religionspädagogik

Karl Ernst Nipkow hatte gezeigt, dass man mit dem Instrumentarium der kognitivistischen Entwicklungspsychologie konkrete Unterrichtsstunden didaktisch analysieren kann, wie das in diesem Maße vorher nicht möglich war. Die im Rahmen eines Forschungsprojektes gewonnenen ‚24 Stunden Religionsunterricht' (Faust-Siehl o.J.) stellten und stellen bis heute einen Fundus für solche Unterrichtsanalysen dar. Nipkow und dann vermehrt Friedrich Schweitzer profilierten von daher das Elementarisierungsprogramm in drei Richtungen:

- Sie präzisierten die Instrumentarien zur didaktischen Analyse.
- Sie machten Vorschläge zur Stundenplanung.
- Sie profilierten ‚Elementarisierung' zum bestimmenden Konzept von Religionspädagogik im deutschsprachigen Raum.

Man ahnt bereits, dass nicht alle drei Absichten in dieselbe Richtung zielen. Bereits Gabriele Faust-Siehl (1987) hatte die Beobachtung gemacht, dass im Bereich der Unterrichtsanalyse zwei konkurrierende Forschungsansätze im Spiel sind. Ein eher szientistischer Ansatz aus der pädagogischen Psychologie ist daran interessiert, harte Daten zu gewinnen und generell gültige Gesetzmäßigkeiten herauszufinden. Dies kann gelingen – aber meist unter Absehung von den Unterrichtsinhalten. Deren Sinnhaftigkeit lässt sich letztlich nur in einem hermeneutischen Prozess erheben. D.h., dass man etwa die Quote der Schülerbeteiligung erheben kann, den Redeanteil der Lehrperson, bestimmte Interaktionsparameter, ohne daraus einen Schluss ziehen zu können, ob das dort Verhandelte ‚korrekt' im Sinne der Wissenschaft ist und ob es für irgendjemanden als bedeutungsvoll angesehen wird. In diesem Kontext sind die Forschungsansätze von Lawrence Kohlberg (1995) und seiner religionspädagogischen Nachfolger James Fowler und Fritz Oser natürlich von besonderem Interesse. Speziell Kohlberg hat ein umfassendes Instrumentarium entwickelt, mittels dessen Hilfe er eine in Stufen geschehende Entwicklung des moralischen Urteils nachweisen konnte. Diese Stufen waren im Prinzip inhaltsoffen – die höheren Stufen gelten jedoch als adäquater für den Wertekodex einer aufgeklärten, demokratischen Gesellschaft. Dasselbe gilt im Prinzip auch für die Stufen zur religiösen Entwicklung. In dem Maße, in dem man Lernfortschritte möglichst messbar machen wollte, lag und liegt die Versuchung nahe, sich an diesen Modellen zu orientieren. Doch lässt sich leicht zeigen, dass das so einfach nicht geht. Christliche Theologie ist auf bestimmte theologische Prinzipien verpflichtet, die zwar im Einzelnen diskutabel sind, aber dennoch als ‚Göttliche Offenbarung' nicht grundsätzlich negiert werden können. Zwar wird zurecht postuliert, dass es eine weitgehende Konkordanz zwischen den theologischen Aussagen und dem genannten westlichen Wertekodex gibt, was aber Differenzen im Detail nicht ausschließt. Ich will dies an zwei Beispielen erläutern:

> Die protestantische Schlüsselaussage zur Rechtfertigung des Sünders besagt, dass sie dem Glaubenden von Gott aus Gnade geschenkt wird unter Absehung seiner früheren Taten, sofern ihm die bösen Taten Leid tun. Auf der bei Kohlberg und Oser identifizierten Do-ut-des-Stufe ist den Kindern (im Grundschulalter) besonders wichtig, dass es eine ‚gerechte' Entsprechung zwischen Taten und dem, was darauf folgt, gibt. Das bedeutet die *gleiche* Gnade für ‚unterschiedlich Gute oder Böse' steht im Gegensatz zu dieser Art des Denkens. Dies äußern die Kinder in der Regel auch kritisch.
> Wenn ich versuche, Schüler/innen im Pubertätsalter eine prinzipiengeleitete Ethik zu vermitteln, die darauf verweist, dass es Situationen geben kann, *um eines höheren Wertes willen* konkrete Gesetze (z.B. Verkehrsregeln) zu verletzen, muss ich damit rechnen, dass dies präkonventionell so verstanden wird, dass man mit Regeln und Gesetzen *immer* ‚flexibel' umgehen kann. Auch wenn es theologisch erst einmal fragwürdig sein mag, ist an dieser Stelle wichtig, den Schüler/innen dieses Alters die Notwendigkeit von ‚Law and Order' zu vermitteln.

D.h., dass sich der Elementarisierungsprozess manchmal durchaus in der Dilemmasituation befinden kann, einerseits die kindlichen Verstehenskategorien zu berücksichtigen und sich gleichzeitig als Anwalt theologischer ‚Richtigkeit' zu verstehen. Grundsätzlich entgehen kann kein Unterrichtender dieser Situation. Sie wird aber dadurch entscheidend gemildert, dass wir es ja in der Praxis mit einem Unterricht über einen längeren Zeitraum zu tun haben, in dem *gemeinsame Praxen* dann auch andere Formen von ‚Gewissheit' generieren als solche des korrekten Verstehens im Detail.

Betrachtet man die Entwicklung der Beiträge zum Thema Elementarisierung im Werk des Tübinger Religionspädagogen Friedrich Schweitzer, dann kann man dort maßgebliche Veränderungen gegenüber dem Konzept Nipkows erkennen. Wir hatten im letzten Kapitel festgestellt, dass schon bei Nipkow die intensive Analyse einer konkreten Schulstunde das Projekt ‚Elementarisierung' entscheidend weitergeführt hat. Dasselbe lässt sich bei Schweitzer beobachten. Mit der Studie zur Entwicklungspsychologie im Religionsunterricht steht nicht nur ein breites Theorieangebot der Entwicklungspsychologie zur Verfügung, sondern auch ein Fundus von 24 Stunden Religionsunterricht. Deren Analyse hat im Detail eine Reihe von wichtigen Erkenntnissen zur Konstitution von Themen im Religionsunterricht zur Verfügung gestellt. Die Transkripte dieser Stunden bieten bis heute wichtiges Forschungsmaterial – auch für neue Fragestellungen. Über diese Studien hinaus wurden in den letzten Jahren in zahlreichen Forschungen Sequenzen von Unterricht bzw. von Interviews mit Schüler/innen zugänglich gemacht, so dass der implizite Hinweis des Elementarisierungsprogramms, exemplarische Praxisbeispiele zur Kenntnis zu nehmen, immer mehr Grundlage gewonnen hat.

Schweitzer (2003) hat zusammen mit anderen, u.a. Nipkow, das Programm gleichzeitig präzisiert und erweitert. So situiert er das Programm in den Kontext der EKD-Synode von 1994 mit ihrem ‚Perspektivenwechsel hin zum Kind' (12) und erweitert die Nipkow'schen Dimensionen um eine fünfte, die ‚elementaren Lernformen' (14). Gleichzeitig nennt er die elementaren *Anfänge* jetzt in elementare *Zugänge* um. Außerdem wird jetzt explizit klar gemacht, dass das Elementarisierungsprogramm nicht nur für biblische Stoffe geeignet ist, sondern *für alle anderen Themen* des Religionsunterrichts ebenso. Beim konkreten Entfalten der Dimensionen stößt man dann aber auf eine deutliche Unterscheidung. So werden die ‚klassischen' Dimensionen, die Nipkow eingeführt hat, jetzt sehr präzise und unterrichtsnah vorgestellt und diskutiert. Schweitzer macht dies anhand des bekannten Gleichnisses vom ‚Verlorenen Sohn' (Lk 15).

Für die elementare Struktur konsultiert auch er einen Vertreter der Exegese (in diesem Fall Hans Weder). Doch Schweitzer betrachtet dessen Ergebnisse von vornherein mit der eigenen didaktisch-theologischen Fragestellung. Weders Annahme, das Gleichnis bestünde aus zwei Teilen, wovon nur der erste Teil (mit dem jüngeren Sohn) ursprünglich sei, kommentiert Schweitzer mit der Frage, „welche inhaltlichen Gründe sich mit der einen oder anderen Einschätzung in theologischer Hinsicht verbinden können" (17). Damit entscheidet sich Schweitzer für die Letztgestalt des NT. Auch die theologischen Schlüsselaussagen zur Gottesfrage in diesem Gleichnis, perspektiviert Schweitzer immer auch gleich vom unterrichtlichen Kontext her. Die Botschaft ist klar: die exegetische Diskussionslage zu kennen ist hilfreich, sie bewahrt aber keinesfalls davor, jeweils die Aspekte auszuwählen, die unterrichtlich anschlussfähig sind.

Im Hinblick auf die elementare Erfahrung kann Schweitzer jetzt auf einen Fundus von Unterrichtsbeispielen zurückgreifen und festhalten (20):

> „Das Gleichnis vom verlorenen Sohn [...] weist zahlreiche Bezüge zum heutigen Leben von Kindern und Jugendlichen auf. Es kreist um die Vater-Sohn-Beziehung, um das Verhältnis zwischen den Generationen, das Verhältnis von Geschwistern – oder, abstrakter formuliert: um Themen wie Aufbrechen und Aufbrechen-Dürfen, Scheitern, Schuld und Vergebung, Liebe und Eifersucht, Gerechtigkeit, Freude usw."

Es geht hier nicht um eine künstliche Analogiesetzung biblischer Motive mit solchen der heutigen Lebenswelt. Schweitzer kann vielmehr deutlich machen, dass es manche biblischen Themen durchaus schaffen können, als Spiegel für aktuelle Befindlichkeiten zu dienen, und sie in dieser Form auch als Quelle für neue Einsichten geschätzt werden.

> „Noch deutlicher als mit dem manchmal etwas unscharfen Erfahrungsbegriff kann aber mit dem Verweis auf unterschiedliche Zugänge hervorgehoben werden, dass Kinder und Jugendliche ihre eigenen Verstehens- und Deutungsweisen mitbringen, wie es beispielsweise die Rezeptionsforschung im Blick auf das Verstehen und Deuten biblischer und anderer Texte hervorgehoben hat" (21).

Hier kann Schweitzer nun auf die entsprechenden Studien zum Gleichnis- (Bucher) und Symbolverstehen (Fowler) verweisen.

Wir sehen, dass im Hinblick auf diese drei Dimensionen für viele Unterrichtsthemen entsprechende dokumentierte Praxisbeispiele zur Verfügung stehen, die dann bei der eigenen Planung zur Orientierung dienen können. Gerade von daher unterscheiden sich die beiden anderen Elementarisierungsdimensionen. Die elementaren Lernformen werden von Schweitzer in einem eigenen Beitrag gewürdigt (2003a). Er grenzt sich dabei von einem nicht weiter ausgeführten Frontalunterricht ab und referiert bekannte und neue methodische Arbeitsweisen. So stellt er neben dem bekannten Erzählen, das Theologisieren mit Kindern als Gesprächsform vor, dazu im Anschluss an Kohlberg Ansätze zum moralischen Lernen oder Praxisformen, z.B. im Zusammenhang mit diakonischen Einrichtungen. Man erkennt leicht, dass diese Dimension viel weiter gefasst ist als die obigen drei. Im Sinne einer engeren Fassung hätte Schweitzer hier diskutieren müssen, was es bedeutet, das Gleichnis etwa in einem bibliodramatischen Rollenspiel einzusetzen (Bubenheimer 1981), oder welche Erzählstrategien sich im Hinblick auf dieses Gleichnis besonders eignen. Ähnlich verhält es sich mit der elementaren Wahrheit. Schweitzer insistiert hier darauf, dass der Unterrichtsinhalt für die Teilnehmer/innen relevant werden solle. Diese konfessorische Dimension bedarf eines bestimmten Rahmens – den Schweitzer in einem konfessionellen Religionsunterricht (durchaus konfessionell-kooperativ) sieht (2003, 27):

> „Anders als beim religionskundlichen Unterricht können Wahrheitsfragen im konfessionellen Religionsunterricht [...] eine glaubensbezogene personale Dimension gewinnen. Es kann nicht nur *über* solche Fragen gesprochen werden (3. Person-Perspektive), sondern sie können auch zwischen den Personen verhandelt werden (2. Person-Perspektive: Ich und Du)."

Wir erkennen leicht, dass diese Dimension im Zusammenhang einer Stundenplanung immer nur in dem Maße überhaupt ins Spiel kommen kann, wie dies die konkreten Rahmenbedingungen zulassen. Gerade die große Studie von Rudolf Englert u.a. (2014) hat ja gezeigt, dass es auch im konfessionellen Religionsunterricht eher schwierig ist, die Unterrichtsinhalte nicht nur als zu lernende Richtigkeiten zu begreifen, sondern in irgendeiner Weise auf die eigene Lebenssituation zu beziehen. Nach Englert finden solche Gespräche im Religionsunterricht zwar statt – allerdings weitgehend ohne jegliche Bezugnahme auf theoretisch strukturierte Inhalte (z.B. aus dem Pool der verhandelten Themen).

Seine prinzipielle Offenheit zeigt der Elementarisierungsansatz dort, wo es Friedrich Schweitzer recht mühelos gelingt, diesen Ansatz kompatibel zur neu entfachten Diskussion über Kompetenzen darzustellen (Schweitzer 2011, 26):

> „Jeder der fünf Elementarisierungsdimensionen werden im Folgenden eine oder zwei Kompetenzen zugeordnet. [...] Dies schließt ein, dass jeweils noch andere Kompetenzen berührt sind, die bei einer bestimmten inhaltlichen Ausgestaltung für die Bearbeitung eines Themas ebenfalls in den Vordergrund treten können. Insofern weist [unsere] Vorgehensweise [...] einen heuristischen und dialogischen Charakter auf."

Dies führt dann zu dem folgenden Schema (31):

Dimensionen der Elementarisierung	*Heuristische Zuordnung von Kompetenzen*
Strukturen	Sachkompetenz
Erfahrungen	Sprachkompetenz, Selbstkompetenz
Zugänge	Urteilskompetenz
Lernformen	Methodenkompetenz
Wahrheiten	Orientierungskompetenz, Dialogkompetenz

Man kann leicht nachvollziehen, dass dieses Modell sehr eindrücklich ist, doch wird es nicht leicht sein, mit ihm zu operieren, wenn eine gewisse Trennschärfe garantiert werden soll.

5.2 Die Elementarisierung und die Kinder- und Jugendtheologie

Das Tübinger Elementarisierungskonzept wäre nicht zu denken ohne die Studie zur Entwicklungspsychologie. Deren Ergebnisse haben generell eine doppelte Deutungsperspektive. Wenn ein Kind äußert, es regne heute wohl, weil es gestern Abend vergessen habe zu beten, dann eröffnet diese Aussage Vermutungen über das Verhältnis dieses Kindes zu Gott. Im Zuge entwicklungspsychologischer Forschung weiß man aber, dass sich hier eine Struktur ‚zeigt', die Gerechtigkeit generell im Modus von reziprokem Austausch denkt: Do-ut-des. Diese Art zu denken tritt gehäuft im Grundschulalter auf und relativiert sich später, angesichts der Erfahrung, dass es auch andere Gerechtigkeitsvorstellungen geben kann (z.B. jedem nach seinen Bedürfnissen) und auch im Hinblick auf Gott solche ‚Automatismen' eher selten funktionieren. Auf der Ebene der Theologie kann man aber feststellen, dass viele alttestamentliche Stellen einen ‚Tun-Ergehens-Zusammenhang' annehmen, nach dem Gott sich zu seinem Volk Israel je nach dessen Taten verhält.

In der Religionspädagogik hat sich – nicht zufällig – aus der Analyse der Entwicklung religiöser Verstehensmuster gleichzeitig ein Konzept von Kindertheologie entwickelt.

Hinter beiden Annahmen steht die konstruktivistische Erkenntnis, dass sich Verstehen und Urteile jeweils auf Seiten der Subjekte bilden. Mit dieser Erkenntnis verändert sich zwangsläufig der Status theologischer Aussagen. Entweder man hält an bestimmten Aussagen zu theologischer Richtigkeit fest, dann muss ich alle Verstehensformen unterhalb dieses Niveaus als ‚falsch' bzw. ‚götzendienerisch' (Rousseau) charakterisieren, bzw. dieses Thema den Kindern vorenthalten (in diesem Sinne Goldman). Die andere Konsequenz liegt in der Anerkennung, dass bestimmte theologische Topoi immer in unterschiedlicher Gestalt begegnen, die ich zwar auf die bestimmende Auslegung oder Tradition beziehen kann, von denen ich aber annehmen muss, dass sie in einem bestimmten Alter etwa *nur so* artikuliert werden können. Mit dieser Erkenntnis gewinnen dann die zahlreichen Studien zum kindlichen und jugendlichen Verstehen bestimmter biblischer bzw. theologischer Inhalte plötzlich einen wichtigen Status. Sie zeigen – nicht repräsentativ, aber für Praktiker gut nachvollziehbar – in welcher Vorstellungswelt sich das religiöse Denken von Kindern und Jugendlichen im Hinblick auf ein konkretes Thema wohl bewegen wird. Es ist von daher gut nachvollziehbar, dass Schweitzer (2011a) im Kontext der Kindertheologie seinen Durchgang durch die Elementarisierungsdimensionen jetzt mit den elementaren Zugängen beginnt. Er referiert zwei Gesprächssequenzen, um die Bedeutung der genuinen Zugänge der Kinder zu dokumentieren, und macht sich dabei für die Entwicklungstheorien stark – eben weil diese die kindlichen Argumentationen verstehbar machen und sie keinesfalls abwerten wollen. So insistiert etwa ein Grundschulkind darauf, im Gleichnis von den Arbeitern im Weinberg (Mt 20) könne der Weinbergbesitzer keinesfalls mit Gott identifiziert werden, denn der sei (im Gegensatz zum Winzer!) gerecht. Wenn man so will, kann man sagen, dass das Kind durch einen ‚falschen Schluss' zu einem ‚richtigen' Ergebnis kommt (52). Dies wird noch plausibler, wenn etwas ältere Kinder beim Gleichnis vom großen Gastmahl (Mt 22) kritisch anmerken, dass der Mann ‚ohne Festgewand' hinausgeworfen wird, was angesichts der vorherigen ‚Einladung an alle' in der Tat nicht logisch ist – und von der wissenschaftlichen Theologie eher mühsam zu erklären versucht wird (53f).

Auch im Hinblick auf elementare Erfahrungen greift Schweitzer auf eigene Studien zurück. Er diskutiert besonders ausführlich (59f), was es bedeutet, biblische Themen so zu präsentieren, dass die Schüler/innen sie mehr oder weniger vollständig in die eigene Lebenswelt einpassen. Lässt sich diese Assimilation vermeiden oder soll man sie fördern? Schweitzer macht zurecht darauf aufmerksam, dass nur dort wirkliches existentiell bedeutsames Lernen stattfindet, wo eine prinzipielle Anschlussfähigkeit an das eigene Erleben möglich ist. Doch dieses kann – das zeigt Schweitzer anhand der Bezugnahme auf die Vatererfahrung (64) auch ambivalent sein. Vielleicht unterschätzt Schweitzer in seiner Argumentation an dieser Stelle, dass durchaus auch ‚fremde Welten' für die Schüler/innen von Interesse sein können, zumal sie diese – sofern sie solche Themen an sich heranlassen – sowieso in irgendeiner Weise assimilieren. Dieser Mechanismus war für den ‚Erfolg' biblischer Themen schon immer entscheidend.

Bei den elementaren Strukturen sieht Schweitzer zurecht, dass hier eine Spannung existiert – zumal dann, wenn er die wissenschaftlich-theologischen Befunde nicht ihrerseits als ‚Konstrukte' ansehen möchte. Er skizziert das Dilemma (67) so:

> „Aus elementarisierungstheoretischer Sicht erscheinen die drei Möglichkeiten als durchaus problematisch, der unmittelbare Rückgriff auf theologische Themen ebenso wie die Erwartung, bei Kindern einfach Ähnliches zu finden wie in der wissenschaftlichen Exegese, oder der Versuch, die Theologie zum Maßstab für kindliche Vorstellungen zu machen. Theologische Strukturen müssen von Anfang an so bestimmt und ausgewählt werden, dass sie sich für die Kinder selbst als elementar, eben auch als für sie lebensbedeutsam erweisen können. Der Nachweis dafür ist nicht schon dann erbracht, wenn Kinder sich in abstrakter Weise denkerisch auf die ihnen vorgelegten Fragen einzulassen vermögen."

Schweitzer zitiert in diesem Abschnitt kein Beispiel. Liegt das daran, dass keines seinem Anspruch entsprechen kann?

Zu den elementaren Wahrheiten referiert Schweitzer ein Gespräch eines Kindes mit seinem Vater über den Tod. Als Ausweg aus dem Alleinsein im Falle des Sterbens des Vaters fällt dem Kind nur ein, dann zu seiner Großmutter zu gehen (69f). Schweitzer sieht hier eine existentiell bedeutsame Antwort, auch wenn die Lösung nicht explizit religiös ist. Einerseits sind solche Wahrheiten individuell, doch gleichzeitig auch bezogen auf eine Glaubensgemeinschaft. Wir sehen, dass Schweitzer die elementaren Wahrheiten deutlich anders situiert als Nipkow. Schweitzer fokussiert hier ganz stark auf das Erleben der Kinder. Dies ist legitim. Zu fragen ist, ob es den ‚normalen' Religionsunterricht nicht überfordert, wenn er (etwa bei der Planung einer Stunde) immer gleich eine existentielle Dimension mit einbezieht. Dass der Religionsunterricht solche Momente haben sollte, ist unbestritten, aber ob man sie planend antizipieren kann, eher zweifelhaft.

Im Hinblick auf elementare Lernformen verweist Schweitzer auf Defizite bei der Kindertheologie und zitiert positiv eine entsprechende anregende Lernumgebung. Auf einen gelungenen Vorschlag aus dem dokumentierten Material verzichtet er. Manfred Schnitzler (2008, 238) verweist darauf, dass die Einbeziehung der elementaren Lernformen ebenfalls eine Frucht der Tübinger Unterrichtsdokumentation ist. Schnitzler präzisiert die Kriterien für die dort gefundenen Lernformen (ebd.):

- „Es ist eine die Schülerinnen und Schüler aktivierende, ihre Kreativität fördernde Lernform.
- Lernen anhand eines kognitiven Konflikts verstärkt die persönliche Relevanz des Problems.
- Dilemma-Geschichten fördern die kognitive und emotionale Auseinandersetzung mit einem (ethischen) Konflikt.
- Geeignet sind Lernformen, die ein gemeinsames Handeln von Schülerinnen und Schülern initiieren."

Man erkennt die Verwandtschaft mit Einsichten, wie sie v.a. von Kohlberg und seinen Mitarbeiter/innen im Kontext der Moralerziehung entwickelt wurden. Von daher ist auch hier die von Schnitzler (233) angesprochene Tendenz nicht überraschend, die elementaren Lernwege nicht nur auf der Mikroebene der Unterrichtsstunde anzusiedeln, sondern diese als Unterrichtsprinzip zu begreifen.

Man kann das Modell mit den fünf Elementarisierungsdimensionen als ‚Theorie religiöser Bildung' (Boschki 2017, 134) begreifen und dann mit Recht fragen, wie die einzelnen Elementarisierungsdimensionen aufeinander zu beziehen sind. Reinhold Boschki kommt dabei zu der Einsicht, dass die von ihm besonders untersuchten ‚elementaren Beziehungen' als sechste Dimension in das Ensemble der Elementarisierungsdimensionen aufgenommen werden sollten (135):

> „Der Pol der elementaren Beziehungen ist für religionsdidaktische Prozesse entscheidend, da er das Augenmerk der Unterrichtsvorbereitung und -durchführung auf die

Beziehungsstrukturen aller Subjekte und Inhalte richtet. Er will nicht isoliert, additiv neben den anderen Polen stehen, sondern die elementaren Strukturen, Wahrheiten, Zugänge, Erfahrungen und Lernwege in beziehungstheoretischer Hinsicht vertiefen."

Boschki ordnet die Dimensionen in einem Kreis an und fokussiert den Blick auf die Bezogenheit der Elementarisierungsdimensionen zueinander. Die Frage stellt sich aber, ob die Steigerung der Komplexität dem Elementarisierungsmodell generell guttut. Wir haben bei Schweitzer gesehen, dass hier im Hinblick auf Zugänge, Erfahrung und Struktur empirische Belege vorliegen, die im Hinblick auf eigene Unterrichtsplanungen einleuchtend sind, weil sie der planenden Lehrperson Hinweise geben, was sie erwarten kann, wenn sie in einem ähnlichen Setting Unterricht plant. Die Überlegungen zu den Lernformen lassen sich in etwa auf diese Beobachtungen beziehen. Bei der elementaren Wahrheit und wohl auch bei den elementaren Beziehungen wird dagegen ein Rahmen thematisiert, den man nicht so einfach konkret für die einzelne Stunde bezeichnen kann. Das Konzept ist damit insgesamt von einer starken inneren Inkonsistenz bestimmt. Das bedeutet auch, dass es – wie im Falle Boschki – im Prinzip immer möglich ist, noch andere Dimensionen als bedeutsam mit ins Spiel zu bringen, etwa die räumliche Situation, die Lage der Stunde im Stundenplan oder auch die Größe und Zusammensetzung der Lerngruppe.

In diesem Zusammenhang soll noch ein Blick geworfen werden auf die Variante des Elementarisierungskonzepts, die Johan Valstar (2008; 2013) vorgelegt hat. Er übernimmt die fünf Elementarisierungsdimensionen von Schweitzer. Statt von ‚Wahrheiten' spricht Valstar von ‚levensbetekenissen = Lebensbedeutungen' (2008, 113), was das Gemeinte – gerade im Sinne Schweitzers – eher besser trifft als ‚elementare Wahrheiten'. Weit gewichtiger ist die Einführung der Dimension ‚incentieven und media = Anreize und Medien' (ebd.). Valstar setzt damit einen Schwerpunkt auf die direkte Organisation von Unterricht (2013, 21f, Übers. GB):

„Wie wir wissen, entstehen theologische Gespräche nicht ‚aus dem Nichts'. Sie sind abhängig von Anreizen, in welcher medialen Form auch immer, die eine gewisse Art von intrinsischer Motivation erwecken, aufgrund derer die Schüler/innen wie von allein anfangen zu experimentieren im Sinne eines intensiven Lernprozesses. [...] Der Lernprozess der Schüler/innen gewinnt Tiefe und Bedeutung, wenn sie nach möglichen Antworten und Lösungen suchen in einer konzentrierten gemeinsamen Anstrengung mit den Mitschüler/innen und der Lehrperson."

Valstar meint mit dem Anreiz ausdrücklich kein beliebiges Feuerwerk von Impulsen. Ihm geht es – durchaus im Sinne der Elementarisierungstheorie – darum, das Schlüsselmedium zu finden, das den Unterricht in einer Weise eröffnet, dass davon dann das weitere Gespräch getragen wird. Der entscheidende Gedankenfortschritt liegt in der Erkenntnis, dass – im Sinne einer Praxistheorie (→ Kap. 11) – das reale Medium, Text, Bild, Erzählung o.ä. Träger der Sache ist, nicht eine Struktur ‚dahinter'. An dieser Stelle führt Valstar zu einer Präzisierung, nicht zu einer Erweiterung des Tübinger Modells.

5.3 Fazit und Weiterführungen

Wir erkennen in dem Elementarisierungskonzept einen umfassenden Anspruch, eine Didaktik des Religionsunterrichts zu bieten. Nipkow und Schweitzer haben gezeigt, dass der Ansatz anschlussfähig ist zu zahlreichen Diskursen und in seiner Offenheit faktisch nur wenige Entwürfe oder Praxen definitiv ausschließt. Auf der Ebene der Unterrichtsplanung leidet der Ansatz dagegen eindeutig an einem ‚Technologiedefizit' (Luhmann/Schorr 1982). Folgt man Klafki, dann geht es bei der gegenseitigen Erschließung von Schüler und Sache ja zunächst einmal um zwei Pole. Ich muss wissen, was ich als Lehrkraft in den Unterrichtsprozess einbringen will und kann. Der Begriff der ‚elementaren Strukturen' kreist um diese Frage. Nipkow denkt hier immer zuerst an die theologische Wissenschaft, Schweitzer tut dies mit der Einschränkung, dass die Eignung sich im Blick auf die Zu-Unterrichtenden zu erweisen habe. Was beide kaum bedenken, ist die Tatsache, dass die elementare Struktur ihre Strukturierung ganz häufig durch Lehrpläne und deren Begleitmaterial erfährt. Die Frage ist dann, wie sich aus diesen Informationen eine ‚Lehrertheologie' herausbildet, die letztlich die entscheidende Ressource darstellt, zumindest dann, wenn der Unterricht nicht an einem allzu fixen Plan klebt. Hier geht es dann um das, was elementare Wahrheit heißt. Der entscheidende Fortschritt der Tübinger gegenüber Klafki liegt zweifellos in deren Zuwendung zur Empirie. Wenn ein Lehramtsanfänger Unterricht plant, dann hat er vermutlich das Handwerkszeug, um seinen Unterrichtsinhalt so zu verstehen, dass er darüber auskunftsfähig ist. Doch wie kann er die Welt der Schüler/innen antizipieren. Der Hinweis auf die elementaren Anfänge bzw. Zugänge führt zu den Klassikern kognitivistischer Entwicklungspsychologie: Piaget, Kohlberg, Oser und Fowler. Wer hier nicht nur Etiketten für Entwicklungsstufen gelernt hat, sondern diese mit Anschauung abzugleichen weiß, hat bei Planung und Durchführung von Unterricht einen Gewinn. Dies gilt auch und gerade dann, wenn die Anwendungen nicht immer passgenau sind. Wer längere Zeit unterrichtet und/oder eigene Kinder im entsprechenden Alter hat, der hat in der Regel eine Intuition dafür, ob etwas zu leicht oder zu schwer ist. Hier können die Theorien hilfreich sein, dieses Wissen zu systematisieren – für die Anfänger/innen bietet die Theorie eine Wahrnehmungshilfe. Schweitzer greift bei den elementaren Erfahrungen auf den

Fundus der veröffentlichten Unterrichts- oder Interviewsequenzen zurück. Diese Dokumentationen können im Einzelnen nicht repräsentativ sein. Doch wenn etwa in Anton Buchers „Gleichnis-Buch" (1990) zu lesen ist, zu welchen originellen, gleichwohl theologisch gesehen fragwürdigen Deutungen die Kinder kommen, dann heißt das nicht, dass das in meiner Stunde genauso ablaufen wird. Doch ich kann wahrnehmen, welches Weltbild, Realitätsverständnis etc. etwa bei Grundschulkindern bestimmend ist. Die neuere Entwicklungspsychologie hat nun darauf aufmerksam gemacht, dass über die Klassiker hinaus im Prinzip jedes Thema seine *spezifische Entwicklungslogik* hat. Die Unterscheidung zwischen Novize und Experte macht deutlich, dass die Kognitionsregeln auch damit zu tun haben, ob jemand von der Sache eine Ahnung hat. Kinder aus dem Moseltal können den Ablauf von Gleichnissen mit Winzern und Weinbau vermutlich früher und genauer verstehen als solche, denen die Materie fremd ist. Solche Einsichten führen über das bloße ‚Anwenden' von Entwicklungstheorien hinaus.

So gesehen lassen sich die vier Dimensionen auf zwei Informationsfelder reduzieren: die Struktur des Themas sowie empirische Belege zu dessen Rezeption, wie das etwa das *Handbuch Theologisieren mit Kindern* (Büttner u.a. 2014) bietet. Für eine tiefer gehende Analyse scheint mir aber geboten, die vier Elementarisierungsdimensionen nochmals genauer zu betrachten – gerade auch unter Beachtung erkenntnistheoretischer Fragestellungen.

6. Elementare Strukturen

6.1 Über Strukturen reden in poststrukturalistischer Zeit

Der französische Philosoph Michel Foucault (1994, 17) beginnt sein Buch ‚Die Ordnung der Dinge' mit einer von Jorge Luis Borges übernommenen alten chinesischen Enzyklopädie, die alle bekannten Tiere der Welt in folgendes, vermeintlich allumfassendes Ordnungsschema bringt:

> „a) Tiere, die dem Kaiser gehören, b) einbalsamierte Tiere, c) gezähmte, d) Milchschweine, e) Sirenen, f) Fabeltiere, g) herrenlose Hunde, h) in diese Gruppierung gehörende, i) die sich wie Tolle gebärden, j) die mit einem ganz feinen Pinsel aus Kamelhaar gezeichnet sind, k) und so weiter, l) die den Wasserkrug zerbrochen haben, m) die von Weitem wie Fliegen aussehen."

Können Sie ein Schema hinter dieser Aufzählung erkennen?
Welches Ordnungsmodell für Tiere kennen Sie bzw. welches erscheint Ihnen sinnvoll?

Foucaults Beispiel irritiert unsere Vorstellung von der ‚Ordnung der Dinge'. Wir sind darauf angewiesen, Unterscheidungen zu treffen – andernfalls erschiene uns alles als ein undefinierbares ‚Rauschen'. Nun wächst das Kind in eine Welt hinein, in dem ihm bereits beim Erlernen der Muttersprache auch ein bestimmtes Ordnungsmodell vermittelt wird. Dies erscheint solange fix, bis man erkennt, dass es zum Beispiel Kulturen gibt, die eine ganz andere Einteilung der Farbtöne haben, die eine Übersetzung eins zu eins unmöglich macht. Doch auch innerhalb unserer vertrauten Welt können wir erkennen, dass die Strukturen unserer Wahrnehmung nicht absolut sind, sondern gebunden an Vorentscheidungen. Nehme ich zwanzig Utensilien aus der Küche, dann kann ich diese sortieren nach ihrem Material: Holz, Metall, Kunststoff. Ich kann dasselbe aber auch machen im Hinblick auf ihre Funktion: Kochen, Backen, Essen. Die sich jeweils ergebenden Strukturen unterscheiden sich und sind u.U. nicht auf Dauer festgelegt, weil sich etwa ein Metallsieb auch durch eines aus Kunststoff ersetzen lässt. In diesem Sinne bestimmt die Systemtheorie die Struktur immer im Hinblick auf ein bestimmtes System (Corsi 1999, 184ff):

> „Der Strukturbegriff bezeichnet die Selektionen der Relationen von Elementen, die in einem System zugelassen sind. [...] Strukturen können sich ändern, das System bleibt daher lernfähig. Von Lernen kann nur in Bezug auf Strukturen gesprochen werden, weil Ereignisse nicht geändert werden können: sie ereignen sich und verschwinden sofort wieder. Nur ihr Informationswert überrascht und führt Neuheit ein im Vergleich zu dem, was das System aufgrund seiner Strukturen erwartet."

Strukturen sind demnach Muster, die als Selektionskriterium auf Ereignisse angewandt werden. Aussagen zu Strukturen können demnach nicht absolut oder ‚auf ewig' gemacht werden. Ihr Systembezug ist immer mit zu bedenken.

Andererseits ist die Fähigkeit zur differenzierenden Strukturbildung eine Grundausstattung der *condition humaine*. So hat die Kognitionswissenschaft einige Muster der Strukturwahrnehmung ausgemacht – z.T. wohl universell, oft, wenn nicht sogar meistens, kulturell überformt. Die sog. Skript-Theorie hat plausibel gemacht, dass wir bestimmte Abläufe wie Kindergeburtstage oder Restaurantbesuche in einer bestimmten Typik speichern – was dazu führt, dass wir eine Abweichung von diesem Schema i.d.R. vergessen und unsere Erinnerung das Ereignis an den Typus angleicht. Solche Tendenzen wurden für das Erinnern von Geschichten (z.B. Märchen, Wundergeschichten etc.) beschrieben. Wir versuchen aber auch, Bilder nach sinnhaften Mustern in unserer Erinnerung zu speichern (Mandler 1984).

Solche Muster gelten aber auch für unsere Konzeption von Wissen in einer bestimmten Domäne. So hat Pascal Boyer (2004) deutlich gemacht, dass auch im Bereich der Religion sog. ‚constraints' gelten, die die Anzahl der Denkmöglichkeiten limitieren. So hat er etwa festgestellt, dass in allen Religionen die Gottheiten dadurch charakterisiert sind, dass sie prinzipiell über alle menschlichen Eigenschaften verfügen – mit einigen wenigen, aber wichtigen, Zusatzannahmen. Sie können im Einzelfall mehr sehen, hören oder wissen als Menschen. Im Gegenzug findet sich aber in keiner Religion eine Gottheit, die mit keinem Sinn wahrnimmt, was die Menschen tun und wollen, die nur dienstags mit den Menschen kommuniziert o.ä. Das Repertoire der möglichen Existenz- oder Äußerungsmöglichkeiten ist also von der Sache her begrenzt. Man kann sich zwar eine göttliche Welt in kuriosester Weise ausmalen, doch wenn sich diese Phantasie außerhalb der ‚constraints' bewegt, wird man kaum noch von Religion sprechen können.

6.2 Elementare (theologische) Strukturen

Wer die einzelnen Ausführungen zu ‚elementaren Strukturen' liest, der zweifelt kaum daran, dass es sich hier um *theologische Strukturen* handelt. Die ‚Theologizität' des Religionsunterrichts, um deren Bestimmung im Moment gerungen wird (Schlag/Suhner 2017), wird dabei zumindest in den ersten Entwürfen doch so verstanden, dass die Resultate wissenschaftlicher Theologie mehr oder weniger ungebrochen in den Religionsunterricht einfließen sollten. Diese Perspektive ist allerdings in dieser Form keinesfalls selbstverständlich. In Gestalt der ‚biblischen Geschichte' hatte der Religionsunterricht für lange Zeit eine theologische Struktur entwickelt, die in sich einigermaßen stimmig war und erst einmal kaum beeinflusst wurde von den wissenschaftlichen Diskursen. Es ist die Emphase der 60er und 70er Jahre des letzten Jahrhunderts, die betont, dass die wissenschaftliche Theologie – besonders in ihren exegetischen Erkenntnissen – auch den Maßstab für den Religionsunterricht bilden sollte. Der Tübinger Entwurf lässt nun gut nachvollziehen, wie diese Sichtweise stückweise zurückgenommen wird. Mit der empirischen Erforschung der Anfänge bzw. Zugänge wird immer mehr deutlich, dass den exegetischen Befunden allenfalls noch eine Funktion im Hintergrund zukommen kann (Schröder 2017).

Doch in welcher Weise kann Theologie ‚Strukturen bilden'? Man kann diesen Prozess am besten anhand des Theologiestudiums erklären. Der Studienplan geht von der – wohl in vielen Fällen nicht mehr zutreffenden! – Annahme aus, dass die Studierenden mehr oder weniger passionierte Bibelleser/innen sind. Dabei nimmt man an, dass diese die Texte in einen vagen historischen Kontext einordnen können, diese jedoch erst einmal im Hinblick auf *Bedeutung* lesen (Schramm 2008). Die exegetischen Einführungen haben hier dann eine doppelte Funktion: Es wird eine neue, methodengeleitete Sichtweise einsozialisiert, die idealerweise dann zu einem wissenschaftlichen Habitus führt. Inhaltlich wird ein Narrativ etabliert, das davon ausgeht, dass die biblischen Erzählungen, Glaubensformeln und Gebete – jenseits ihres Ursprungs z.B. bei Jesus – in einer Gemeinde mündlich tradiert worden sind (Formgeschichte). Anschließend wurden Textteile verschriftlicht und miteinander verbunden (Literarkritik). Nach einer oder mehreren redaktionellen Bearbeitungen enthält dann der Text seine Letztgestalt (Redaktionskritik). Dieses Schema enthält bereits bestimmte Leseanleitungen: Texte sind in der Regel nicht einheitlich, sondern durch Überlieferung bzw. Überarbeitungen schichtweise entstanden. Der ältere Zustand (der dem Ereignis näher liegt) ist in der Regel zu bevorzugen. Es gibt konsensuale Auslegungsregeln, z.B. die Markuspriorität in der sog. Zwei-Quellen-Theorie. Diese hier formulierten Aussagen finden sich in expliziter oder impliziter Form bis in die Schulbücher und Lehrpläne wieder. Diese ‚elementaren Strukturen' sind nun aber auf ihre Weise durchaus willkürlich. Man kann sich die Tradierung mündlicher Rede (z.B. von Jesus) und die Verschriftlichung auch anders denken (z.B. mit einer schwächeren Rolle der ‚Gemeinde'). Man hat über Jahrhunderte das Matthäusevangelium privilegiert, und die Zwei-Quellen-Theorie hat durchaus auch Schwachstellen. Im Bereich des AT hat man in den letzten Jahrzehnten etwa die weitgehend anerkannte Theorie der Pentateuchquellen so infrage gestellt, dass eine Orientierung für den Nichtexperten eher schwierig ist. Wer die Diskurse anderer wissenschaftlicher Communities beobachtet, der erkennt auch, dass dort analoge, aber eben andere ‚Strukturen' vorausgesetzt und vermittelt werden.

Nun konnte man bereits bei Friedrich Schweitzer gut erkennen, dass er nicht mehr bereit ist, etwa eine bestimmte Gleichnisexegese als verbindlich für den entsprechenden Unterricht anzusehen. Damit gibt er auch ein Selektionskriterium vor: Übernehme exegetische Einsichten, soweit sich daraus ein didaktischer Sinn ergibt! So hat etwa Ingo Baldermann seine Arbeit mit einzelnen Psalmversen damit begründet, dass diese vermutlich in dieser Gestalt mündlich benutzt worden seien, bevor sie mit anderen zu einem Psalm zusammengewachsen seien. Man kann sich auch auf der Grundlage exegetischer Einsichten Gedanken machen, ob summierende Schlusssätze zu Gleichnissen oder Wundergeschichten *so* mit erzählt werden sollen. Wenn sie als redaktionelle Zusätze erkannt werden, heißt das nicht, dass das problematisch sei, aber die Frage stellt sich, ob heutige Kommentare aus der Klasse nicht erst einmal didaktisch wichtiger sind. Und ob man dem ‚älteren' Markustext immer Priorität einräumen sollte, kann man didaktisch gesehen bezweifeln.

Mit dieser Frage kommt eine zweite implizite Struktur ins Spiel: die der Historizität. Das Herausschälen des ‚ältesten Kerns' suggeriert, dass man jetzt dem Ereignis nähergekommen sei. Diese Annahme ist durchaus problematisch. Betrachtet man die Diskussion zum ‚historischen Jesus', so wird deutlich, dass ein Jesus nach dem Plausibilitätskriterium ein frommer jüdischer Mann war, der wie viele andere den Märtyrertod gestorben ist. Ist diese Sichtweise die leitende, dann wird meine Stoffauswahl ganz anders ausfallen, als wenn ich davon ausgehe, dass die vermutlich entscheidend von Lukas gestaltete Emmausgeschichte über einen möglichen historischen Kern hinaus wichtige Aussagen zur Bedeutung von Tod und Auferstehung Jesu macht.

Man kann nun aber sehen, dass im Bereich der exegetischen Wissenschaften selber immer mehr Überlegungen stattfinden, ob die Offenlegung der Überlieferungsprozesse und die Herausarbeitung eines ‚historischen Kerns' wirklich ihr Hauptgeschäft sein sollten. Dies geschieht nicht zuletzt durch die Annäherung an literaturwissenschaftliche Arbeitsweisen. Vielleicht nicht zufällig am Johannesevangelium – was zur Erhellung des ‚historischen Jesus' vielleicht eher weniger beiträgt – entfaltet etwa Ruben Zimmermann eine ‚Figurenanalyse'. Dieses narratologische Verfahren betrachtet die Personen, die in dem Evangelium auftreten und ihre Beziehungen und Handlungen (Zimmermann 2017). Es dürfte klar sein, dass solche ‚Strukturierungen' unmittelbar anschlussfähig sind für didaktische Überlegungen (→ Büttner/Roose 2007). D.h., dass es auch eine Aufgabe der exegetischen Wissenschaften ist, Perspektiven zu entfalten, die anregend sind für eine unterrichtliche Umsetzung.

Nun hat Schweitzer mit Recht darauf verwiesen, dass Elementarisierung nicht nur für biblische Themen möglich und geeignet sei. Doch wie kommt man zu Strukturen der Systematischen Theologie? Hier ist es weniger leicht möglich, eine Art ‚Handwerklichkeit' zu erschließen als bei der Exegese. Am ehesten wird eine solche ‚elementare Struktur' bei den Katechismen sichtbar. Doch findet der dort praktizierte deduktive Stil zu Recht wenig Anklang bei einer schülerorientierten Didaktik. Blickt man auf den Aufbau scholastischer Traktate, so fällt dort auf, dass sie explizit ein Thema in Rede und Gegenrede entfalten. Es findet also eine Themenentfaltung immer im Bewusstsein von Unterscheidungen statt: die These bedarf immer der Gegenthese. Eine solche Sichtweise scheint mir anschlussfähig zu sein für die Entfaltung von Themen. Beim Versuch einer Strukturierung produzieren Studierende meist Mindmaps der Art, dass sie von einzelnen Begriffen aus Assoziationen notieren. Dies ist gewiss ein wichtiger Schritt, doch es bedarf der Positionierung der Aussagen zu- und gegeneinander. Ich habe eine solche Landkarte des Denkens einmal entworfen im Hinblick auf die Fragestellung des möglichen Verhältnisses von Gott und Mensch (Büttner 2003).

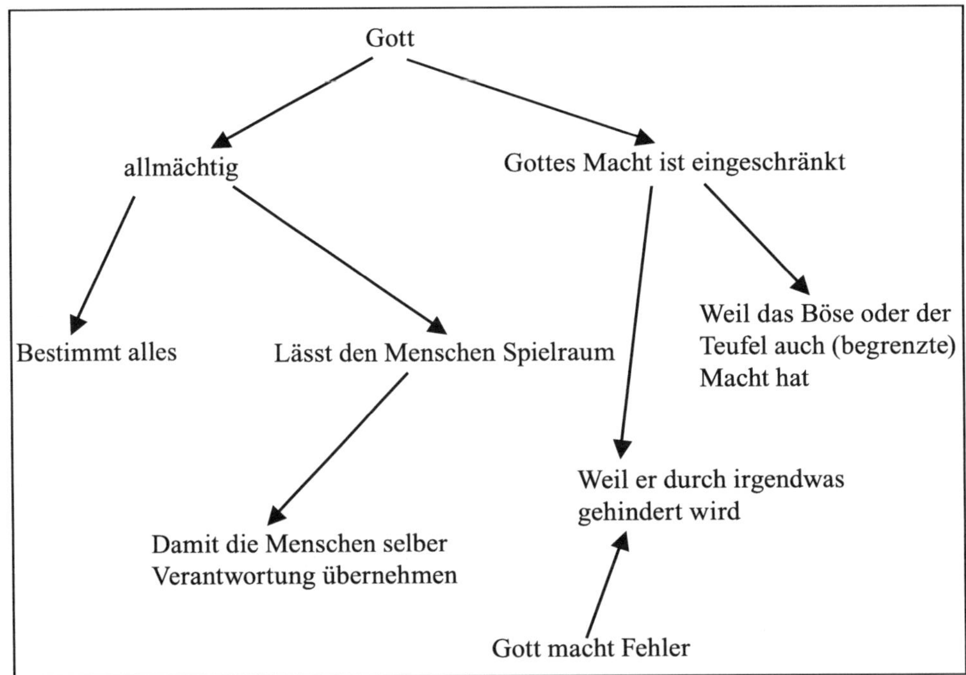

Hier wird deutlich, dass sich theologisches Denken darstellen lässt als ein Weg, der bestimmte Entscheidungen zur Disposition stellt (mit Gott oder ohne; mit freiem Willen oder ohne). Wenn aber eine Entscheidung getroffen ist, dann ergeben sich weitere Konsequenzen. Auf diese Weise wird deutlich, dass etwa die Option ‚wenn es mir gut geht, möchte ich selbst entscheiden; wenn es schlecht geht, bin ich gerne Gottes Marionette', im Sinne des Gesagten als inkonsistent nicht zugelassen werden kann. Eine solche Skizzierung von ‚Landkarten des Denkens' erscheint mir eine sinnvolle Form der Strukturierung zu sein. Es geht dabei nicht um das Finden ‚objektiver Muster'. Doch wer bei der Planung eines solchen Strukturmodells in einen Sachverhalt eindringt, dem stehen dann auch in einem offenen Unterricht in der Regel Argumentationsbausteine zur Verfügung.

6.3 Zwei exemplarische Versuche zu biblischen Themeneinheiten

Ich versuche im Folgenden anhand von zwei Themenfeldern zu zeigen, wie ich mir den Umgang mit den vier Elementarisierungsdimensionen vorstelle. Ich arbeite im Prinzip ähnlich wie die dargestellten Versuche von Nipkow und Schweitzer. Wie wir bei Schweitzer sehen konnten, gewinnt das Vorgehen Plausibilität und Konkretheit, wo es möglich ist, auf dokumentiertes Material zurückzugreifen. Dies hat mich auch veranlasst, zwei biblische Themen zur Demonstration auszusuchen. Ich werde also in diesem Kapitel die elementaren Strukturen, im nächsten die elementaren Erfahrungen, danach die elementaren Wahrheiten und schließlich die elementaren Anfänge diskutieren. Ich habe dazu die Mosegeschichten ausgewählt, zum anderen die Sturmstillungsperikope Mk 4,15ff. Ersteres ist eine ganze Unterrichtseinheit, Letzteres ein überschaubares Stundenthema.

6.4 Die elementaren Strukturen der Mose-Einheit

Über die Person des Mose liegen uns in vier biblischen Büchern extrem viele Zeugnisse vor. Dies stellt die Frage nach der Auswahl. Man kann sagen, dass das Buch Exodus größtenteils narrativ verfasst ist und somit Geschichten bereithält, die für den Unterricht in der Grundschule prinzipiell geeignet sind. Meistens verzichtet man heute auf die wenigen Narrative aus Numeri (z.B. die Geschichte von den Kundschaftern) oder von Mose Tod in Deuteronomium. Für die Erhellung einer elementaren Struktur wird man vier Fragestellungen der wissenschaftlichen Exegese ansprechen müssen:

1. Der Inhalt des Erzählplots: Die Erzählung beginnt mit der Erinnerung, dass Josef und seine Familie einst nach Ägypten gekommen waren und deren Nach-

kommen jetzt im Status einer unterdrückten Gruppe von Fremden existieren, die Frondienste leisten müssen. Als die Ägypter anordnen, die männlichen Nachkommen unmittelbar nach der Geburt zu töten, gelangt der neugeborene Hebräer Mose als Pflegekind in den Haushalt einer ägyptischen Prinzessin. Als Erwachsener tötet er einen ägyptischen Aufseher und flieht ins Ausland nach Midian. Dort offenbart sich ihm JHWH im Dornbusch. Danach kehrt Mose nach Ägypten zurück und organisiert den Auszug des Volkes aus der Sklaverei. Dabei unterstützt JHWH die Israeliten durch Plagen für die Ägypter. Als der Pharao das Volk ziehen lässt, bereut er es bald wieder und schickt seine Truppen hinter den Fliehenden her. Doch im Schilfmeerwunder werden die Israeliten gerettet. Danach zieht das Volk zum Gottesberg und erhält die Gebote und schließt einen Bund mit JHWH. Nach dem Rückfall in die Götzenverehrung (Goldes Kalb) kommt es zum zweiten Bund. Das Buch Leviticus referiert die Gebote, die die Substanz jüdischer Frömmigkeit bis heute bilden. Im Buch Numeri kommt es schließlich zum Aufbruch ins ‚gelobte Land', der sich aber wegen der Zweifel an Gottes Verheißung zu einer 40-jährigen Wüstenzeit ausdehnt. Vor dem Erreichen des Ziels hält Mose eine lange Rede und verstirbt mit dem Blick ins verheißene Land.

2. Möglicher historischer Kern: Es sind zwei Hinweise auf historische Elemente zu finden. Dass Mose den Gottesglauben an JHWH ‚im Süden' bei den Midianitern erfährt, ist insofern interessant, weil diese Midianiter ansonsten zu den Lieblingsfeinden Israels zählen. Die Versorgungsstädte Pithom und Ramses, in denen das Volk Fronarbeit verrichtet, verweisen in die Zeit des Pharao Ramses II. (13. Jahrhundert v.Chr.). Bis hin zum Namen ‚Mose' gibt es Bezüge zu Ägypten. Die Bild- und Textquellen, die herangezogen werden, um die Aufnahme von Fremdgruppen oder den Bau von Gebäuden unter Bewachung zu zeigen, stammen aus unterschiedlichen Epochen und können nur zeigen, dass Elemente der Exodus-Erzählung in dieser Weise stattgefunden haben könnten. Sie stellen aber keine Beweise für ein bestimmtes Ereignis dar.

3. Die biblische Überlieferung: Es kommen verschiedene Erzählstränge vor, z.T. parallel, z.T. ineinander verschachtelt. Viele Motive zeigen die Aktualität der Exodustradition in späteren Zeiten (Frondienste in der frühen Königszeit; Erfahrungen in der Fremde im babylonischen Exil). Ein unterrichtlicher Erzählstrang muss sich seiner Auswahlkriterien bewusst sein, z.B. bei der Privilegierung desjenigen Erzählstrangs, der traditionell dem ‚Jahwisten' zugeschrieben wird.

4. Die narrative Struktur: Mose ist als Person der Träger der Exodustradition und Empfänger der Gebote (Tora). Die Erzählung hebt einerseits die besondere Offenbarung Gottes an Mose hervor (sein Sprechen mit ihm), macht aber gleichzeitig deutlich, dass mit dessen Tod diese in dieser Form ihr Ende gefunden hat (Dohmen 2013, 159): „Die Zeit der Gottesoffenbarung ist mit Moses Tod vorbei. Einen Zugang zum Willen Gottes gibt es von nun an nur durch die Auslegung der Tora,

für die Mose selbst mit der Auslegung der Sinai-Tora im Buch Deuteronomium an seinem Todestag zum Vorbild wurde."

Sucht man nach den ‚elementaren Strukturen', die dann wirkliche Schlüsselaussagen charakterisieren sollen, muss man sich immer klar machen, dass diese nicht zeitunabhängig sind. Ich verdeutliche dies anhand von zwei Themenfeldern.

Vom Erzählplot her geht es für das Volk Israel nach dem Exodus neben den Geboten um die ‚Landnahme'. Dies deutet sich in der Auseinandersetzung mit den Amalekitern Ex 17,8ff an und setzt sich fort in Num 13 mit der Kundschafter-Episode, um dann im Buch Josua seine Realisierung zu erfahren. Diese Linie findet sich schon bei Grewels (1971) Präsentation der Mosegeschichten nicht mehr. Heute stellt sich die Frage eher, ob man sich auf Ex 1–15 konzentriert oder die Wüstenepisoden (Manna und Wachteln) und die Geschichte vom ‚Goldenen Kalb' mit behandelt. Andererseits existiert ein Trend, die Notiz Ex 2,11, nach der Mose als ‚Sohn' einer ägyptischen Prinzessin aufwächst, gerne – im Anschluss an den Film ‚Mose, der Prinz von Ägypten' – zu sachkundlichen Exkursen über das antike Ägypten zu nutzen. Dies steht in einer gewissen Spannung zu der narrativen Notwendigkeit, den Pharao in der Erzählung als den bösen Gegenspieler zu inszenieren (Büttner 2007), obgleich Ägypten in der Königszeit eher nicht der eigentliche Gegner Israels und Judas war (sondern Assyrer bzw. Babylonier). Bei der Frage nach Relevanz bzw. Irrelevanz bestimmter Textpassagen kommt es dabei öfter zu eigentümlichen Koalitionen. So kommt es etwa bei der Behandlung des Exodusereignisses zu einer ‚Entdeckung' des ‚Mirjamlieds' (Ex 15,21). In der Darstellung steht es im Schatten von Moses Dankpsalm. Doch neuerdings werden die Verse ‚Lasst uns dem HERRN singen, denn er hat eine herrliche Tat getan, Ross und Mann hat er ins Meer gestürzt' im Zusammenhang des Schilfmeer-Wunders meist prominent herausgestellt. Dafür spricht exegetisch, dass dieser Satz wohl den Überlieferungskern für die späteren Erzählungen darstellt, damit quasi das Urdokument des Exodus bildet. Viel wichtiger für die Rezeption dürfte allerdings die Tatsache sein, dass wir hier eines der eher wenigen Zeugnisse für aktives Frauenhandeln im AT finden. Insofern ist der Reigentanz der Frauen um Moses Schwester auch von dieser Seite her begründet. Mit diesen Hinweisen wird deutlich, dass es *die* elementaren Strukturen so nicht geben kann. Dies haben nicht zuletzt die Unterrichtsideen des sog. Problemorientierten RU gezeigt, die einzelne Perikopen in ihre je spezifische Argumentation einbauen. Allerdings hat unsere kleine Skizze zeigen können, dass eine bestimmte biblische Einheit natürlich eine ganze Anzahl von Signalen enthält, die man als Strukturen verstehen kann. Allerdings – darauf weist die funktionalistische Theorie hin – *Strukturen* kann es immer nur im Hinblick auf *Funktionen* geben. So kann man zeigen, dass jeweils andere Aspekte wichtig werden, je nachdem, ob ich anhand der Schilfmeerpassage an historischer Rekonstruktion, der Frage von ‚Naturwundern' oder der Rezeption des Motivs in der US-amerikanischen Bewegung zur Befreiung der Sklaven interessiert bin. Meine Frage lautet im Folgenden: Welches sind die *theologisch relevanten* Schlüsselthemen innerhalb der Mose-Einheit? Präzisiert heißt das, die unentscheidbaren Fragen ausfindig zu machen, die theologisch bedeutsam sind, aber eben nicht ‚eindeutig' beantwortet werden können und trotzdem entschieden werden müssen. Diese Fragen bilden den Kern des Religionsunterrichts. Dass es darüber hinaus um die Klärung interessanter Fragen geht, ist unbestritten: das geht von historischen Details zum alten Ägypten bis zu den Möglichkeiten des (Über)-Lebens in der Wüste. In diesem Sinne referiere ich die Punkte, die Frieder Harz (2014) als die theologisch entscheidenden für die Mose-Perikope herausgearbeitet hat. Er macht vier elementare Fragen aus, die die Einheit strukturell bestimmen (372ff):

Elementare Frage	**Inhaltliche Präzisierung**
Frage nach Gott	In der Berufungsgeschichte am ‚brennenden Dornbusch' wird grundsätzlich die Frage nach einer möglichen Gottesbegegnung thematisiert als Mischung aus *tremendum* und *fascinosum* (Erschrecken und Anziehung).
Frage nach den Wundern	Das Schilfmeerwunder bietet in seinen unterschiedlichen Überlieferungselementen (trad. J und P) bereits übernatürliche und rationalistische Deuteangebote (Moses Stab und Windkonstellation), die zu unterschiedlichen Interpretationen (einschließlich symbolischer) auffordern.
Frage nach den Geboten	Was bedeutet die *göttliche Autorität* der Gebote? In welcher Weise sind diese für uns heute verbindlich? Können diese Gebote für alle heutigen ethischen Konflikte Leitschnur sein?
Frage nach der Gerechtigkeit	Wenn – wie man annimmt – die Plagen-Erzählung nachexilisch entstanden ist, dann thematisieren sie die Frage, warum Gottes Befreiungsimpuls zunächst einmal am Willen des Pharao zu scheitern scheint. Die Antwort zeichnet die Episoden ein in einen Heilsplan mit einem letztendlichen Triumph JHWHs.

Nehmen wir diese vier Leitfragen als Markierungen für die *elementaren Strukturen* der Mose-Einheit, dann zeichnet diese aus, dass sie konkret die Stellen benennen, anhand derer theologische Schlüsselfragen lokalisiert werden können. Diese Selektion ermöglicht es dann, die Unterrichtsmaterialien so zu verteilen und zuzuordnen, dass sie sich als Vor- bzw. Nachbereitung dieser Schlüsselfragen verstehen lassen oder als deren Ergänzung. Sie ermöglichen einerseits Öffnungen hin zur ‚Materialität' der Geschichte oder zur Lebenswelt der Kinder – gleichzeitig aber auch eine Zentrierung auf eben die ausgewählten Schlüsselfragen.

6.5 Die elementaren Strukturen der Sturmstillungs-Einheit

Die Anforderungen zur Klärung der elementaren Strukturen stellen sich bei einer Einzelperikope natürlich anders dar als bei einem großen Erzählkomplex. Hier bestehen bei der Auswahl zwei Fragen: Warum *diese* Wundergeschichte und *welche Version*?

> Nehmen wir an, Sie haben drei Wundergeschichten Jesu zur Auswahl und sollen anhand dieser exemplarisch diese Gattung behandeln: Eine Blindenheilung, der Seewandel und die wundersame Brotvermehrung. Stellen Sie Pro- und Contra-Argumente für jede einzelne Geschichte zusammen!

Es herrscht weitgehende Übereinstimmung unter den Exegeten, dass Jesus Heilungen und Exorzismen durchgeführt hat. Damit ist noch nicht geklärt, was dies für jede einzelne Überlieferung bedeutet, aber damit ist zumindest ein ‚historischer Kern' ins Blickfeld genommen. Andere Geschichten, wie etwa das mehrfach berichtete Speisungswunder, werden von der Mehrzahl der Forscher/innen als eine Symbolgeschichte verstanden, die im Sinne von Jh 6,35 letztlich Jesus selbst als das ‚Brot des Lebens' zeigen und auf das eucharistische Mahl verweisen soll. Die Sturmstillungsgeschichte nimmt hier eine Mittelposition ein. Von ihrer Grundaussage zielt sie auf eine supranaturale Auslegung, die Jesus als Herr über die Elemente zeigen will. Sie lässt sich aber auch rationalistisch im Sinne von Wetterphänomenen deuten. Insofern bietet sie ein breites Interpretationsangebot, das für Schüler/innen unterschiedlicher Glaubensstile eine Herausforderung darstellen kann. Beim synoptischen Vergleich fällt meine Wahl – mit den meisten Unterrichtsvorschlägen – auf die Mk-Version. Gerade im Vergleich mit der Mt-Version kann man hier eine Darstellung finden, die vergleichsweise viele Signale enthält, wohingegen Mt das Geschehen bereits stark ekklesiologisch zugespitzt hat (im Sinne von ‚Ein Schiff, das sich Gemeinde nennt …'). Ich folge dabei der Exegese von Mk 4,35–41. Hans-Georg Gradl (2013) bietet hier eine Darstellungsform, die die Analyse der Details verbindet mit dem Aufzeigen von (didaktisch nutzbaren) Anschlussstellen. Diese bilden dann ‚elementare Strukturen' in dem Sinne ab, dass man überlegen kann, welche der Facetten für welche Fragestellung aufgenommen und weitergeführt werden soll.

Gradl (2013, 257) macht darauf aufmerksam, dass die Exegeten die Perikope verschiedenen Gattungen zugeordnet haben. Man kann das der Unschärfe der Gattungsbegriffe zuschreiben, doch Gradl macht deutlich, dass mit der Zuschreibung auch jeweils Fokussierungen auf bestimmte Aspekte der Geschichte verbunden sind, sei es Exorzismus, Rettungswunder, Naturwunder oder Epiphanie:

> „Jede Klassifikation hat etwas für sich, fängt entscheidende Aussagemomente ein und ergibt sich jeweils aus der besonderen Akzentuierung der Rolle einer der drei interagierenden Personen bzw. Gruppen: Jesus rettet die Jünger, indem er die dämonischen Naturmächte besiegt. Im Vorstellungskontext des Alten Testaments, tut er damit, was allein JHWH vorbehalten war [...], und lässt so seine gottgleiche Macht *epiphan* werden."

Aus dem zeitgeschichtlichen Kontext der erzählten Zeit verweist Gradl auf drei Aspekte (257ff):

1. Durch das Auffinden eines Bootes aus dieser Zeit vom Typ des im Evangelium geschilderten Fahrzeugs lässt sich die Materialität des Geschehens gut nachvollziehen.
2. Die Antike kennt mehrere Beispiele, in denen berühmte Personen in der einen oder anderen Weise den Naturgewalten widerstanden.
3. Im Kontext des AT verweist Jesu Handeln auf seine Göttlichkeit (261): „Wenn Jesus dem Wind befiehlt und die See zur Ruhe kommen lässt, dann tut er, was in einem alttestamentlich-frühjüdischen Verständnishorizont Gott vorbehalten war."

Gradl beschreibt symbolische Anschlussstellen (262).

1. Die besonders in der Mt-Version ausgebaute ekklesiologische Deutung. Dabei zeigt der Kontext, dass die Fahrt in Richtung heidnisches Gebiet geht, als Hinweis auf die Heidenmission.
2. Die schon angesprochene christologische Akzentsetzung: Jesus handelt gottgleich.
3. Der Verweis auf die existenziellen Bedrängniserfahrungen: hier finden sich Parallelen besonders zu den Bildern der Klagepsalmen.

Aus dem von Gradl erarbeiteten Katalog kann man nun ohne Schwierigkeiten *die* Strukturelemente herausarbeiten, die vermutlich unterrichtlich am ehesten anschlussfähig sind. Da ist einmal das sachkundliche Interesse, wie das denn zur Zeit Jesu mit dem Bootsfahren auf dem See Genezareth war. Es geht aber auch um die Frage, was dieser Jesus für ein Mann ist, der beim Sturm im Boot schläft und dann die Gefahr beseitigen kann. Und schließlich geht es um das Mitempfinden der Erfahrung von Angst und Rettung. Wir werden diesen Aspekten bei den anderen Elementarisierungsdimensionen wieder begegnen.

7. Elementare Erfahrungen

7.1 Die Fragestellung

Stellen Sie sich vor, Sie finden auf der Straße einen Menschen, der offensichtlich Hilfe braucht: Welche Gedanken gehen Ihnen durch den Kopf? Notieren Sie diese in Stichworten!

Bei den meisten Leser/innen werden es drei Gedanken sein: Kann ich der Person überhaupt helfen? (Wie war das mit der stabilen Seitenlage? Welches ist die Notfallnummer?) Ist das vielleicht nur ein Trick, um mich dann zu schädigen? (Was habe ich dazu letzthin gesehen oder gelesen?) Da gibt es doch die Geschichte vom Barmherzigen Samariter. Soll ich mich nach dem richten?

Die Gleichnisgeschichte vom Barmherzigen Samariter (Lk 10,30ff) ist in der Tat Teil des kollektiven Gedächtnisses hierzulande und hat sich etwa im Straftatbestand der ‚unterlassenen Hilfeleistung' niedergeschlagen. Sie ist der bevorzugte Beleg für den Gedanken einer ‚narrativen Ethik'. Diese geht davon aus, dass wir in ethischen Entscheidungssituationen (Keine Münzen für den Automaten – Schwarzfahren?) meist weniger durch ethische Prinzipien gelenkt werden als durch spontan auftauchende Narrative. Diese Geschichten im Hintergrund können Filme oder Märchen sein – in bestimmten Milieus aber auch biblische Szenarien oder Worte. Der niederländische Schriftsteller Marten't Haart erzählt in vielen Romanen von der Welt seines Vaters, in der es üblich war, die alltäglichen Ereignisse mit entsprechenden Bibelworten zu kommentieren. Hier wird deutlich, wie die Semantik der Bibel dazu in der Lage sein kann, auch unsere heutige Welt zu verstehen und in ihr Orientierung zu finden. Doch in einer kleinen Studie konnten Sabine Benz und ich (2013) zeigen, dass Grundschulkinder in der Regel selten auf die Idee kommen, die biblischen Narrative, die ihnen jüngst begegnet sind, auf vorgegebene ethische Entscheidungssituationen zu beziehen. Rudolf Englert u.a. (2014) machen deutlich, dass es eher typisch für den Religionsunterricht ist, dass Schüler/innen zwar biblische Geschichten oder andere religiöse bzw. theologische

Denkfiguren kennen, bei der Diskussion existentieller Themen aber faktisch nie auf diese rekurrieren. Entgegen der Annahmen der Kompetenztheoretiker werden die ethischen Herausforderungen des Alltags kaum mit der gelernten religiösen Semantik in Verbindung gebracht (Helbling 2010). Andererseits können wir beobachten, dass bestimmte biblische Narrative nach wie vor bei Schüler/innen Resonanz erzeugen können. Ich erinnere mich an eine Szene im Praktikum. Einer ausnehmend freundlichen ersten oder zweiten Klasse wurde die Josefsgeschichte erzählt. Dabei gestalteten die Kinder die einzelnen Passagen durch szenische Darstellung. Doch in der Stunde, in der erzählt wurde, wie der Vater Jakob seinem Sohn Josef den „roten Rock“ schenkt, führte das dazu, dass sich die Klasse gegen ihre Art plötzlich sehr unruhig und aggressiv verhielt. Ähnliche Affekte hatte ich bei biblischen ‚Geschwistergeschichten‘ auch bei älteren Kindern im Unterricht erlebt. Der jeweilige Bibeltext enthält offenbar Themenfelder, die Schüler/innen bis heute ‚aufregen‘ können. Auch Ingo Baldermanns (2006) Arbeit mit Psalmversen zeigt, wie sehr Sätze wie ‚Ich bin wie ein zerbrochenes Gefäß‘ o.ä. auch heute dazu führen, dass Schüler/innen Worte finden können, um ihr aktuelles Befinden zu artikulieren.

Der hier vorgestellte Problemaufriss verdeutlicht, worum es bei der Frage der „elementaren Erfahrungen“ gehen soll. Entgegen der Englert'schen Skepsis wird hier angenommen, dass der Religionsunterricht den Anspruch haben soll, Fragestellungen anzusprechen, die die Kinder und Jugendlichen auch bewegen. Die Religionspädagogik hat diese Fragestellung mit dem Begriff der ‚Erfahrung‘ zu fassen versucht. Der Elementarisierungsansatz stellt sich gegen die Vorstellung, es gälte, die biblischen bzw. theologischen Inhalte bloß zu ‚vermitteln‘, ohne zu fragen, welche lebensweltlichen Aspekte bei den Schüler/innen dabei berührt werden (Ritter 1989, 290):

> „Das bedeutet: Außer um elementarisierte theologische Essentials muss [die Religionspädagogik] sich im Sinne eines dialogischen ‚Vermittlungs-Modells‘ aus pädagogischen (und theologischen) Gründen ‚komplementär‘ um die ‚Eigenbedeutung‘ der Lebens- und Erfahrungswelt der Heranwachsenden (Edukanden) kümmern.“

Diese Beziehung zwischen biblischen bzw. theologischen Inhalten und der Lebenswelt wird als grundlegend angesehen und schlägt sich in den beiden wichtigsten didaktischen Modellen nieder: dem der Korrelation (Heil 2015) und dem der Elementarisierung. Dabei wird die Beziehung zwischen den beiden Perspektiven unterschiedlich wahrgenommen. Die neuerdings in der Korrelationsdidaktik propagierte ‚Abduktion‘ impliziert eine eher offene Bezugnahme, die mögliche Passungen prüft. Eine bibeldidaktische Variante, die eher dem Elementarisierungsansatz zugeordnet werden kann, besteht in der strukturalistisch inspirierten Annahme, dass es auf der Ebene der Erfahrungen Passungen gibt. Dahinter steht der Gedanke, dass sich in den biblischen Texten religiöse und allgemeinmenschliche Erfahrungen niedergeschlagen haben, die nun in geronnener Form zur Verfügung stehen, um als Interpretament kindlicher und jugendlicher Erfahrungen in Dienst genommen zu werden. In dieser Allgemeinheit ist diese Aussage einleuchtend. Nun haben aber zwei renommierte Bibeldidaktiker den Versuch unternommen, explizite *gemeinsame Strukturen* zu benennen. Dies hätte – im Falle des Erfolges – den Effekt, dass man angeben könnte, zu welcher Erfahrung der Lebenswelt welche biblische Perikope ‚passen' könnte. Bevor diese Möglichkeit, die dem Gedanken der ‚elementaren Erfahrungen' bei Nipkow und Schweitzer zugrunde liegt, in ihrer Leistungsfähigkeit beurteilt wird, sollen die Modelle von Horst Klaus Berg und Gerd Theißen hier vorgestellt werden.

7.2 Grundbescheide und Grundmotive

Für Horst Klaus Berg (1993, 76) geht es darum, „aus der Bibel selbst Verdichtungen grundlegender Erfahrungen, Einsichten, Bekenntnisse zu gewinnen". Er nennt diese verdichteten Sprachformen „heilgeschichtliche Abbreviaturen" (77). Sie ordnen für ihn gewissermaßen den biblischen Stoff im Sinne einer Heilsgeschichte Gottes mit den Menschen (ebd.):

> „Um diese Qualität solcher Abbreviaturen kenntlich zu machen, bezeichne ich sie als die Grundbescheide und fasse die verschiedenen sprachlichen Ausprägungen in einem knappen charakteristischen Aussage-Satz zusammen."

Berg (1993) kommt so auf die folgenden Grundbescheide (79ff):

Gott schenkt Leben (Schöpfung)
Gott stiftet Gemeinschaft (Liebe, Partnerschaft, Bund, Ökumene)
Gott leidet mit seinem Volk (Leiden, Leidenschaft)
Gott befreit die Unterdrückten (Befreiung)
Gott gibt seinen Geist (Heiliger Geist und Begeisterung)
Gott herrscht in Ewigkeit (Gottesherrschaft, Schalom)

Will man Bergs Grundbescheide charakterisieren, dann wird man eine gesamtbiblische Perspektive erkennen, mit einem befreiungstheologischen Schwerpunkt. Berg knüpft in gewisser Weise an die Entwürfe zu einer ‚Theologie des Alten/ Neuen Testaments' an, wo ebenfalls versucht wird, die Einzelperikopen im Sinne eines Gesamtprogramms zu lesen. Berg versucht, diese Linie aber stärker durch sozialgeschichtliche Befunde zu fundieren. Die Grundbescheide bedeuten „gefährliche Erinnerungen“ (89) für die Gegenwart. Wer die eigenen Erfahrungen in die Linie der Grundbescheide einzuzeichnen lernt, erhält Anteil an dieser heilbringenden Perspektive. Wer sich etwas besser in der Bibel auskennt, der wird beim Betrachten der Grundbescheide an die eine oder andere Bibelstelle denken, bei der es schwer fällt, sie in diese Muster einzuordnen. Zum andern verdeckt die politische Lesart, dass die meisten Schüler/innen biblische Texte eher individualistisch lesen. So wird zu fragen sein – im Blick auf die unten genauer behandelte Exodus-Thematik –, ob die Befreiungserfahrung Israels etwa dem pubertären Freiheitsdrang wirklich etwas zu sagen hat.

Der zweite Entwurf in ähnlicher Richtung stammt von Gerd Theißen (2003). Er entfaltet seine *Grundmotive* ausgehend von zwei Grundaxiomen des christlichen Glaubens, dem *Monotheismus* und dem *Erlösungsglauben* (134ff). Von diesen Axiomen leitet er eine „offene Liste“ von *Grundmotiven* ab, die er so charakterisiert (139):

> „Sie werden nie endgültig formalisiert werden. Sie bilden auch kein strenges System – aber ein loses Regelgefüge mit Überschneidungen und Berührungen, einem Mobile vergleichbar, das immer in Bewegung ist und doch eine verborgene Struktur enthält.“

Theißen (139ff) kommt zu folgenden Grundmotiven:

Das Schöpfungsmotiv
Das Weisheitsmotiv
Das Wundermotiv
Das Entfremdungsmotiv
Das Hoffnungsmotiv
Das Umkehrmotiv
Das Exodusmotiv
Das Stellvertretungsmotiv
Das Einwohnungsmotiv
Das Glaubensmotiv
Das Agapemotiv
Das Positionswechselmotiv
Das Gerichtsmotiv
Das Rechtfertigungsmotiv

Vergleicht man die beiden Listen, dann sieht man, dass bei Berg die neutestamentliche Perspektive deutlich unterbestimmt ist. Auch tritt bei ihm die individuelle Sichtweise stärker zurück und die in der Bibel zweifellos auch angelegten dunklen Seiten (Strafe, Gericht) finden kaum Erwähnung. Insofern ist der wesentlich umfangreichere Katalog Theißens für die Frage der ‚elementaren Erfahrungen' zweifellos hilfreicher. Dennoch ist die strukturalistische Grundannahme, dass es eine Parallelität der biblischen Motive und der Erfahrungswelt der Schüler/innen gäbe, zumindest kritisch zu hinterfragen. Das oben zitierte Beispiel mit den Geschwisterkonflikten gibt hier zu denken. Auch die von Christian Schramm (2008) präsentierten *Alltagsexegesen* weisen darauf hin, dass die Rezeption biblischer Texte oft sehr eigenen Regeln folgt. Die dadurch sichtbar werdende ‚Theologie' ist keinesfalls abwertend zu sehen – auch wenn sie sich einer Einordnung in ein theologisch inspiriertes System wie dem Theißens z.T. entzieht.

7.3 Elementare Erfahrungen und das Problem der Passungen

Sobald die Religionspädagogik sich davon verabschiedet hat, ihr Programm mehr oder weniger an der ‚Biblischen Geschichte' auszurichten, sondern ‚problemorientiert' auch die Fragen der kindlichen bzw. jugendlichen Lebenswelt thematisierte, ergab sich die Notwendigkeit, jeweils zu überlegen, in welcher Weise entsprechende biblische bzw. theologische Deuteangebote ins Spiel gebracht werden sollten. Solche Fragen bestimmten in umgekehrter Richtung auch den biblischen Unterricht, wenn er z.B. versuchte, die Perikopen möglichst dem Kirchenjahr zuzuordnen. In einem radikalen Sinn gibt es *keine zwingende* Zuordnung von Bibeltext und Lebenswelt. In der Praxis *wissen* Lehrerinnen, Schulbuch- und Lehrplanmacher aber durchaus, welche theologisch als bedeutsam anzusehenden Materialien sich besonders eignen, um ein bestimmtes Thema anzuregen. Dies bringen die oben zitierten Modelle auf ihre Weise zum Ausdruck. Die Frage ist, wie weit sich der Religionsunterricht an die jeweils vermuteten Schülererfahrungen binden sollte. Natürlich ist es richtig und wichtig, mögliche Rezeptionen antizipierend zu bedenken, zumindest dann, wenn explizit dokumentierte Rezeptionserfahrungen vorliegen. Dennoch sollte diese Perspektive nicht allein Auswahl und Präsentation biblischer Texte leiten. Tanja Schmidt (2008, 209; 217) formuliert dazu programmatisch:

> „Durch die Sprachformen der biblischen Tradition werden individuelle Erfahrungen zugleich erschlossen und *transzendiert*. Denn die überindividuelle und bildreiche Sprache der Bibel ermöglicht es den Heranwachsenden, intensive Gefühle wie Ängste und Sorgen zu kommunizieren, ohne dass es peinlich für sie wird. [...] Der biblischen Überlieferung kommt folglich im Prozess der religiösen Bildung eine herausragende

> Bedeutung zu. Sie fungiert als ‚*Ankerpunkt und Reservoir*' für die Bildung einer eigenen religiösen Identität."

In diesem Sinne kann dann anhand der von uns ausgewählten Inhalte durchaus bedacht werden, wie die biblisch artikulierten Inhalte Irritationen bei der Rezeption bei Schüler/innen erzeugen.

7.4 Elementare Erfahrungen mit der Mose-Einheit

Michael Fricke (2005) hat die Einstellungen von Lehrpersonen und Schüler/innen zu Ex 1–15 befragt. Er bewegt sich dabei im Kontext der üblichen Stoffauswahl. Seine Untersuchung macht ein wichtiges Defizit des traditionellen Elementarisierungsansatzes deutlich: er verzichtet auf die Erfahrungen der Lehrkräfte. Fricke subsumiert die Mose-Einheit unter die ‚schwierigen Texte'. Von Berg oder Theißen her würde man erwarten, dass die Befreiung aus der Sklaverei und die Rettung am Schilfmeer zu den zentralen Zeugnissen des christlichen Glaubens zählen („Ich bin der HERR Dein Gott, der Dich aus dem Sklavenhaus geführt hat ..."). Doch viele Lehrkräfte nehmen andere Perspektiven ein (Fricke 2005, 499):

> „Wenn Gott Gewalt befiehlt oder verursacht bzw. zulässt. Die Strafen für den Pharao treffen auch unschuldige Menschen. Gott unterscheidet nicht. Wer nichts von Gott weiß, kann nichts dafür, dass er nicht an ihn glauben kann."

Für die Lehrkräfte ergeben sich zahlreiche Vorbehalte und Einwände gegen das Handeln des ‚alttestamentlichen' Gottes. Sie entwickeln dabei unterschiedliche Strategien, um mit diesem Problem umzugehen, so z.B. (Fricke 2005, 503f):

> „Um den Schülern nicht Angst vor einem Gott, der Unschuldige ins Verderben führt, zu vermitteln, gehe ich auf deren Lösungs- und Rettungsvorschläge ein. In der weiteren Unterrichtseinheit wird dann ausführlich über die Rettung und die Freude über die Rettung gesprochen und ein Freudenfest gefeiert, wie es die Geretteten hätten feiern können, um Gott ihre Dankbarkeit zu zeigen."

Bei den Schüler/innen skizziert Fricke (z.T. geschlechtsspezifisch unterschieden) einige Beobachtungen, von denen man annehmen kann, dass sie – in Maßen – generalisierbar für Grundschulkinder sind. Die prinzipielle Ägyptophilie (536) mit dem Interesse für Pyramiden und Hieroglyphen wird beeinträchtigt durch die

Wahrnehmung, dass der Pharao in dieser Geschichte der exemplarisch ‚Böse' ist. Die Gewaltsamkeit des Geschehens wird mitbestimmt von den mehr oder weniger ausgeprägten Erfahrungen durch Filme und Computerspiele (521). Dabei kann dies einerseits zur Thematisierung von Gewalterfahrungen der Gegenwart dienen, für den Religionsunterricht gravierender aber ist die Erfahrung Ex 12 (Tod der Erstgeborenen), dass Gott der Urheber dieser Gewalt ist (530):

> „Der Text sprengt die Grenze des Bildes von Gott. Nicht der bekannte ‚liebe' Gott, sondern der abgründige, grausame, willkürliche Gott erscheint."

Wir begegnen hier wieder der Nipkow'schen Beobachtung, dass von Gott und seinen Protagonisten erwartet wird, dass sie sich an ihre eigenen Normen halten. Das betrifft in diesem Falle vor allem die ‚unschuldigen Opfer'. Im Hinblick auf den Pharao fällt es den Kindern leichter, ihn als den exemplarisch bösen Gegenspieler des ‚guten' Mose wahrzunehmen. Dabei messen die Kinder die Bosheit des Pharao an den Maßstäben ihrer eigenen Nahumwelt bzw. der ihnen bekannten politischen Welt (523). Zumindest für eine der von Fricke beschriebenen Gruppen ist dann die Konsequenz von Ex 14 (Schilfmeerwunder) nachvollziehbar (534):

> „Die Mädchen erklären sich den doppelten Ausgang der Geschichte damit, dass die Israeliten gläubig und gut und die Ägypter ungläubig und böse sind."

Es lohnt sich, von den hier referierten Erfahrungen den Blick auf die Motivkataloge von Berg und Theißen zu werfen. Beide haben das Exodusthema zentral aufgeführt. Nicht umsonst wird der Dekalog mit der Erinnerung an Gottes Befreiungstat im Exodus eingeleitet. Nun setzt Rettung bzw. Befreiung immer eine *Situation der Bedrohung* bzw. des Zwangs voraus. Damit wird ein möglicher Anknüpfungspunkt an gegenwärtige Gewalterfahrungen mitgeliefert. Es geht dann nicht nur um eine symbolisch empfundene Einschränkung, die die Kinder in ihrer unmittelbaren Lebenswelt verorten können, sondern die Realität der Fernsehbilder spielt mit herein. Doch – dies machen Frickes Beobachtungen deutlich – damit wird Gottes Handeln auch mit den Friktionen der Welt kontaminiert. Will man Gottes Handeln in konkreten Abläufen identifizieren, dann wird deutlich, dass es nicht so einfach ist, ‚gute Gewalt' von ‚böser Gewalt' zu unterscheiden, zumal in kriegerischen Situationen. Die alttestamentlichen Geschichten sparen diese nicht aus. Diese zeigen Gott zwangsläufig in anderen Kontexten als in den neutestamentlichen Geschichten – ohne dass man jetzt den Gott der beiden Testamente grundsätzlich unterscheiden muss. Will man die oben genannten Motive aufnehmen, dann muss man sagen, dass hier Gottes Handeln im Kampf mit Feinden und bedrohlichen Mächten erscheint, von deren Existenz auch Kinder schon wissen. Zu Recht hat Fricke an den Anfang seiner Überlegungen die Befragung der Lehrer/innen gesetzt. Denn wie man als Lehrkraft mit einer solchen Geschichte umgeht, hängt in erster Linie davon ab, wie man sich selber in ihr positioniert. Wer gerade der Sklaverei und dem Tod entronnen ist, der kann mit dem Mirjamlied den Tod der Bedrücker feiern. Das erspart dann nicht die Frage, was mit den Soldaten geschehen ist und was mit der getöteten Erstgeburt. Kein Mensch wird behaupten, dass die Soldaten individuell grundsätzlich ‚böser' sind als ihre Gegner. Dass diese – im Bild der Exodusgeschichte – auch Frauen und Kinder hatten, dürfte Teil des Problems sein. Dennoch erzählen jüdische Menschen bei jedem Pessach-Fest: „Wir waren Knechte des Pharao und Gott führte uns heraus!" Fricke (538) weist zu Recht darauf hin, dass man – was didaktisch sinnvoll ist – das Pessach-Fest nicht unterrichtlich behandeln kann, wenn man die letzte Plage nicht erzählt. Man sieht an Frickes Beobachtungen, dass man die theoretischen Grundbescheide oder Motive nur sehr bedingt als elementare Erfahrungen annehmen kann, sondern diese jeweils im Kontext der Gruppe zu erheben hat, für die der Unterricht gedacht ist.

Für Jugendliche sieht Nele Schiering-Schomborg (2018) einen ganz anderen Erfahrungshintergrund. Diese nehmen durchaus Anteil an der aktuellen Diskussion über Flucht, Vertreibung und Asyl (66). Nun wird zu Beginn des Exodusbuches explizit die Lage der in der Fremde lebenden Israeliten thematisiert – und zwar aus der Sicht der ägyptischen Mehrheit und deren Ängsten (Ex 1,8–10): „Da kam ein neuer König auf in Ägypten, der wusste nichts von Josef und sprach zu seinem Volk: Siehe, das Volk Israel ist mehr und stärker als wir. Wohlan, wir wollen sie mit List niederhalten, dass sie nicht noch mehr werden. Denn wenn ein Krieg ausbräche, könnten sie sich auch zu unseren Feinden schlagen und gegen uns kämpfen und aus dem Lande ausziehen." Im Kontext der aktuellen Diskussion ist dieser Text insofern brisant, als er nicht die gewohnte biblische Wir-Gruppe zu Wort kommen lässt, sondern die biblisch gesehen feindliche Perspektive. Und just diese Perspektive ist in der politischen Diskussion relevant. Insofern ist es nicht verwunderlich, dass die Autorin bei 14- bzw. 15jährigen Schüler/innen mit diesem Text auf Resonanz stößt, so Finn (67):

> „Wir haben nicht wenig Einwanderer und Ausländer in unserem Land. […] Aber, ich hab jetzt keine Angst, nur weil ich meinen schwarzen Freund Pascal in der Klasse hab, hab ich keine Angst, dass die Schwarzen irgendwie jetzt versuchen Deutschland einzunehmen oder so. Weil normalerweise, wenn man friedlich ist, sind die meisten meist auch friedlich und ich versteh mich super mit ihm und ich hab jetzt keine Angst, dass die irgendetwas Böses tun würden."

Oder Melina (68):

> „Ich fände das jetzt auch ein bisschen komisch, wenn jetzt in Deutschland, dann die Deutschen irgendwie, irgendwann in der Unterzahl sind. Also, das ist auch so, die Angst ist vielleicht auch so ein bisschen begründet. Aber wie gesagt, wie er halt immer handelt und versucht, dass es nicht so passiert, ist halt falsch.“

Wir stoßen hier auf die Beobachtung, dass die hierzulande an Grundschüler/innen adressierten Texte des Pentateuch dort ihre Dynamik vielleicht gar nicht in der Weise entfalten und dass sie den von Berg und Theißen angesprochenen Befreiungsimpuls und die damit verbundene Konfliktgeschichte nicht adäquat vermitteln können. Erfahrungen sind eben unter Umständen auch sehr altersspezifisch.

7.5 Die elementaren Erfahrungen der Sturmstillungsgeschichte

Martina Kumlehn (2012a) gibt Einblick in den Unterricht einer 6. Klasse zum Thema. Auch hier wird sichtbar, dass Schüler/innen und Lehrerin z.T. auf unterschiedliche Erfahrungen rekurrieren. Sie verweist (112) darauf, dass es nicht unproblematisch ist – wie in diesem Beispiel –, die Wunderthematik nicht explizit zu thematisieren. Zugänglich ist den Schüler/innen zunächst der Hoffnungsaspekt (103):

> „304 L: Was erwarten die Jünger? Worauf hoffen sie? Anton?
> 305 Anton: Auf Hilfe.
> 306 S?: Wie bitte?
> 307 L: Auf Hilfe. Sabrina?
> 308 Sabrina: Dass Jesus den Sturm wegmacht, sozusagen.
> 309 L: Malte?
> 310 Malte: /Em/, ja, also dass Jesus die See beruhigt halt.
> 311 L: Leonie?
> 312 Leonie: Dass sie nicht (über Bord gehen).
> 313 L: Ann-Cathrin?
> 314 Ann-Cathrin: Dass er sie vorm Sturm beschützt.
> 315 L: Luis?
> 316 Luis: Dass Jesus endlich aufwacht.
> 317 L: Maren?
> 318 Maren: Dass Gott sie rettet.“

Die Lehrerin möchte diese Hoffnungserfahrung symboldidaktisch deuten. Ihr Zentralsymbol ist das Boot als Ausdruck von Sicherheit und Geborgenheit (114):

> „467 L: Sehr schön, das ist nämlich hier der andere Punkt; Macht, aber auch das Vertrauen, ne? Darum mahnt Jesus ja die Jünger als Kleingläubige, weil sie ihm in dieser Situation nicht vertrauen, weil sie doch so sicher sein können. Sehr schön Jan. Lilli?
> 468 Lilli: Vielleicht, will er es aber auch, also will er ihnen auch zeigen, dass sie bei ihm sicher sind und (...) das Meer, weil er ihnen zeigen möchte, dass sie überhaupt nichts fürchten müssen.
> 469 L: Richtig. Das Boot bedeutet Sicherheit, ne? Bei Ihnen. (zeigt auf eine Schülerin)
> 470 S?: Ja vielleicht, vielleicht denkt er, weil die Jünger so aufgeschreckt sind, /em/, dass sie, also dass sie sich auch beruhigen sollen, also, wenn er sagt, ich schlafe doch auch, dann könnt ihr das auch.
> 471 L: Genau. Wenn ich mich hier sicher fühle, dann könnt ihr euch auch hier sicher fühlen. Sehr schön ..."

Die Lehrerin fokussiert auf die Erfahrungen von Angst und Geborgenheit. Zumindest einige Schüler/innen erkennen aber die christologische Dimension der Geschichte. Felix macht deutlich, dass der Clou der Geschichte gerade darin liegt, dass Jesus einmal schläft und dann aber dem Sturm gebietet. D.h., er erkennt, dass beide Körperhaltungen für Jesus bedeutsam sind (195):

> „L: Ich möchte das jetzt gar nicht mit euch zusammentragen, sondern ihr sollt mit eurem Tischpartner, -partnerin, eine Haltung, eine Körperhaltung entwickeln für Jesus. (alle fangen an zu flüstern) So, Jonas (...) mit deinem Partner zusammen. Diese Haltung soll dann hier in der Klasse vorgestellt werden. Das muss aber niemand einzeln machen, keine Sorge, das macht ihr zusammen, nur damit ihr wisst, wohin es jetzt geht.
> 326 Felix: Können wir auch zwei Haltungen machen?
> 327 L: Nein, entscheidet euch für eine, da musst du dich entscheiden, welche wichtig ist. Also, fasst die Haltung von Jesus in einer Haltung zusammen, sein Verhalten. Und die wird dann hier gezeigt."

In derselben Richtung liegt es, dass die christologische Perspektive dann auch von Schülerseite eingebracht wird (112):

> „L: ... Ist es eigentlich für euch völlig selbstverständlich, dass Jesus dahin kommt und so eine Naturgewalt, wie so ein Sturm einfach zur Stille bringt. Luis?
> 422 Luis: Ja, also der ist ja Sohn Gottes, der muss doch sowas können.
> 423 L: /Mhm/, also selbstverständlich? Jan?
> 424 Jan: Ja, also ich finde das ziemlich gutmütig, dass er überhaupt sowas macht.
> 425 L: Dass er (eine Alternative gewählt) wurde.
> 426 Felix: Dass er einfach mal sagen würde, ja Leute, das könntet ihr schon selbst hinkriegen oder so.

427 L: Also, selbst du findest es bezeichnend für ihn, dass er hilft. (Felix nickt) Ja, okay. Lilli?
428 Lilli: Also ich finde es halt nicht so normal, weil es ja eigentlich ein großer See und es ist (ja nur so) ein kleines Boot und er lässt sie dann so alleine, weil (...) und die stehen ja hinter ihm und haben Angst, und dass er dann einfach die Arme ausstreckt und sich das Meer dann beruhigt, das find ich also nicht normal.
429 L: Gut, okay. Was sagt das dann über Jesus aus?
430 Lilli: Also, dass er (...), dass er halt (nicht so typisch) ist."

Wieder stoßen wir auf die Tatsache, dass wir keinesfalls von *einer* gemeinsamen Erfahrung ausgehen können. Wie bei der Moseeinheit erweist sich die ‚Lehrertheologie' als theologisch skrupulöser als die Theologie der Kinder. Vielleicht stecken hinter den Argumentationen unterschiedliche Erwartungen im Hinblick auf das, was man an *Wunderhaftem* zu erwarten bereit ist. Kumlehns Hinweis, dass man die Klärung dieser Frage bei dieser Perikope nicht umgehen kann, kann also nur bestätigt werden.

8. Elementare Wahrheit(en)

8.1 Bedeutsamkeit – theologisch gelesen

Klafki fragt bei seiner Unterrichtsplanung nach der Gegenwarts- bzw. Zukunftsbedeutung eines Unterrichts. Das klingt zunächst sehr einleuchtend. Gegenwartsbedeutung lässt sich so lesen, dass der Unterricht die Schüler/innen unmittelbar interessieren soll. Dies lässt sich in der Regel in der Praxis nachprüfen. Mit der Zukunftsbedeutung ist es ungleich schwieriger. Dies resultiert aus der Tatsache, dass man diese nicht wirklich kennen kann, vor allem aber daher, dass mit jeder Entscheidung über eine mögliche Zukunft ausgeprägte normative Vorentscheidungen verbunden sind. Es geht hier immer um eine ‚gewollte Zukunft'. D.h., ob man wehrhafte oder friedensorientierte Jugendliche heranziehen will, ist eine ethische und politische Vorentscheidung. Man kann die Frage auch gut anhand eines aktuellen – vordergründig unpolitischen – Konflikts studieren. Sollen Kinder gebundene Schreibschrift lernen oder genügt Druckschrift? Die Entscheidung hängt davon ab, ob ich damit rechne, dass zukünftig Handschrift kaum mehr eine Rolle spielen wird, oder ob gebundenes Schreiben eine Kulturtechnik ist, die den Zugang zu älteren Dokumenten eröffnet und zudem beim ‚allmählichen Verfertigen der Gedanken' (Kleist) eine Rolle spielt und auch gehirnphysiologische Implikationen zeitigt. Es ist deutlich, dass die Entscheidung für die eine oder andere Option von einem bestimmten Menschenbild bzw. entsprechenden Werten abhängig ist. Die Zukunftsbedeutung eines Unterrichtsinhaltes zu bestimmen, ist nur nach der Klärung bestimmter Wertentscheidungen möglich. Dies ist schwerwiegend, denn die Zukunftsorientierung eines bestimmten Unterrichtsstoffes impliziert u.U. Anstrengungen und Frustrationen in der Gegenwart: z.B. Vokabeln lernen in der Hoffnung, dann eine fremde Sprache sprechen zu können.

Nipkow und Schweitzer nehmen diesen Diskurs in der Weise auf, dass sie ihn für den Religionsunterricht christlicher Prägung thematisieren. D.h., dass die Werteentscheidungen sich im Kontext der christlichen Tradition bewegen werden. Reinhold Boschki (2016, 76) fasst dies so zusammen:

> „Die Fragen und Zweifel der Jugendlichen dürfen und müssen zur Sprache kommen, doch kann es, schreibt Nipkow [...], nicht darum gehen, ihnen mit abschließenden Antworten aus der Bibel oder Glaubenstradition zu begegnen. Vielmehr ist ein ‚gemeinsamer Suchprozess' erforderlich, der auch den Wahrheitsanspruch der Glaubensüberlieferung in Frage stellen darf. Das ‚gewissmachend Wahre' wird also – im Idealfall – in der Begegnung der Lernenden mit der christlichen Überlieferung und der Person, die für diese steht, der Religionslehrkraft, aufleuchten. Am Ende bleibt deshalb nicht Beliebigkeit oder Unbestimmtheit stehen, sondern wird von Seiten der Lehrenden eine klare Positionalität erwartet. ‚Der Unterricht wird zu einem <elementaren Gespräch> gedrängt, das auch den Lehrer als Person und Christ, nicht nur als theologischen Fachmann verlangt.'"

Es geht hier demnach um eine Konstellation, in der Lehrer/innen und Schüler/innen im Unterricht gemeinsame Antworten auf der Grundlage des christlichen Glaubens suchen. Unter Aufnahme der Katechismustradition stellt sich die Klafki'sche Problemstellung dann analog zur Form einer Frage der Art ‚Was ist dein einziger Trost im Leben und im Sterben?' (Heidelberger Katechismus). Doch Nipkow (1982, 204) geht es dann nicht um das demütige Hinnehmen einer *richtigen* Antwort: „Aus Not und Verzweiflung gespeistes elementares Fragen [...] wollen *gemeinsam bedacht und ausgehalten werden.*"

Es ist das Pro eines konfessionellen Religionsunterrichts, solche Möglichkeiten der existentiellen Auseinandersetzung programmatisch vorzusehen und zumindest ab und an auch real zu ermöglichen. Damit ist die Wahrheitsfrage präzisiert, gleichzeitig aber auch verengt. Im Folgenden soll deshalb bedacht werden, ob die Dimension der elementaren Wahrheiten nur eine regulative Idee ist, oder ob sie in der Tat die konkrete Planung bestimmen kann. Danach werde ich der Frage nachgehen, ob ein weiter gefasster Wahrheitsdiskurs der Unterrichtswirklichkeit nicht eher entspricht.

8.2 Kritische Anfragen aus der Praxis

Rudolf Englert u.a. (2014) haben eine größere Zahl katholischer Religionsstunden ausgewertet. Ihre Fragestellung richtete sich darauf zu prüfen, wie sich die konzeptuelle Orientierung des ‚Korrelationsansatzes' in der Praxis zeigt. Man kann sagen, dass dieser Korrelationsansatz in vielen Aspekten mit dem Elementarisierungsansatz vergleichbar ist. Auch ihm geht es darum, die biblisch-christliche Tradition mit der Lebenswelt der Schüler/innen in eine lebendige Beziehung zu bringen. Dabei läuft dieser Ansatz analog zu dem oben Gesagten darauf hinaus, dass es im Unterricht zu einer existentiellen Begegnung mit den verhandelten Inhalten kommt. Doch gerade eine solche konnten Englert u.a. faktisch nirgends ausmachen (227):

> „Was in dem von uns aufgezeichneten Unterricht […] weitgehend fehlt, ist das, was man den ‚konfessorischen Charakter' des Unterrichts genannt hat […], dass der Unterricht, weil er mit bestimmten Perspektiven und Positionen konfrontiert, die Schüler/innen ihrerseits zur Positionierung auffordert. Dies geschieht eher selten."

Obgleich die religiösen Inhalte der eigenen Tradition den Schüler/innen vertrauter sind als die anderer Religionen, entdecken die Autor/innen nirgends ein konfessionelles ‚Wir' (227f). Was das bedeutet, zeigen sie anhand konkreten Materials ihrer Untersuchung (224f):

> „Fragen, wie wir ihnen […] zur Bergpredigt begegnen: ‚Hat Jesu Gebot der Feindesliebe für uns noch eine Bedeutung?' bzw. ‚Geht die Erfüllung dieses Gebotes nicht über die Kraft eines Menschen hinaus?' haben, aufs Ganze gesehen, mittlerweile nur noch eine untergeordnete Bedeutung. Religionsstunden, in denen christliche Perspektiven in diesem Sinne auf ihre Relevanz bzw. Aktualität kritisch geprüft werden, sind eher selten. Auch da, wo religiöse Traditionen im Religionsunterricht ausdrücklich angesprochen werden, bleiben sie meist in der unaufdringlichen Rolle […] eines Informationsgegenstandes."

Auch die Lehrer/innen sehen sich eher in der Rolle der Informationslieferanten (228):

> „Dass Religionslehrer/innen in der emphatischen Funktion als ‚Zeugen' […] z.B. für die Glaubwürdigkeit christlicher Überzeugungen oder den Lebenswert christlicher Praxis auftreten, haben wir kaum erlebt."

Setzt man diese Befunde in Bezug zum erwarteten Geschehen im Hinblick auf elementare Wahrheit, wird man zu dem Schluss kommen, dass die Fragestellung sich ändern muss. Gewiss ist es eines der wichtigen Merkmale eines konfessionellen christlichen (aber auch jüdischen oder muslimischen) Religionsunterrichts, dass es möglich ist, dort die Inhalte nicht nur informativ zur Kenntnis zu nehmen, sondern um ihre Bedeutsamkeit zu streiten bzw. diese für sich in Gemeinschaft mit anderen zu erfahren. Dies zielt aber eher auf ein diskursives Setting ab. In diesem stellt sich die Wahrheitsfrage notwendigerweise anders.

8.3 Philosophische Wahrheitstheorien als Orientierung

Das Feld der philosophischen Wahrheitstheorien stellt sich recht komplex dar. Karen Gloy (2004, 7) verweist auf deren erkenntnistheoretische Voraussetzungen. Bei der Frage nach Wahrheit geht es immer um das Verhältnis zwischen einer Sache/einem Gegenstand und einem erkennenden Subjekt. Man kann von der Vorgegebenheit bestimmter Größen ausgehen. Dann besteht Wahrheit darin, dessen Wesen zu erkennen. Dazu bedarf es – mit Thomas von Aquin gesprochen – der *adaequatio intellectus rei,* d.h. der Übereinstimmung der Verstandeskräfte mit der zu erkennenden Sache. Aus diesem Postulat erfolgt dann die Entwicklung der sog. *Korrespondenztheorie* der Wahrheit. Nach der ist Wahrheit dann gegeben, wenn die Sache und der Begriff übereinstimmen. Dies ist relativ einfach nachzuvollziehen, wenn ein Gegenstand unmittelbar vor meinen Augen zu sehen ist und gar noch angefasst werden kann. Doch wie verhält es sich mit schwer zugänglichen Phänomenen oder solchen aus der Vergangenheit. Hier tritt stärker die konstruierende Kraft der Subjekte auf den Plan. Sie versuchen den Erkenntnisgegenstand in einen plausiblen Kontext einzuordnen und prüfen dabei seine Stimmigkeit im Verhältnis zu anderen Wissensbeständen. Hier spricht man von einer Kohärenztheorie der Wahrheit (Gloy 2004, 168ff). Diese hat mehrere Varianten. Kohärenz kann auf logische Stimmigkeit zielen oder auch auf einen Prozess konsensualer Wahrheitsbildung im Sinne von Jürgen Habermas.

Es ist sinnvoll, diese Kriterien auf das ‚Theologisieren' im Religionsunterricht anzuwenden (Zimmermann 2016). Dies erfüllt konzeptionell am ehesten das, was Nipkow und Schweitzer im Hinblick auf die elementare Wahrheit formuliert haben.

Karl Ernst Nipkow (1982) hat sich in Auseinandersetzung besonders mit Wolfgang Klafkis Programm ausführlich zu den *elementaren Wahrheiten* (im Plural!) geäußert und spricht in diesem Zusammenhang (191) von „*Vertiefung auf das Wesentliche und die offene Frage nach Konsens*". Der erste Teil der Definition verweist auf den geisteswissenschaftlichen Hintergrund der Überlegung mit der stillschweigenden Hoffnung zum ‚Wesen der Sache' vorstoßen zu können. Der zweite Teil lässt erkennen, dass dies in einem pluralistischen Kontext allenfalls punktuell möglich ist als Resultat eines Diskurses. Nipkows Argumentation lässt sich nun im Kontext der oben skizzierten Wahrheitstheorien als eine Variante der von Jürgen Habermas initiierten Konsensustheorie identifizieren, freilich mit maßgeblichen Variationen. Nipkows *Wahrheitsssucher* sind keine Intellektuellen, sondern Laien jeglichen Alters und sie folgen erst einmal nicht der Vernunft, sondern der existentiellen Betroffenheit. Wahrheit bedeutet dann eine Lösung, die mir einleuchtet, die mich aber auch ermutigt und mir Sinn vermittelt. Damit bekommen die elementaren Wahrheiten einen praktischen Charakter, weil ihre *Relevanz für mich* ein entscheidendes Merkmal ist. Dieses existentielle Wahrheitsverständnis zeigt nun wieder eine gewisse Nähe zu dem des *Pragmatismus* (Gloy 2004, 223):

> „Die Konsequenz dieses Grundkonzepts speziell für die Wahrheit ist die, dass Aussagen, Gedanken, Ideen nur insofern und insoweit für wahr gelten, als sie nützlich und hilfreich sind und mit anderen Teilen der Erfahrung in Einklang stehen. Eine Idee ist solange wahr, wie es nützlich ist für unser Leben, daran zu glauben. [...] Das bedeutet, dass keine Hypothese abzulehnen ist, aus der sich nützliche Konsequenzen für das Leben ziehen lassen. Sollte sich beispielsweise die Hypothese von Gott im weitesten Sinne des Wortes als befriedigend erweisen, dann ist sie wahr."

Friedrich Schweitzer (2003) präzisiert das ‚pragmatische' Wahrheitsverständnis des Elementarisierungsansatzes in der Weise, dass er es gerade dem konfessionellen/konfessorischen Charakter des Religionsunterrichts zuschreibt, dass dort nicht nur in der 3.-Person-Perspektive über existentielle Fragen gesprochen werden kann, sondern auch in der 2.-Person-Perspektive (Ich und Du) (27). Schweitzer betont die doppelte Verankerung der elementaren Wahrheit *individuell* und in einer *Gemeinschaft*. Letztere repräsentiert sich nicht in der Diskursgemeinschaft (im Sinne von Habermas), sondern in der jeweiligen religiösen Gemeinschaft. Kirche ist demnach der Ort, an dem „eine bestimmte Wahrheitserfahrung geteilt werden kann" (72). Mit dem Stichwort Kirche ist nicht nur der Kommunikationsort im umfassenden Sinne gemeint, sondern auch das Verwiesensein auf die Bibel und deren Auslegung. Insofern erfolgt die Suche nach der ‚elementaren Wahrheit' in der immer wieder neuen Annäherung an die Bibel, weil in dieser religiösen Kommunikationsgemeinschaft Lösungspotentiale für die existentiellen Fragen erwartet werden.

Die weitgehende Fixierung auf das pragmatische Wahrheitsverständnis bedeutet aber keinesfalls eine Vernachlässigung der anderen Ansätze. Die Korrespondenztheorie tritt überall dort auf den Plan, wo es um Sachentscheidungen geht: beim Wissen um Realien der Bibelkunde, der Kirchengeschichte oder auch der Fakten der Lebenswelt – von der Wiedergabe von Filmszenen bis zur Kenntnis aktueller Ereignisse. Diese Fragen sind im Sinne von Foersters (2002) entscheidbare – und sie sind damit auch schon entschieden. Sie sind so zu akzeptieren und zu lernen. Die unentscheidbaren Fragen müssen demgegenüber immer wieder neu entschieden werden. Solche Fragen sind für den Religionsunterricht von großer Bedeutung, weil die meisten Glaubensfragen diesen Status haben. Es ist nachvollziehbar, dass bei diesen dann Kohärenz- und Konsensustheorie bzw. pragmatische Wahrheitstheorie ihre Bedeutung haben. Wir werden sehen, dass im Unterricht bei einzelnen Themen unterschiedliche Wahrheitstheorien bedeutsam werden.

8.4 Elementare Wahrheiten in den Mosegeschichten

In einer von Hanna Roose organisierten Unterrichtsdokumentation tauchen etliche Szenen auf, die paradigmatisch Probleme und Lösungsansätze für die elementare Wahrheit präsentieren. Wie bereits bei der Strukturdiskussion deutlich wurde, begegnen wir hier einer Bibelpassage, deren Bedeutsamkeit für das jüdische und christliche Verständnis von Gott kaum überschätzt werden kann. D.h., dass es hier um zentrale Glaubensfragen geht. Andererseits rechnen auch konservative Exegeten kaum damit, dass sie hier Geschehnissen begegnen, die im strengen Sinne historisch verifizierbar sind. Damit ist die Wahrheitsfrage noch komplexer als etwa bei dem hier diskutierten Jesuswunder, weil die Überlieferung selbst einen bloßen Abgleich im Sinne einer Korrespondenztheorie verbietet. Gleichzeitig wird das Thema noch komplizierter, weil der Stoff in der Regel mit Grundschüler/innen behandelt wird. Deren Wirklichkeitsverständnis scheint kompatibler mit dem der Geschichten zu sein als bei älteren Schüler/innen. Doch stimmt dies nur bedingt und fordert von den Lehrkräften einen verantwortlichen Umgang mit diesen Wirklichkeitskonzepten. Nun haben wir bereits in den Ausführungen Michael Frickes gesehen, dass diese Perikopen auch für die Lehrkräfte Herausforderungen darstellen, deren Bewältigung ihnen nicht immer leicht fällt bzw. gelingt. Ich werde hierzu drei Fragestellungen exemplarisch darstellen.

In einer dritten Klasse erzählt die Lehrerin, wie Mose den ägyptischen Aufseher erschlägt (Roose 2013, 148):

> „L: Er [Mose] hat was ganz Blödes gemacht. Er ist nämlich (unverständlich) so sauer gewesen und dann hat er sich umgeguckt und dann hat er gesehen, er ist ganz alleine mit dem Aufseher. Und dann hat er etwas gemacht, was man eigentlich gar nicht tun darf, er hat den Aufseher nämlich getötet. … Und dann hat er den Aufseher, weil er Angst gekriegt hat, in Sand eingebuddelt und ist abgehauen.
> Mehrere Kinder: War das wirklich so?
> L: Das war in echt so. Er hat den Aufseher, der den Israeliten getötet hat, selber getötet und hat ihn eingebuddelt und ist weggelaufen.“

Die Lehrerin bezeugt durch ihre Aussage die Historizität des Ereignisses – was für die Schüler/innen vermutlich nicht so einfach zu akzeptieren ist, weil der ‚gute‘ Mose damit gegen eine erwartete Konvention verstößt. Doch im weiteren Fortgang ändert die Lehrerin ihre Argumentation (149):

> „L: Marie, kannst du dich erinnern?
> M: Nein, em aber ich hab ne Frage.
> L: Ja.
> M: Wie konnte er ihn eigentlich töten? Er hatte doch kein Messer oder so.
> L: Gut, ich war nicht dabei, ich weiß es nicht.“

Die Lehrerin präsentiert an dieser Stelle zwei konkurrierende Wahrheitstheorien. Ihre erste Aussage erklärt das Geschehen im Sinne der Korrespondenztheorie als wahr im dem Sinne, dass die Dinge sich genau so ereignet haben. Doch in ihrer zweiten Aussage wird deutlich, dass sie von dieser auf Historizität gründenden Aussage absieht. Vermutlich bedenkt sie nicht, dass sie sich mit dem Zugeständnis, hier nichts Genaueres sagen zu können, in einen anderen Diskursraum begibt. Der Narratologe Wolf Schmid (2008) verweist darauf, dass wir in jeder Narration, egal ob es um ein reales oder fiktives Geschehen geht, immer an Grenzen der Detaillierung stoßen, d.h., dass wir zu überlegen haben, was wir wissen und wissen können und was wir berichten können und wo wir schweigen müssen. Wenn ich von einem Fußballspiel erzähle, das ich im Stadion besucht habe, werde ich nur einem kleinen Ausschnitt dessen, was passiert ist, meine Aufmerksamkeit schenken können. Die Fülle dessen, was sich dort an Interaktionen, Gesprächen und Gedanken ereignet hat, bleibt mir und auch grundsätzlich jedem unzugänglich. Andererseits ist immer viel mehr möglich als das, was ich in meiner konkreten Erzählung bieten kann. Erzählen bedeutet von daher immer *Selektion*. Den avanciertesten Versuch, dieses Phänomen theoretisch zu fassen, bietet Wolf Schmid (2008, 251–254). Er unterscheidet dazu vier Ebenen:

4. Die Präsentation der Erzählung
3. Die Erzählung
2. Die Geschichte
1. Das Geschehen

Der Clou des Modells ist, dass es zunächst einmal für literarische, d.h. in der Regel fiktionale Narrative entwickelt wurde. Interessanterweise ergeben sich hier aber dieselben Probleme wie bei den Fällen, in denen mit einem historischen Geschehen als Ausgangspunkt gerechnet wird. Zum ‚Geschehen' schreibt Schmid (251):

> „Das Geschehen ist die amorphe Gesamtheit der Situationen, Figuren und Handlungen, die im Erzählwerk explizit oder implizit dargestellt oder logisch impliziert sind. Das so verstandene Geschehen bildet ein räumlich grundsätzlich unbegrenztes, zeitlich unendlich in die Vergangenheit verlängerbares, nach innen unendlich zerkleinerbares und in unendlich vielen Eigenschaften konkretisierbares Kontinuum."

Was das heißt, möchte ich anhand des Exodusereignisses (Ex 14) zeigen. Ich nehme dazu einmal an, die Ereignisse wären historisch akkurat so verlaufen, wie es der Bibeltext überliefert. Nach Schmids Unterscheidung hätte ich damit aber nur einen winzigen Ausschnitt dessen in den Blick genommen, was wirklich geschehen wäre. Ich kann dies am besten erläutern, wenn ich potentielle Kinderfragen formuliere: Konnten die Kinder ihr Lieblingstier mitnehmen? Was war mit den Kranken? Hatten die ägyptischen Soldaten auch Kinder? Schmids Begriff des ‚Geschehens' macht unmissverständlich deutlich, dass diese Fragen legitim, aber nicht beantwortbar sind. Die Lehrerin berichtet vom Auftrag Gottes, zum Pharao zu gehen. Es herrscht Einigkeit, dass man Gottes Auftrag entsprechen muss. Da stellt wieder Marie die entscheidende Frage, wie Gott mit uns sprechen kann (153):

> „Marie: Ich hab noch eine Frage.
> L: Ja.
> Marie: Ehm also, aber heute passiert das doch gar nicht mehr, dass Gott mit einem spricht?
> L: Nein. Mit den meisten Menschen nicht. Aber vielleicht gibt es doch den ein oder anderen, mit dem Gott schon mal gesprochen hat.
> (Erstaunte und zweifelnde Geräusche aus der Klasse.)
> L: Das ist auch damals in der Zeit, als dies hier passierte, nur ganz, ganz wenigen Menschen passiert. Mose ist einer von denjenigen, mit denen Gott gesprochen hat. Auch dort ist es mit den meisten Menschen nicht passiert.
> Marie: Hat er denn mit dir schon mal gesprochen?
> Stimme aus der Klasse: Ja.
> L: Nein, hat er nicht.
> Stimme aus der Klasse: Mit mir aber.
> L: Aber angeblich soll es Menschen geben, ich kann nur sagen, was ich gehört habe, ich hab noch nie mit so einem Menschen gesprochen, mit dem er schon gesprochen hat. Aber wie gesagt, es passiert nur ganz selten."

Die Szene schildert ein eher häufiges Thema. Vor allem Anfänger/innen geraten in Problemsituationen, wenn sie die in der Bibel häufige Formulierung gebrauchen, nach der Gott zu einzelnen Menschen spricht. Auf die Rückfrage der Kinder, wie dies geschehen kann, reagieren sie meist sehr irritiert und versuchen die Frage zu unterdrücken. Die Antwort der Lehrerin ist im Sinne der Wahrheitstheorie korrekt. Doch enttäuscht sie vermutlich viele Schüler/innen mit der Aussage, dass sie selbst keine Garantin für das Sprechen Gottes sein kann und will. Irritierend wirken hier die Antworten einzelner Schüler/innen, die darauf verweisen, dass Gott zu *ihnen* gesprochen habe. Die Frage bleibt ungeklärt im Raum, wie Gott denn überhaupt zu uns Menschen sprechen kann. Hier gibt es ja in der christlichen Tradition durchaus Angebote: vom Gebet zum Gottesdienstbesuch oder der Bibellektüre. Dies schließt Visionen oder Auditionen nicht grundsätzlich aus. Für den Unterricht wäre zumindest ein Gespräch darüber zu eröffnen, in welcher Weise Kommunikation mit Gott möglich ist – und dass dies nicht so offensichtlich wie mit einem Megaphon passiert. Kinder sind oft sehr einfallsreich mit Vorstellungen wie: in Gedanken oder im Herzen. Da es im Sinne von Nipkow und Schweitzer hier um das Herzstück des Religionsunterrichts geht, käme es darauf an, dass die Lehrpersonen hier offen sind für die Deutungen der Kinder und sich vielleicht auch grundsätzlicher überlegen müssten, wie Gott gegebenenfalls mit ihnen ‚spricht'.

Das Thema äußert sich noch expliziter bei der Frage nach *Wundern*. Wie lässt sich markieren, dass etwas, was uns auf irgendeine Weise, merkwürdig oder schwer erklärlich erscheint, Ausdruck von Gottes expliziter Zuwendung sein soll? Hier entsteht ein ähnliches Beweisproblem wie beim Reden Gottes. Einerseits sind wir dankbar für realistische Erklärungen, andererseits entwerten diese das Spezifische der religiösen Deutung. Dies lässt sich gut zeigen anhand der ‚wundersamen Speisung' durch Manna und Wachteln (Schrader 2016, 29):

> „Frieda: Essen, das vom Himmel gefallen ist?
> Lehrkraft: Hm, hm' … Was könnte das denn sein? Mira.
> Mira: Fleisch- […]
> Marie: Brot.
> Lehrkraft: Brot fällt vom Himmel, hm, hm'.
> Jan: Das geht gar nicht!
> Lehrkraft: Das geht gar nicht, sagt Jan.
> Christoph: Und warum geht es dann bei Fleisch?"

Das Gespräch über das ‚Essen vom Himmel' hat einerseits die gewünschten Gegenstände anvisiert und lässt mit dem ‚vom Himmel' eine transzendenzbezogene Deutung offen. Die Lehrkraft erläutert dann im Anschluss an Marie das Manna. (30): „Gott lässt seine Israeliten nicht im Stich, am nächsten Morgen finden sie wieder dieses Manna." Auf Noahs Frage: „Kann man das Manna selber machen?" erläutert die Lehrkraft dann das Entstehen von Manna als Ausscheidung von Schildläusen auf dornigen Wüstensträuchern. Zum Schluss äußert sie (31): „Es ist was zu essen und damit haben sie überlebt. So steht es in der Bibel." Wir sehen, dass das Gespräch in einer gewissen Schwebe bleibt. Einerseits wird eine naturwissenschaftliche Deutung für Wachteln und Manna geboten, wobei unklar bleibt, ob das immer so funktionieren kann bei der großen Zahl der Menschen usw. Andererseits wird dann immer wieder angesprochen, dass das Ganze etwas mit Gott zu tun hat. Im Sinne des Wahrheitspostulats wäre es sinnvoll, sich an dieser Stelle zu vergewissern, dass die Frage eines Wunders eine nicht-entscheidbare ist und unterschiedliche Deutungen sinnvollerweise nebeneinander stehen sollen. Dennoch wäre es wünschenswert, dass der Lehrkraft unterschiedliche Interpretationen gegenwärtig sind und sie auch in der Lage ist, sich – mit aller Vorsicht – auf Nachfrage zu positionieren.

8.5 Die Wahrheitsfrage bei der Sturmstillungsgeschichte

Stärker als bei den alttestamentlichen Geschichten spitzt sich die Wahrheitsfrage bei neutestamentlichen Wundergeschichten zu. Die Historizität Jesu ist faktisch kaum umstritten, so dass in einem korrespondenztheoretischen Sinne postuliert werden kann, dass die überlieferten Wunder auch real geschehen sind. Im Sinne einer kohärenztheoretischen Argumentation kann man nun allerdings darauf verweisen, dass viele Details kaum mit unseren Weltbildannahmen kompatibel sind. Von daher wäre diesen ihre Historizität abzusprechen. Sowohl die Wissenschaft als auch das Verständnis vieler Christ/innen versucht deshalb an dieser Stelle Unterscheidungen vorzunehmen. Einerseits wird zwischen den einzelnen Wundergeschichten unterschieden; Heilungen werden in der Regel als historisch angesehen, die meisten anderen Wundergeschichten eher nicht. Andererseits haben sich grundsätzlich zu unterscheidende Zugangsweisen herausgebildet: solche, die Jesus (als göttlichem Wesen) zutrauen, die Naturgesetze punktuell zu durchbrechen, oder solche, die die Wunder letztlich auf natürliche Erklärungen zurückführen. Dazu tritt ein Verständnis, das den Wundergeschichten eine symbolische, d.h. eine Art gleichnishafte Bedeutung zuschreibt, so etwa das Speisungswunder als Hinweis auf die Eucharistie. Weiter wird unterschieden, ob es zur Zeit Jesu möglicherweise auch übernatürliche Wunder gegeben haben könnte, heute jedoch nicht mehr. Wir erkennen jeweils Typen dieser Verständnisse in den folgenden Beispielen. So antwortet der neunjährige Christoph zu der matthäischen Version von Petri Seewandel (Mt 14, 22–33), eine motivische Parallele zur Sturmstillung, ob er sich vorstellen könne, dass die Geschichte so passiert sei (Bee-Schroedter 1998, 274):

> „C: Ja, das kann ich mir […] vorstellen.
> I: Aha. Könntest Du mir erklären, warum?
> C: Weil es halt auch Wunder geben muss. Und weil ich mir das gut vorstellen kann, dass Jesus das gemacht hat. Aber auch, dass es ein Auftrag im Sinn von Gott war. Also, dass er das nicht nur gemacht hat, sondern dass Gott gesagt hat: ‚Du sollst das machen‘. Und dass Gott ihm die Kraft dazu gegeben hat,
> I: Hm. Du hast gesagt, dass Du denkst, dass es auch ein Wunder geben muss. Was ist denn für Dich ein Wunder?
> C: Zum Beispiel, dass Jesus übers Wasser geht oder dass er halt einem blinden Mann sein Augenlicht gibt und dass Jesus zum Beispiel einen Menschen zum Fliegen zwingt und so etwas. Das sind halt für mich Wunder.“

Parallel dazu antwortet die dreizehnjährige Eva (324f):

> „E: Äh. Ja, ich glaube eigentlich schon. Also ich glaube, die ganzen Bibelgeschichten können wohl wahr gewesen sein, sonst würden die ja in der Kirche das auch nicht

so anbeten. Also, die beten ja richtig Gott an. Und dann, man kann ja nicht einfach irgendwas, was da so erzählt wird, anbeten. Also muss da ja schon irgendwas gewesen sein. [...]
I: [...] Hat denn für Dich diese Begebenheit, dieses ‚Auf dem Wasser laufen können' und dann das Untergehen, auch etwas mit Glauben zu tun?
E: Ah, ja, wahrscheinlich schon. Also, wenn das heute wäre, dass jemand auf dem Wasser läuft, also da würde der Platz dann schon heilig sein. Oder sie würden einem das gar nicht abnehmen, wenn man sagt: ‚Ich habe einen gesehen, der auf dem Wasser gelaufen ist.' Also heute kann man sich das gar nicht mehr vorstellen."

Beide Schüler/innen halten das Wunder auf dem See für historisch real. Dabei differiert ihr Argumentationsniveau – altersgemäß. Doch auch die von ihnen in Anspruch genommenen Wahrheitstheorien differieren. Christoph argumentiert – wenn auch logisch nicht korrekt – eher kohärenztheoretisch: Das Wunder passt in die Reihe der anderen Wundergeschichten, in denen Gottes Eingreifen manifest wird, also ist dies auch für diesen Fall anzunehmen.

Eva spezifiziert diese Annahmen in der Weise, dass sie die Möglichkeit von Wundern in Hinblick auf die Jesuszeit und heute unterscheidet. Ihre Referenz gilt der Übereinstimmung mit der Glaubenspraxis der Kirche – also eher in Richtung einer Konsenstheorie. Man kann also durchaus unterschiedliche Wahrheitsvorstellungen ausmachen, die unterrichtlich von Bedeutung sind.

Annike Reiß sieht noch andere Differenzierungen bei einer Gruppe von Schüler/innen in Evas Alter (2015, 448):

„L: Was ist denn für euch ein Wunder?
K: Eigentlich, was so passiert, was äh, unmöglich ist. Also so Dinge halt, wenn einer halt so sterbenskrank ist, und dann im Endeffekt wieder ganz davon befreit ist. Also, als ob nichts wäre.
F: Jo, übernatürliche Sachen, wo man denkt, dass es die nicht wirklich gibt. Wenn irgendwas passiert halt und das kann eigentlich nicht sein, so.
L: Hast'n Beispiel dafür?
F: Weiß ich jetzt nicht. Irgendwie, weil man, keine Ahnung, wenn man fliegen kann oder so.
L: N was verstehst du darunter?
N: Also ich, eigentlich äh, wenn man sich irgendwas wünscht und das dann auch irgendwie, je nachdem, passiert."

Reiß (447) unterscheidet hier einmal eine supranaturalistische Deutung, die singuläre Ereignisse jenseits der Naturgesetze für möglich hält, und eine subjektive Deutung, die einzelne Geschehnisse aus dem Glauben heraus deutet. Ersteres wäre eine korrespondenztheoretische Deutung, die den Wundern eine gewisse Historizität zuschreibt. Dasselbe gilt für rationalistische Deutungen, die eine ‚natürliche' Erklärung der Wunder bieten. Dazu tritt eine pragmatische Deutung, die Wundergeschichten im Sinne einer subjektiven Ermutigung lesen und dabei die Frage ihrer Historizität zurückstellen (dazu Büttner 2000). Dies kann dann in Richtung einer symbolischen Deutung gehen (Reiß 2015, 450), was dann wie bei Eva als Variante einer konsenstheoretischen Wahrheitstheorie angesehen werden kann.

9. Elementare Anfänge

9.1 Fragestellung

> Mt 20 erzählt Jesus eine Parabel, mit der er das Reich Gottes darstellen will: Ein Winzer dingt morgens, mittags und kurz vor Arbeitsende jeweils Arbeiter für die Weinlese. Mit den ersten hatte er einen Arbeitslohn vereinbart. Überraschenderweise bezahlt er aber alle Arbeiter mit dem Betrag, den er für die am Morgen eingestellten Arbeiter vereinbart hatte. Darüber sind diese dann empört, weil sie sich gegenüber den anderen benachteiligt fühlen.
> Wie beurteilen Sie das Verhalten der Arbeiter?
> Was will Jesus mit dieser Geschichte ausdrücken?
> Kann man diese Geschichte unterschiedlich beurteilen?

Man kann die dritte Frage in der Tat unterschiedlich beantworten. Theologisch mag man geneigt sein, in der gleichen Zuwendung des Winzers Gottes Annahme der Sünder ohne Ansehen von deren Leistung zu sehen. Vom Gerechtigkeitsempfinden her gesehen, erscheint dessen Handeln als unfair und ungerecht. Wie soll man da eine Entscheidung treffen? Eine theologische Debatte könnte hier die ‚Rechtfertigungslehre' gegen eine ‚Werkgerechtigkeit' angesprochen sehen und damit eine Position als ‚richtig' herausheben. Doch wird das über das Gefühl der Ungerechtigkeit hinweghelfen? In dieser Situation erscheint es hilfreich, einen anderen Blickwinkel einzunehmen – den der Entwicklungspsychologie. Dem Schweizer Psychologen Jean Piaget war aufgefallen, dass es verschiedene Muster gibt, nach denen Kinder Gerechtigkeitsfragen lösen. Für jüngere Kinder ist etwa die Größe eines angerichteten Schadens ein Gradmesser für die Verwerflichkeit einer Tat, für ältere dagegen die dahinter stehende Absicht. Der US-amerikanische Psychologe Lawrence Kohlberg hat nun Piagets Ideen aufgenommen und ein Entwicklungsmodell der Moral entfaltet, das den gesamten Lebenslauf umfasst und die Gerechtigkeitsfrage differenziert abbildet.

Kohlbergs Stufenmodell hat folgende Gestalt (1995, 26):

Niveau I – Prämoralisch	
Stufe 1	Orientierung an Strafe und Gehorsam.
Stufe 2	Naiver instrumenteller Hedonismus. [(do-ut-des)]
Niveau II – Moral der konventionellen Rollenkonformität.	
Stufe 3	Moral des guten Kindes, das gute Beziehungen aufrecht erhält und die Anerkennung der anderen sucht. [(good boy, good girl)]
Stufe 4	Moral der Aufrechterhaltung der Autorität [(law and order)]
Niveau III – Moral der selbst-akzeptierten moralischen Prinzipien	
Stufe 5	Moral des Vertrages, der individuellen Rechte und des demokratisch anerkannten Gesetzes / Rechtssystems.
Stufe 6	Moral der individuellen Gewissensprinzipien.

Aus diesem Modell ergeben sich dann für jede Stufe bestimmte Imperative (Ebd., 27):

Stufe 1	Befolge Regeln, um Strafe zu vermeiden.
Stufe 2	Verhalte dich konform, um Belohnungen zu bekommen, erwidere Gefälligkeiten usw.
Stufe 3	Verhalte dich konform, um die Missbilligung und Abneigung der anderen zu vermeiden.
Stufe 4	Verhalte dich konform, um die Kritik durch legitime Autoritäten und daraus folgende Schuldgefühle zu vermeiden.
Stufe 5	Entspreche den Regeln (Prinzipien), um die Achtung des unvoreingenommenen Zuschauers zu bewahren, der im Sinne des allgemeinen Wohlergehens urteilt.
Stufe 6	Entspreche den Regeln (Prinzipien), um Selbstverurteilung zu vermeiden.

Methodisch steht dahinter der Gedanke, dass bestimmte moralische Dilemmata auf verschiedene Arten argumentativ ‚gelöst' werden können. Dabei geht es nur bedingt um Inhalte, sondern um die Argumentationsperspektive, z.B. eher egoistisch oder eher im Sinne einer Übereinstimmung mit Regeln. Im Sinne des Werte-Codex der westlichen Welt ist dabei davon auszugehen, dass die höheren Stufen als

‚moralischer' anzusehen sind als die niedrigeren. Kohlberg hat mit seinen Mitarbeiter/innen ein umfassendes Manual entwickelt, mit dessen Hilfe es möglich ist, die allermeisten Antworten einer bestimmten Moralstufe zuzuordnen.

Damit besteht für ihn die prinzipielle Möglichkeit, Anschluss an ‚härtere' Fakten zu gewinnen, als dies hermeneutische Verfahren ermöglichen. So könnte ich die Vorstellung von der leistungsgerechten Bezahlung im obigen Beispiel der Stufe 2 zuordnen, die einer den Bedürfnissen der Beteiligten entsprechende u.U. Stufe 5. Die Religionspädagogik erhält auf diese Weise eine Kriteriologie an die Hand, die es ihr ermöglicht, sich in einem de facto ‚objektiven' Raum zu bewegen.

9.2 Annäherungen an die Entwicklungspsychologie

Zwar spielen Fragen des ‚moralischen Urteils' im Religionsunterricht eine wichtige Rolle, aber sie treffen offensichtlich nur bedingt die religiöse Grundfrage – nämlich die nach Gott. Doch augenscheinlich gibt es dort Überschneidungen. Denn es leuchtet ein, dass die Frage der Reziprozität (do-ut-des) sowohl gegenüber Menschen als auch gegenüber Gott von Bedeutung ist. So haben unabhängig voneinander der protestantische Theologe James Fowler und der katholische Pädagoge Fritz Oser in Anlehnung an Kohlberg Entwürfe für die religiöse Entwicklung vorgelegt. Mit Kohlberg gemeinsam haben beide die Vorstellung von einer lebenslangen Entwicklung und ähnlich wie bei ihm formulieren sie höchste Stufen, die eher eine Zielperspektive darstellen als empirisch gestützte Konstrukte. Fowler, der auch Elemente der Theorie der Identitätsentwicklung von Erikson in sein Modell integriert hat, hat auch für das Vorschulalter eine eigene Entwicklungsstufe, während Oser wie Kohlberg eigentlich erst mit dem Grundschulalter beginnt. Obwohl beide Modelle eine universelle Gültigkeit beanspruchen, zeigen sich Unterschiede, die sich auf den US-amerikanischen bzw. europäischen Kontext zurückführen lassen. Ich präsentiere an dieser Stelle die Stufen, die für das Schulalter, d.h. etwa für die Jahre 6–18 bedeutsam sind.

<table>
<tr><th></th><th>Fowler</th><th>Oser</th></tr>
<tr><td>Anfang Grundschule</td><td rowspan="2">Mythisch-wörtlicher Glaube</td><td>Deus-ex-machina</td></tr>
<tr><td>Ende Grundschule</td><td rowspan="2">Do-ut-des</td></tr>
<tr><td>Anfang Sek I</td><td rowspan="2">Synthetisch-konventioneller Glaube</td></tr>
<tr><td>Ende Sek I</td><td>Deismus</td></tr>
<tr><td>Sek II</td><td>Vereinzelt: Individueller Glaube</td><td>Vereinzelt: Verbindung Autonomie / Heilsplan</td></tr>
</table>

Für den Religionsunterricht lassen sich die folgenden ‚Typen' ausmachen:

- Nach Fowler: Mythisch-wörtlicher Glaube bedeutet, dass sich das Kind im Kontext der Geschichte sicher bewegt und dort erkennbare Fragestellungen eigenständig bewältigen kann. Nur eingeschränkt, wenn überhaupt, ist eine Betrachtung von einer Meta-Position aus möglich. Die Geschichte ist die Sache selbst. Die synthetisch-konventionelle Stufe bedeutet, dass die Jugendlichen jetzt in der Lage sind, auch von einer Meta-Position die Geschichte zu betrachten, ihren Wahrheitsgehalt oder ihre Logik zu bedenken. Da – z.B. im Hinblick auf biblische Geschichten – unterschiedliche Glaubens- und Frömmigkeitsstile miteinander konkurrieren, spielt die Zugehörigkeit zu der jeweiligen Bezugsgruppe die entscheidende Rolle.
- Nach Oser: Mit Kohlberg geht Oser davon aus, dass das jüngere Kind Gott (bzw. das Ultimate) als mehr oder weniger absolute Macht erlebt, der machen kann, was er will. Später entwickelt sich (wohl in Analogie zur Elternbeziehung) die Vorstellung, dass Gottes Verhalten (im Guten wie im Schlechten) auch davon abhängt, wie ich mich ihm gegenüber verhalte. In der Deismus-Phase bricht diese Vorstellung meist dadurch zusammen, dass ein solcher Tun-Ergehens-Zusammenhang so offensichtlich nicht nachzuweisen ist.
- Die späteren, höheren Stufen formulieren dann Beziehungen zu Gott, die Autonomie und Bindung miteinander verbinden lassen (Oser) oder eigenständige Vorstellungen über die der Bezugspersonen hinaus zulassen (Fowler).

In Bezug auf bestimmte Inhalte des Religionsunterrichts ist es durchaus lohnend zu überlegen, was es bedeutet, wenn eine Bibelgeschichte in derselben Weise rezipiert wird wie ein Märchen oder eine Fantasy-Story oder was es bedeutet, wenn in einem solchen Narrativ ein Do-ut-des-Schema vorherrscht. Von daher war es schon immer angeraten zu schauen, ob es sich bei einem Unterrichtsinhalt eher um ein Kohlberg-, Fowler- oder Oser-Problem handelt.

Nipkow und Schweitzer haben den Prozess der Rezeption dieser Ansätze in der Religionspädagogik in drei Hinsichten befördert und für den Religionsunterricht angepasst. So haben sie mit Fowler und Oser die Protagonisten mit anderen Wissenschaftlern in einer gemeinsamen Tagung zusammengebracht (Nipkow u.a. 1988). Anschließend haben sie in einer eigenen Studie untersucht, wie sich die Einbeziehung entwicklungspsychologischer Theorien bei der Analyse von Schulstunden zum Thema Gottesfrage, Gleichnisse und Gerechtigkeit produktiv auswirkt (Schweitzer u.a, 1995). Und nicht zuletzt hat es vor allem Karl Ernst Nipkow unternommen, die Theorien zur religiösen Entwicklung *theologisch* zu verorten (Streib 2008). Denn es liegt einerseits in der Logik von Entwicklungstheorien, dass im

Prinzip höhere Stufen letztlich als wünschenswerter erscheinen als niedrige und von daher eine Förderung in dieser Richtung pädagogisch geboten ist. Andererseits spricht theologisch nichts dafür, dass etwa eine kindliche Gottesvorstellung weniger ernsthaft sei als die eines reflektierten Erwachsenen. D.h., es ist immer zu erwarten, dass die zwingende Unterscheidung zwischen einer pädagogisch-psychologischen und einer theologischen Deutung nicht beachtet wird und damit (notwendigerweise problematische) Vermischungen erfolgen.

9.3 Die Entwicklungspsychologie und die Gegenstandsbereiche

Piagets Hauptwerke konzentrieren sich eher auf die Entwicklung physikalischen und logischen Denkens bei Kindern. Sein Interesse für das ‚moralische Urteil beim Kinde' ist von daher etwas Besonderes – nicht zuletzt im Hinblick auf seine Entdeckung, dass es auch auf diesem Felde eine Abfolge von Denkschemata gibt (Piaget 2015). Dies führte (vermittelt über Kohlberg) zu der Idee, dass Entsprechendes auch für den Bereich der Religion gelten könne, und zu Überlegungen über einen möglichen inneren Zusammenhang zwischen moralischer und religiöser Entwicklung (Caldwell/Berkowitz 1987; Oser/Reich 1990). Hinter diesen Überlegungen steht auch ein Diskurs innerhalb der Entwicklungspsychologie. Piagets Stufenschema sah vor, dass ein Kind auf einer bestimmten Stufe zu verorten sei. Dies galt dann im Prinzip für die ganze Breite der kognitiven Entwicklung. Die zuletzt zitierten Studien versuchten zu ergründen, ob und wie die Entwicklung in einem Bereich einen verwandten Bereich gleichsam ‚mitzieht'. Dahinter steht die neuere Erkenntnis, dass sich Entwicklung möglicherweise nach Wissensdomänen unterschieden ereignet. D.h., dass aus der kognitiven Entwicklung im Felde der Biologie oder der Musik kein Schluss gezogen werden kann im Hinblick auf Religion. Entwicklung hängt demnach nicht nur von der allgemeinen kognitiven Fähigkeit und dem Lebensalter ab, sondern auch davon, ob das Kind *Novize* oder *Experte* in diesem Bereich ist. Materielles Wissen (etwa im Bereich der Religion) spielt also auch eine wichtige Rolle. Man kann diese differenzierende Sichtweise nun noch weiter treiben. Mit ihrer Auswahl und Unterscheidung der Themen Gottesfrage, Gleichnisse und Gerechtigkeit hatten Schweitzer u.a. (1995) schon angedeutet, dass selbst innerhalb der Domäne Religion möglicherweise noch weitere Differenzierungen vorzunehmen sind. Ich werde im Weiteren zeigen, dass für das Verstehen eines bestimmten Gleichnisses es nicht nur darauf ankommt, ob das Kind bereits metaphorisches Denken erkennen kann, sondern eben auch darum, ob es die materiellen Tatsachen der Geschichte versteht. Mit Recht haben Schweitzer u.a. in ihren Literaturangaben darauf verwiesen, dass der bloße Blick in die Werke von Fowler und Oser vielleicht doch zu wenig ist und man sinnvollerweise auch zur Kenntnis nehmen sollte, was Kinder über fremde Welten, Geldverkehr, Freundschaft usw. denken und wissen. Damit verkompliziert sich die Sichtweise. Ich muss nicht nur nach der vermuteten Stufe meiner Religionsklasse suchen, sondern auch bedenken, welche Expertise meine Schüler/innen im Felde meines Unterrichtsthemas mitbringen. Nipkow war mit seiner ursprünglichen Bezeichnung ‚elementare Anfänge' näher bei dieser Sichtweise als Schweitzer mit dem Begriff der ‚elementaren Zugänge'. Wie im 3. Kapitel ausgeführt, hatten die von Klafki untersuchten Klassiker noch die Vorstellung, dass der Unterrichtsgegenstand selber eine implizite Anleitung enthielte, wie das Kind sich ihm nähern sollte. Man kann das sachlicher aufnehmen, indem man fragt, wie neu oder vertraut der Unterrichtsgegenstand dem Kind bereits ist und welche Reaktionen von daher zu erwarten sind. Kennt das Kind Märchen, den Umgang mit Kerzen, Formen von Gottesdienst? Dies wird in dem Maße bedeutsam werden, als man – verkürzt gesagt – vermutlich jedem Gegenstandsfeld eine eigene Entwicklungslogik wird zuordnen können. Dieser Weg führt oft vom Wahrnehmen und Verstehen der materiellen Seite hin zu einer übertragenen metaphorischen und der damit verbundenen religiösen Semantik: vom brennenden Wachs zum Licht der Welt. Es werden also in einem Wissensfeld zwei sich entsprechende Entwicklungslogiken sichtbar:

Abbildung: Gegenstandsbezogene Kognitionsschemata

Was Nipkow im Anschluss an Klafki eher angedeutet als entfaltet hat, führt uns zu der Einsicht, dass die elementaren Zugänge nicht kontextfrei ermittelt werden können. Nur innerhalb bestimmter Kulturen lässt sich der Status eines Novizen bzw. Experten unterscheiden und abschätzen, welche Appelle mein Unterrichtsgegenstand in diesem Kontext ‚aussenden' wird. Diese Überlegung rückt die ‚elementaren Erfahrungen' näher an den hier behandelten Aspekt heran und wird auch zu einer Profilierung der Lernwege im nächsten Kapitel führen.

9.4 Wie elementar sind die elementaren Anfänge zu denken?

Wenn Sie nochmals auf das anfangs angesprochene Gleichnis von den Arbeitern im Weinberg blicken, dann werden Sie erkennen, dass es darum ging, die Pointe des Gleichnisses auszumachen und zu überlegen, was dies für das Verstehen des ‚Reiches Gottes' austrägt. Es geht dabei um unterschiedliche Gerechtigkeitsvorstellungen und die Fähigkeit der Übertragung einer Geschichte auf eine andere Fragestellung. Dies wird dann auch in den Unterrichtsvorbereitungen und den biblischen Kommentaren thematisiert. Doch welche materiellen Voraussetzungen müssen geklärt sein, damit die theologischen Aspekte überhaupt in den Blick kommen können?

Ich bin bei dem Versuch, die elementarsten Voraussetzungen zu klären, zu folgenden Überlegungen gelangt:

Geht man von Rezipienten etwa auf dem Grundschulniveau aus, dann geht es darum, das Geschehen um die Weinherstellung zu klären. In zahlreichen Unterrichtsversuchen hat sich gezeigt, dass diese Grundsätze eines ‚normalen' Weinbaus oder die Mechanismen des Geldverkehrs den Schüler/innen unklar blieben und es von daher unmöglich war, die *Besonderheit* des geschilderten Falles zu erklären. Im Normalfall erhielt ein Tagelöhner z.Z. Jesu einen Dinar pro Arbeitstag. Mit diesem Betrag konnten er und seine Familie ordentlich leben. Tage, an denen die Tagelöhner keine Anstellung fanden, bedeuteten, dass sie und ihre Familie Mangel litten. Nur unter der Voraussetzung des Mangels auf Seiten der Tagelöhner ergibt die Großzügigkeit des Weingärtners einen Sinn.

Zu Beginn der Geschichte bewegt sich die Handlung in der erwartbaren Bahn: Für die Schüler/innen liegt die Rechenoperation nahe: wer nur die Hälfte der Stunden gearbeitet hat, der erhält dann auch nur die Hälfte des Lohns. Dem entspricht aber die Handlung nicht. Diese Verletzung des Gerechtigkeitsempfindens lässt sich nicht wirklich vermeiden, weil es zur Geschichte gehört. Der der Geschichte immanente Anspruch liegt in der Beantwortung der Frage des Winzers nach seiner Großzügigkeit. Ab diesem Schritt beginnt die Ebene der Interpretation. Diese hat zwei Ebenen: die immanente ökonomische und die übertragene religiöse. Das Gleichnis gibt gleich zu Beginn eine Leseanweisung. Wenn darin von *Gottes Königreich* die Rede ist, dann heißt das am Ende des Gleichnisses: „Lass das Geschick der ‚Normalarbeiter' außen vor und richte deinen Blick auf die glücklich Beschenkten!"

Der Wissenspool um dieses Gleichnis wird hier sukzessiv entfaltet. D.h., dass man wohl kaum einen Argumentationsbaustein weglassen kann. Damit nicht einige Schüler nur die ersten Stufen der Argumentation nachvollziehen können, werden die einzelnen Blöcke auf unterschiedlichen Vertiefungsniveaus angeboten, sodass alle alles verstehen, wenngleich auch in unterschiedlicher Tiefe.

Das heißt, dass vor der Behandlung der eigentlichen Geschichte und des Gerechtigkeitsverständnisses zwei elementare Klärungen vorgeschoben werden:

Materialität
Einstieg: Was wisst ihr darüber, wie Wein angebaut, gekeltert und verkauft wird? Klärung der zentralen Schritte auf dem Hintergrund heutiger Praxis in Deutschland:

- Wo wächst Wein?
- Wie muss man die Weinberge pflegen?
- Welche Hilfsmittel bzw. Mitarbeiter braucht man? In welcher Phase des Wachstums bzw. der Ernte?
- Wie wird Wein gekeltert?
- Wie lange dauert die Gärung?
- Wann kann der Wein frühestens verkauft werden?
- Wie kann der Winzer den ganzen Herstellungsprozess finanzieren?

Der historische Zusammenhang
Einstieg: Erzählen der Geschichte bis V. 7. Was ist gleich, was hat sich seit der Zeit Jesu verändert?

- Information zur Praxis und Bezahlung von Tagelöhnern in der antiken Landwirtschaft.
- Notation der Unterschiede Antike/heute.
- Offene Frage: Wie hat man sich die Lebenssituation der Weinbergarbeiter damals vorzustellen?

Übertragung
Erst wenn diese Fragen geklärt sind, hat es Sinn, über die spezifische Abweichung im Verhalten des Weinbergbesitzers zu sprechen: So etwas ist selten, kommt aber vor – so ähnlich verhält es sich mit der Erfahrung des *Himmelreiches auf Erden.*

Das Beispiel zeigt, dass auch die Inhalte eines Unterrichts im Sinne des obigen Schemas auf ihre innere Logik und die damit implizierte Sequenzialität hin zu befragen sind. Erst dann hat es Sinn, bei jedem einzelnen Schritt zu fragen, welche kognitiven Voraussetzungen bzw. welche Schemata auf Seiten der Schüler/innen in Anspruch genommen werden.

9.5 Entwicklungspsychologische Voraussetzungen beim Verstehen der Moseperikope

Wie ‚wahr' sind Bibelgeschichten? Diese Frage bewegt auch schon Grundschulkinder, etwa beim Wunder am Schilfmeer. D.h., dass wir fragen müssen, inwieweit eine bestimmte Entwicklung etwa im Hinblick auf eine immer kritischere Leseweise biblischer Geschichten so *natürlich* ist, wie es uns scheinen mag. So zeigen Victoria Cox Vaden und Jacqueline Woolley (2011), dass es durchaus davon abhängt, in welcher Kommunikationsgemeinschaft ein Kind aufwächst, wie es dann den Wahrheitsstatus bestimmter Geschichten einschätzt. Die beiden Forscherinnen kreierten dazu ‚nichtreligiöse' Dubletten zu alttestamentlichen Geschichten. Für das Exodusereignis lautet diese etwa (1122):

„Matthias half den Isoniten, ihre Stadt zu verlassen, in der ein gemeiner König herrschte. Aber der König war nun wütend. Er sandte seine Armee, um ihnen nachzujagen und sie zurückzubringen, damit sie für ihn arbeiten sollten. Die Isoniten machten gerade Rast am Grünen See, als sie sahen, dass des Königs Armee ihnen nachjagte. Sie waren erschreckt und wussten nicht, was sie tun sollten. Die Isoniten riefen nach Matthias um Hilfe und Matthias streckte seine Hand aus über den See und teilte so das Wasser. Als Matthias das tat, wich das Wasser zur Seite, so dass die Isoniten den See durchqueren konnten, ohne nass zu werden. Alles Wasser bewegte sich, wenn Matthias seine Hand ausstreckte. Die Armee des Königs jagte ihnen nach in den geteilten See. Da streckte Matthias seine Hand wieder aus, und der See kam wieder zurück. Das Wasser bedeckte die ganze Armee und spülte sie in den See. Die königliche Armee konnte ihnen nicht mehr länger nachjagen. Die Isoniten waren sicher und sie folgten weiter Matthias auf dem Weg zu ihrem neuen Zuhause."

Die Kinder bekamen jeweils 8 solcher Geschichten vorgelegt, jeweils 4 biblische (religiös) und 4 abgewandelte in Sinne des obigen Beispiels (nicht-religiös). Sie sollten dann angeben, ob sie die Geschichte für real hielten oder nicht. Die Antworten wurden bewertet von 0 (glaube ich nicht) bis 4 (bin ich sicher). Im Hinblick auf den Realitätsgehalt des vorgelesenen Ereignisses ergaben sich dann die folgenden Mittelwerte:

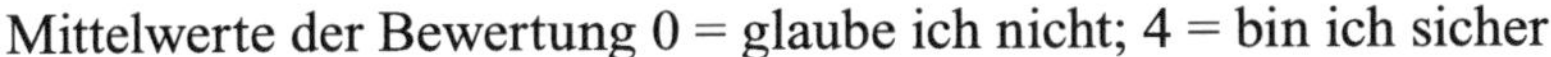

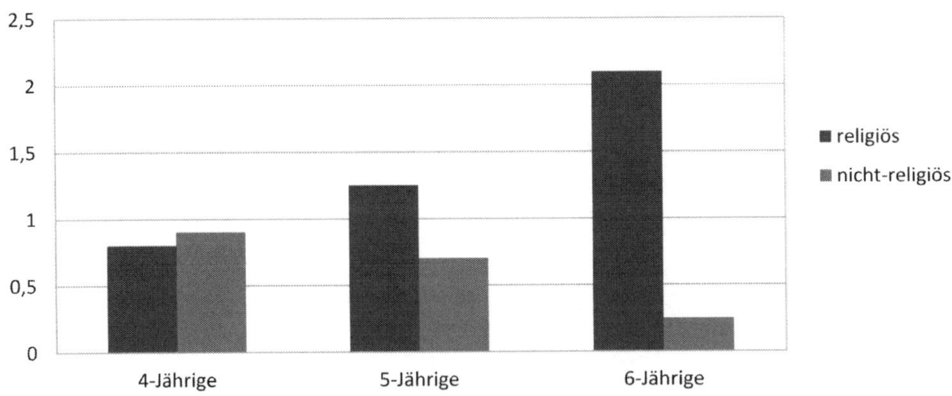

Zugeschriebener Wahrheitsgehalt religiöser und nicht-religiöser Geschichten (Vaden & Woolley 2011, 1124)

Der hier sichtbar werdende Trend ist eindeutig. Das Vermögen der Kinder, die Nichtrealität der *nicht religiösen* Geschichten zu erkennen, nahm zu, d.h. die Werte nahmen ab. Hingegen nahm das Zutrauen zur Realität der biblischen Geschichten deutlich zu. Dies deutet darauf hin, dass diesen in der Wahrnehmung der befragten Kinder eine *Sonderstellung* zukommt. Die folgende Tabelle zeigt, dass dies eindeutig auf die Voten der religiösen Kinder zurückgeführt werden kann (1125).

Anzahl der Kinder, die Personen/Ereignis in den 4 Geschichten für real hielten:

	0 Geschichten	**1 Geschichte**	**2 Geschichten**	**3 Geschichten**	**4 Geschichten**
Nicht-religiös					
4-Jährige	7	1	9	1	4
5-Jährige	5	9	3	1	4
6-Jährige	8	7	3	3	1
Religiös					
4-Jährige	6	3	5	3	5
5-Jährige	5	3	5	2	7
6-Jährige	2	4	3	2	11

Die Tabelle erklärt zu einem wesentlichen Teil das obige Schaubild. Im Hinblick auf die 4-jährigen Kinder unterscheidet sich das Antwortverhalten noch kaum, doch bei den 6-Jährigen ist der Unterschied eklatant: 1:11 im Hinblick auf alle vier Geschichten. D.h., dass für die nicht-religiösen Kinder das eingeübte Schema real/nicht real im Blick auf alle Erzählungen angewendet wird. Die religiösen Kinder schalten dagegen um auf die Domäne Religion, in der offenbar andere Regeln in Hinblick auf die Realitätskonstruktion herrschen. Die Forscherinnen hatten bewusst bekanntere und unbekanntere Bibelgeschichten gewählt: neben dem Exodus z.B. Aarons wunderbaren Stab. Insofern macht die Unterscheidung nach vertrauten und weniger vertrauten Ereignissen Sinn, weil sie zeigt, dass die Zuschreibung ‚religiös' vorrangig den bekannten Geschichten zukommt (ebd.):

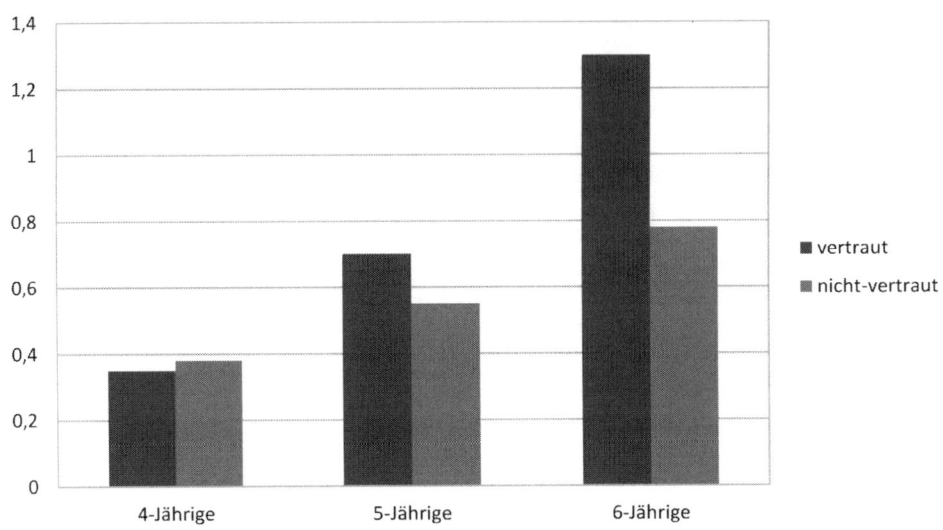

Zugeschriebener Wahrheitsgehalt bekannter und weniger bekannter biblischer Geschichten (Vaden & Woolley 2011, 1125)

Das letzte Schaubild macht den oben geäußerten Gedankengang vollends nachvollziehbar. Je genauer das Kind in der Lage ist, einen Bibeltext dann auch als solchen zu identifizieren, umso eher ist es bereit, diesem in Hinblick auf Realität Vertrauen entgegenzubringen. Wie die Studien von Paul Harris (2012) zur Frage der Bezeugung von Wissensinhalten gezeigt hat, können sich die Kinder in ihrem Urteil ja letztlich nicht selber von der Glaubwürdigkeit vergangener Ereignisse überzeugen, sondern sie sind auf das *Urteil vertrauenswürdiger Anderer*, in der Regel Erwachsener, angewiesen. Dies wird offenbar gegen Ende der Grundschulzeit zunehmend wichtig. Wer einer religiösen Gemeinschaft zugehörig ist, die der historischen Wahrheit biblischer Texte viel zutraut, der wird dies seinen Kindern so weitervermitteln und diese werden es dann auch so aufnehmen und vermutlich beibehalten, solange sie an diese Gemeinschaft gebunden sind. Damit wird auch hier deutlich, dass das hohe Zutrauen zu übernatürlichen Ereignissen nicht primär auf mangelndes kindliches Unterscheidungsvermögen zurückzuführen ist, sondern auf Übereinstimmung mit dem familiären Wertekanon. Dabei ist natürlich klar, dass die Ergebnisse in einer anderen Region als den Südstaaten der USA in dieser Frage wohl ganz anders ausfallen würden – die biblischen Geschichten rangierten dann vermutlich in derselben Kategorie wie Märchen und Fantasiegeschichten.

9.6 Jesu Sturmstillung als Paradigma für die Entwicklung des Wunderverstehens

In einer Studie (Büttner 2002) hatte ich Schüler/innen der Klassen 1–9 eine Geschichte präsentieren lassen, die in Anlehnung an die Sturmstillung konzipiert worden ist. Sie ist dilemmaartig strukturiert.

> Kinder spielen am See Genezareth. Ihre Onkel sind auf dem See. Da kommt ein Sturm auf. Kürzlich sind Menschen bei einem solchen Unwetter ertrunken. Die Kinder erwägen, was zu tun ist: Kann man Hilfe holen oder gibt es keine Rettung? Da kommt Jesus, der bekannte Helfer. Sie bitten ihn, ihren Verwandten beizustehen. Was kann geschehen?

Die Tendenz bei den Kindern und Jugendlichen war, dass Jesus wohl helfen würde. Interessant ist, wie sich dieses Helfen aber im Laufe ihrer Entwicklung verändert hat. So ließen sich für die hier erfassten Altersstufen doch typische Antwortmuster finden, die eine Art Entwicklungspsychologie der Christologie ermöglichen. Genauer müsste man sagen für die Teilchristologie, die Jesus als ‚Wundermann' konzipiert. Das heißt z.B., dass für das Passionsgeschehen wiederum andere Teilaspekte in den Vordergrund treten würden. Ich habe die Beobachtungen jeweils entwicklungspsychologisch und theologisch gewürdigt.

Altersgruppe	**Entwicklungspsychologischer Befund**	**Theologisch relevante Beobachtung**
Klasse 1–3	Bestimmend ist die artifizialistische bzw. finalistische Sichtweise. Kinder erwarten, dass Jesus hilft und alles gut ausgeht. Das Eingreifen Jesu bzw. Gottes wird dabei durchaus konkret verstanden.	Gott und Jesus erscheinen eng verbunden, wie aus dem familialen Kontext geläufig (Vater und Sohn). Anfangs werden Jesus und Gott manchmal verwechselt, zumindest unscharf unterschieden. Beginnende Überlegungen zur Besonderheit Jesu Christi im Modus konkreten Denkens (z.B. halb Mensch, halb Gott).
Klasse 4–7	Artifizialistische Vorstellung löst sich zunehmend auf Jesu bzw. Gottes Hilfe wird eher in Übereinstimmung mit den Naturgesetzen erwartet. Erste Ansätze eines subjektorientierten Handelns Jesu (gibt Mut, die Situation zu bestehen).	Jesus und Gott deutlich getrennt. Zentrale Bedeutung des Gebets als Kommunikationsmedium zwischen Gott und Jesus. Tendenz zur Aufspaltung der Funktion: Jesus will helfen, braucht dazu die Ermächtigung von Gott. Dieser hat die Macht zu helfen, verweigert sie aber manchmal Jesus.

Klasse 8+9	Artifizialistische Reste eigentlich nur noch als Ausdruck von Regression. Sonst Vorherrschen einer subjektorientierten Christologie als individuelle Erfahrung.	Beziehung zwischen Jesus und Gott weiterhin bestimmt durch Gebet. Zunehmende Versuche, die Bedeutung dieses ‚besonderen Menschen' im Zusammenhang mit Gott zu verstehen (z.B. Darsteller Gottes).

Man sieht, dass für die jüngeren Kinder übernatürliche Handlungen gewissermaßen ‚bei Bedarf' möglich und eher unproblematisch sind. Gegen Ende der Grundschulzeit treten eher rationalistische Deutungen in den Vordergrund – aber eben mit der Erkenntnis, dass es auf das ‚Dass', nicht auf das ‚Wie' ankomme. Nach einer Übergangsphase, in der z.T. auf ‚überholte' Deutungsmuster (z.T. ironisch) zurückgegriffen wird, etabliert sich zunehmend eine Sichtweise, die die Hilfe in einer subjektiven Stärkung sieht. Theologisch wichtig ist die Erkenntnis, dass das christologische Proprium in der spezifischen Kommunikation Jesu mit Gott liegt. Das beinhaltet dessen Gebet, trägt z.T. aber fast die Züge einer ‚innertrinitarischen Kommunikation'.

10. Elementare Lernwege – eine kritische Anfrage

10.1 Die Fragestellung

Im 5. Kapitel haben wir gezeigt, wie Friedrich Schweitzer das Elementarisierungsprogramm einerseits durch empirische Beispiele plausibilisiert und andererseits mit den ‚Lernwegen' eine Dimension eingeführt hat, die kaum Differenzierungen im Hinblick auf die Praxis enthält. Was man erwarten würde, wäre eine enge Koppelung von Unterrichtsinhalt und einer bestimmten Methode (gegebenenfalls wenigen). Dies gilt umso mehr, als es inzwischen eine Vielzahl von empfohlenen Unterrichtsmethoden gibt, die suggerieren, es wäre letztlich eine bloße Frage des augenblicklichen Geschmacks, welche man gerade präferiert. Dem hermeneutisch-strukturalistischen Charakter des Elementarisierungsansatzes entspräche es nun aber, bestimmten Charakterisierungen auf Seiten von Thema und Material auch bestimmte Unterrichtsmethoden zuzuordnen. So wäre z.B. zu fragen, ob man dem eher poetischen Charakter johanneischer Perikopen nicht mit einer ähnlich geprägten Vorgehensweise im Unterricht begegnen sollte (Büttner 2010). Doch belässt es Schweitzer bei einer Absage an einen konventionellen Frontalunterricht. Ich möchte dagegen versuchen, etwas tiefer in das Unterrichtsgeschehen im engeren Sinne einzudringen.

Die Nipkow-Schülerin Gabriele Faust-Siehl (1987) hat zur Frage der Themenkonstituierung eine grundsätzliche Beobachtung vorgetragen. Demnach ist von einer zweifachen Themenkonstituierung auszugehen: einmal am Schreibtisch und einmal im Klassenzimmer. Dabei kommen unterschiedliche wissenschaftliche Zugangsweisen zum Einsatz. Die Themenkonstitution am Schreibtisch bedient sich hermeneutischer Methoden der Didaktik. Wie wir in den ersten beiden Kapiteln gesehen haben, lässt sich Auswahl und Profilierung eines Themas nur innerhalb des Faches vornehmen und begründen. Lässt sich hier keine Relevanz ausmachen, dann sind auch die gelungenen unterrichtlichen Interaktionen letztlich wertlos. Die Themenkonstitution im Unterricht erfolgt nach anderen Regeln und wird auch anders beobachtet. Die Unterrichtswissenschaft zeigt Gesetzmäßigkeiten im Bereich der unterrichtlichen Interaktionen. Doch sie bleibt äußerst reserviert im Hinblick auf inhaltliche Aussagen. Eine Zusammenführung beider Perspektiven ist nur sehr bedingt möglich. Was kann das im Hinblick auf mögliche Lernwege heißen? Ich kann zwar untersuchen, wie sich Schüler/innen gegenüber offenen Lernformen positionieren (Traub 2012), doch hilft mir dies kaum bei der Frage, wie sich eine bestimmte Lernform zu meinem Thema verhält.

Ich möchte an dieser Stelle bedenken, inwieweit eine praxistheoretische Perspektive hier weiterführen kann. Sie ist eine Variante der Unterrichtsbeobachtung. D.h. auch, dass ich die Ergebnisse nur sehr eingeschränkt in einen normativen Diskurs überführen kann. Diese Beobachtungen verhelfen eher zu einer stärkeren Wahrnehmung dessen, was sich im Unterricht abspielt – unabhängig von den Intentionen der Planer. Ich begegne dem Thema in Gestalt materieller Angebote und entsprechender Praktiken. Ob man diesen die Bezeichnung *elementar* (oder nicht elementar!?) zuschreiben kann, ist eher zweifelhaft. Es geht mir vielmehr darum, auf zwei Phänomene aufmerksam zu machen, die für den Unterricht im Sinne eines Lernweges von Bedeutung sind. Bei der oben skizzierten ‚ersten Praktik', das Auswählen am Schreibtisch, werde ich als Lehrperson eine Entscheidung treffen, nämlich das Thema A mithilfe des Textes, Bildes oder Arbeitsblattes B in den Unterricht einzubringen. In der Praxis des Unterrichts ist dann weder die Vorüberlegung noch die Intention der Lehrperson präsent, sondern das ‚Medium' B. Von diesem gehen Appelle an die Schüler/innen aus. Als Grundregel kann man sagen, dass prinzipiell wesentlich mehr Appelle von diesem ‚Ding' ausgehen, als die Lehrperson sich je vorstellen kann. Dem gegenüber können wir mit Praktiken rechnen. Ich unterscheide an dieser Stelle heuristisch solche Praktiken, die die Schüler/innen aus ihrem Alltag (Familie, Medien, Peers) mitbringen, und solchen, die im Unterricht erzeugt und habitualisiert werden. Dabei kann man davon ausgehen, dass es allgemeine schulische Praktiken gibt wie den Umgang mit der Tafel und eher fachspezifische. Die ethnografische Analyse von Unterricht kann nun aber gerade diese Unterscheidung selbst nicht vornehmen. Sie ‚sieht' allein die Praktiken, aber nicht deren Herkunft. Im Sinne der von Faust-Siehl getroffenen Unterscheidung bewegen wir uns jetzt im Bereich der deskriptiven Unterrichtsforschung. Wir werden dann zu überlegen haben, inwieweit wir aus diesen Ergebnissen präskriptive Überlegungen im Sinne der didaktischen Analyse und Planung werden ableiten können.

10.2 Die ‚Dinge des Wissens' und die Praktiken

Tobias Röhl (2013) hat anhand von Mathematik- und Physikunterricht das spezifische Zusammenspiel zwischen dem Unterrichtsmaterial (Tafel, Apparate) und der Interaktion mit diesen im Klassenzimmer untersucht und er kommt zu folgendem Resümee (255):

> „Als anwesende, gleichsam wilde Dinge treten sie [= die Materialien] aus dem Alltag des Unterrichts hervor und ziehen die Aufmerksamkeit auf sich. Es gilt aber sie zu zähmen und zu Medien des Schulunterrichts zu machen. Als Medien sind sie dann im Hintergrund verbleibende Boten. Dies setzt voraus, dass die Schüler eine mediale Rezeptionshaltung gegenüber den Dingen des Wissens einnehmen. Die zeigenden Dinge des Demonstrationsexperiments und insbesondere die Wandtafel sind zu diesem Zweck konstruiert, das Zeigen ist ihnen eingeschrieben. Möglichst wenig soll von ihrer Funktion als zeigende Dinge ablenken. Gleichzeitig arbeiten die Lehrer daran, die Dinge und Schüler entsprechend zu disziplinieren: die Dinge sind in den Diskurs des Unterrichts und in die zeigende Anordnung der Unterrichtsräume eingelassen, die Schüler sind über Jahre hinweg zu disziplinierten Beobachtern erzogen worden."

Röhl macht deutlich, wie sehr Unterricht auf ein gelerntes grundsätzliches Verhalten im Raum der Schule angewiesen ist. Jeder weiß von der disziplinierenden Arbeit bei der Einschulung der Erstklässler – eine Entwicklung, die sich im Laufe der Bildungskarriere fortsetzt. So kann denn Röhl bei den jugendlichen Physikschülern voraussetzen, dass diese wissen, wie sie sich den aufgebauten Apparaten gegenüber zu verhalten haben. Idealerweise werden alle Konnotationen zur ästhetischen Gestalt, zu Zweckentfremdungen etc. ausgeschaltet und die Aufmerksamkeit auf das hin gebündelt, was der Versuch nach dem Willen der Lehrperson zeigen soll. Dabei ist die rezipierende Praktik der Schüler/innen keinesfalls selbstverständlich. Muss man die Formel an der Tafel auch rot unterstreichen oder geht es um einen grundsätzlichen Modus der Hervorhebung, den jeder nach Gusto gestalten kann? So haben gerade jüngere Schüler/innen Probleme mit Modellantworten, weil sie nicht entscheiden können, ob ihre Antwort, wenn sie nicht wortidentisch ist, trotzdem korrekt sein kann.

Wer sich an Schweitzers Charakteristika der ‚elementaren Lernwege' erinnert, dem wird an dieser Stelle auffallen, dass sich diese gerade von dem absetzen, was Röhl aus seiner Unterrichtsbeobachtung festhält. Doch sind dessen ‚frontale' Techniken auch für den Religionsunterricht kaum entbehrlich. Wer Ergebnisse an der Tafel festhält, der möchte auch, dass diese über das Schülerheft schließlich im Gedächtnis der Schüler/innen haften bleiben. Dabei ist die genannte Disziplinierung notwendig. Eine ganz andere Frage ergibt sich aus der Beobachtung, dass die im Religionsunterricht präsenten ‚Dinge des Wissens' von anderer Art sind als die im Physikunterricht. Das beginnt damit, dass die biblischen Texte auch gemäß der eigenen Tradition mehrere Sinnperspektiven eröffnen (→ Kap. 3). D.h., dass der Religionsunterricht geradezu darauf zielt, nicht in allen Feldern Eindeutigkeit zu erzielen, sondern eher eine ‚kontrollierte Mehrdeutigkeit'. So beinhalten gerade die eher ‚kreativen' Methoden wie Bildbetrachtung, Bibliolog und Rollenspiel zwar auch Dinge des Wissens, doch sind diese anderer Art. Sollen deren Resultate nicht willkürlich sein, bedarf es speziell eingeübter Praktiken. Nur innerhalb dieser wird es dann möglich, den Status des erreichten Wissens genauer festzumachen. So impliziert das breite Methodenrepertoire, auf das der Religionsunterricht stolz ist, dass auch eine Fülle von entsprechenden Praktiken eingeübt werden. Dazu hat eine kleine Studie zum Vergleich von Religionsunterricht mit analogen philosophiedidaktischen Versuchen gezeigt, dass Letztere an einer Verengung der Diskussion zur Gewinnung von analytischen Begriffen interessiert ist, Ersterer dagegen die Tendenz hat, bestimmte Einsichten durch die Heranziehung weiterer Narrative eher zu erweitern (Müller/Ralla 2011). D.h., dass die Ausrichtung der Aufmerksamkeit nur auf wenige Appelle eines Dings für den Religionsunterricht so gesehen kein generelles Ziel ist. Doch wenn der Religionsunterricht kein ‚Laberfach' sein soll, dann muss – gerade angesichts der Methodenvielfalt – die Passung von medialem Ding und entsprechenden Praktiken bedacht und bestimmte Praktiken können nicht grundsätzlich vorausgesetzt, sondern müssen eingeübt werden.

10.3 Bilder und ihre Praktiken im Religionsunterricht

Ein gewisses Gegenszenario zu dem von Tobias Röhl beschriebenen Physikunterricht bildet der Einsatz von Bildern im Religionsunterricht. Gerade in Klassen ab der Sek I gibt es dort eine gewisse Präferenz für moderne Kunst, d.h. mehr oder weniger nicht-gegenständliche Bilder. Der Religionsunterricht macht sich dabei einen immanenten Diskurs in der bildenden Kunst zu eigen. Diese hat gerade unter dem Eindruck ihrer Verzweckung einen Weg gesucht, dieser zu entkommen. Dabei stieß man auf Vorstellungen, wie sie in der jüdisch-christlichen und auch muslimischen Tradition unter dem Stichwort des Bilderverbots geläufig sind. Wenn sich der Religionsunterricht solcher Zeugnisse bedient, macht er deutlich, dass er davon ausgeht, auf das eigentlich Religiöse keinen direkten bildlichen Zugriff zu haben. Damit ist aber genau diese Unschärfe im zentralen Medium im Unterricht präsent. Es ist kaum möglich und auch nicht erwünscht, dass die Fülle der möglichen Appelle durch ‚Zähmung' vereindeutigt wird. Andererseits bedarf die Arbeit mit solchen Bildern auch einer bestimmten Praxis auf Seiten der Lehrperson und der Schüler/innen. Es muss ein gewisser Konsens bestehen, sich den Irritationen des Bildes auszusetzen. Die Schüler/innen sollen wissen, dass das Kunstwerk gewissermaßen erst durch ihre Kommentierung ‚vollständig' wird. Nun gibt sich der Religionsunterricht in der Regel nicht damit zufrieden, eine wie auch immer geartete Kunstbegegnung zu inszenieren, sondern er setzt einen fachspezifischen Rahmen. Die Schüler/innen wissen, um welches Thema es gerade geht, und sie reduzieren die Unbestimmtheit des Kunstwerkes, indem sie es selbst religiös kontextualisieren. Die Regel ist sogar, dass etwa der Bildtitel oder ein mitgelieferter Bibeltext diese Kontextualisierung bereits vorgeben. Das implizite Postulat lautet demnach: Beziehe das Bild auf diesen Inhalt! Dieses Procedere wird dann im Unterricht peu à peu gelernt und so zur habitualisierten Praktik. Ich werde diesen Prozess anhand einer Unterrichtsdokumentation von Claudia Gärtner (2014) darstellen. Es geht um ein zweigeteiltes Bild des Künstlers Herbert Falken zum Kampf Jakobs mit dem Gottwesen am Jabbok (64):

„Durch das Austeilen der zwei verschiedenen Bildhälften motiviert die Lehrkraft die Schüler/innen sehr. Sie betrachten intensiv ihren jeweiligen Bildausschnitt und beschreiben diesen ihren Mitschüler/innen differenziert. Zugleich ist deutlich, dass die Bildausschnitte die Jungen und Mädchen irritieren. Dadurch dass sie das Bild als kleinen Bildschnipsel erhalten, der auf Grund seiner abstrahierten Darstellungsweise keine klare Ausrichtung besitzt, drehen viele Schüler/innen das Papierstück hin und her. Das für die Schüler/innen eher sperrige und unzugängliche Bild wird durch die nicht näher bestimmte Betrachtungsweise nochmals unklarer."

Dies zeigen die Äußerungen der Schüler/innen (ebd.).

„S. 1: Also, ich finde, die sehen so, vor allem die obere sieht so'n bisschen aus wie eine Taube, also mit dem Himmel, das erinnert mich dann so an Tauben, oder so Vögel, ich weiß nicht.
S. 2: Also, mich erinnert das auch so irgendwie an anmutige Adler, oder so, die dann so im Himmel.
S. 3: Das erinnert mich auch so an Friedenstauben, die am Himmel emporsteigen.
S. 4: Ich finde, dass sieht so'n bisschen aus wie Schildkröten im Wasser. [Gemurmel in der Klasse, Aufrufen der nächsten Schülerin]
S. 5: Das, das sieht so aus, als würd der weglaufen, der untere.
L.: Wie bitte?
S. 5: Als würde der weglaufen, oder so rennen.
L.: Ok! Ach so! [nimmt weitere Schülerin dran].

> S. 6: Also, es könnte sein, dass die Stimmung eher in dem Bild so'n bisschen positiv ist, weil also auch zwischen den Leuten, weil die ja heller sind. Sonst hätte man ja auch die Personen dunkel machen können und den Hintergrund hell."

Wir sehen, dass den diffusen Appellen des Bildes ein ratendes Verhalten der Schüler/innen entspricht. Die subjektiven Eindrücke der Schüler/innen werden auch im folgenden Gespräch kaum ‚objektiviert' und erhalten ihre Sinnhaftigkeit letztlich erst beim Hinzuziehen der entsprechenden Bibelperikope (65):

> „Die Lehrkraft hält diese und weitere Assoziationen, die nicht mehr differenziert an die Bildgestaltung rückgebunden werden, an der Tafel fest und lässt sie vorerst beziehungslos nebeneinander stehen. Auf Impuls der Lehrperson versuchen die SuS diese Äußerungen konstruktiv miteinander zu verbinden, was ihnen sichtlich schwer fällt. Daher streichen sie kurzerhand einige frühere Interpretationen, ohne über die Geltung der Interpretationen miteinander zu diskutieren. Eine intersubjektive Plausibilisierung der einzelnen Sichtweisen findet somit nicht statt. Die durch das Bild ausgelösten Perturbationen sind in individuelle, aber nicht nachhaltig aufrechterhaltene Bilddeutungen aufgegangen.
> Diese Unbestimmtheit und Vagheit des Lerngewinns mag mit dem ausgewählten Bild zusammenhängen, das für fast alle SuS nur schwer zugänglich ist. Zugleich gelingt es der Lehrkraft nicht, die dominierende Rezeptionshaltung der Heranwachsenden aufzubrechen. Denn diese konstatieren nahezu einhellig, dass eine Bildbetrachtung ein zutiefst individuelles Unterfangen ist, das nicht intersubjektiv zu plausibilisieren ist."

Für die Schüler/innen gibt es kein ‚richtig' und ‚falsch'. Sie gehen aber auch nicht davon aus, dass sie durch die Interpretation ‚etwas gelernt' haben, was über die Kenntnis der biblischen Perikope hinausgeht (ebd.):

> „Behalten habe ich aus dieser Stunde, dass wir zwei angeblich unterschiedliche Bilder je einzeln besprochen haben, die am Ende zusammengefügt wurden und einen Zusammenhang darstellten. (Was mir aber nicht wirklich klar wurde, weil ich dachte, das wären Quallen oder Spinnentiere …) Es war die Szene, in der Jakob (so hieß er doch, oder?) mit dem Mann (Gott) kämpft. Dies geschieht ja an einem Fluss, deswegen die zwei Bilder (Spiegelbilder). Wir haben auch noch darüber geredet, was die Personen (Quallen) auf dem Bild/den Bildern fühlen und denken. Ähem gelernt … Naja ich hab gelernt, dass vielleicht jeder Mensch anders aufgenommen und betrachtet wird, als er manchmal denkt, und das aus Quallen manchmal menschliche Wesen entstehen."

Versucht man die hier sichtbar werdende Praktik zu verstehen, dann lautet deren Programm: Im Religionsunterricht gibt es manchmal Anlässe, zum textgestützten Inhalt Assoziationen anhand von uneindeutigen Bildern zu sammeln. Diese sind allenfalls für jeden Einzelnen von Bedeutung. Das bewusste Weglassen der Absichten der Lehrer/in und deren kritischen Blick auf die Stunde zeigt eben, welche Passungen in der Praxis vorkommen. Diese scheint gar nicht so untypisch für die Annäherungen an moderne Kunst (und nicht nur dieser) zu sein, und sie ist Ausdruck eines kollektiven Lernprozesses. Es ist noch nicht lange her und passiert immer wieder, dass solche Kunstwerke aggressive ablehnende Reaktionen hervorrufen. Dem steht die Praxis der Schüler/innen gegenüber: Lassen wir es mal auf uns zukommen und schauen wir mal, was uns dazu einfällt. Vielleicht ist dies eine wichtige Ergänzung zu den angestrebten kognitiven Zielen der Bibelperikope.

10.4 Der Exodus im Kontext von Godly Play

Ginge es nach der traditionellen Elementarisierungstheorie, dann läge ein Fokus auf der Frage, wie aus dem Bibeltext Ex 17 eine Unterrichtserzählung werden kann. Dies erfordert exegetische und narratologische Entscheidungen (Kalloch 2016). Im Kontext der Fragestellung dieses Kapitels ist allerdings mit der Vorlage eines Erzählplots das Praxisfeld erst zum Teil erschlossen. Die Qualität der Erzählvorlage ist nur ein Faktor bei der unterrichtlichen Performanz – möglicherweise noch nicht einmal der wichtigste. Wir werden sehen, dass man zum eigentlichen Erzähltext noch wichtige weitere Elemente hinzufügen kann, um den Erzählvorgang zu bereichern. Auch im Hinblick auf das Rezeptionsverhalten der ins Auge gefassten Schüler/innen wissen wir erst einmal nichts. Ein Blick in verschiedene Klassen belehrt uns schnell, dass auch dieses Zuhören gelernt sein will. Von daher scheint es mir an dieser Stelle hilfreich zu sein, ein komplexeres Setting zu betrachten, wie es etwa beim ‚Godly Play' vorliegt. Bei diesem Projekt handelt es sich um ein Verfahren aus der Montessori-Tradition, das vor allem für die US-amerikanische Sonntagsschul-Arbeit entwickelt wurde und auch in Europa seinen Schwerpunkt in der kirchlichen Arbeit mit Kindern hat. Doch bei der Rezeption im deutschsprachigen Raum wurde immer wieder auch versucht, zumindest Teilelemente für den schulischen Religionsunterricht zu übernehmen. Konkret heißt das, dass man mit dem Godly-Play-Material eine biblische Passage erzählend präsentieren kann – einschließlich der Erörterungsfragen. Auf die liturgischen Rahmungen wird an dieser Stelle verzichtet. Mit diesen Vorgaben begegnet mir eine materialgesättigte Performanz der Exodus-Perikope, und gleichzeitig kann ich von eingeübten Umgangsweisen nicht nur bei der Lehrperson, sondern auch bei den Schüler/innen ausgehen.

Parallel zur Darbietung der Erzählung wird das folgende Szenarium aufgebaut (Berryman 2017, 79):

Auf der Grundlage der ‚Wüstenkiste‘ (Sand) baut die Lehrperson die ‚Volk-Gottes-Figuren‘ auf, dazu ein blaues Filzband. Im ersten Teil der Erzählung wird verdeutlicht, dass das Volk Gottes aus Mangel nach Ägypten ziehen musste (geraffter Inhalt der Josefsgeschichte). Ich dokumentiere im Folgenden einen Auszug der Erzählanweisung (60):

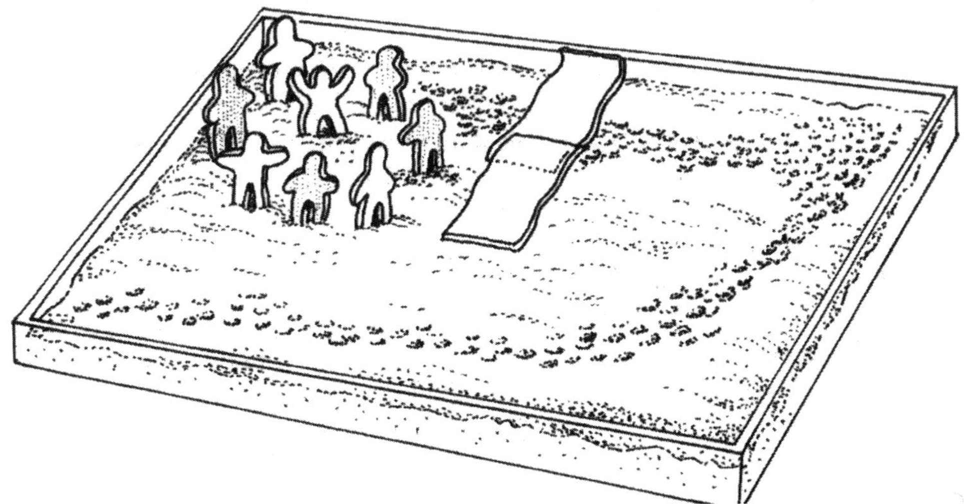

„Spreizen Sie beide Hände über die Figuren und berühren Sie dabei mit ihren Fingerspitzen den Sand, wie ein Käfig.	Als die Menschen im Land Ägypten ankamen, fanden sie Nahrung und Arbeit. Aber später kam ein neuer Pharao an die Macht und der setzte sie fest. Sie konnten nicht mehr heimkehren. Sie hatten ausschließlich das zu tun, was der Pharao befahl. Sie mussten an dem Ort leben, den er bestimmte. Sie mussten aufstehen, wenn er es befahl. Sie durften sich erst schlafen legen, wenn er es erlaubte. Sie mussten essen, was er ihnen gab. Sie mussten die Arbeit tun, die er bestimmte. Sie mussten alles tun, was der Pharao sagte. Sie waren Sklaven.
Lösen Sie Ihre Hand aus der starren Haltung, nehmen Sie die Mose-Figur und stellen Sie diese in Ihre Richtung vor die Gruppe […].	Einer der Menschen, sein Name war Mose, trat vor den Pharao und sagte: ‚Lass mein Volk ziehen!‘ Der Pharao sagte ‚Nein!‘
Jedes Mal, wenn der Pharao ‚nein‘ sagt, heben Sie die flache Hand mit einer abwehrenden Geste zwischen sich und Mose […].	Mose ging viele Male zum Pharao, um ihm zu sagen, er solle sein Volk ziehen lassen, aber er sagte ‚Nein!‘“

Wir erkennen hier die impliziten Voraussetzungen des Godly Play. Es wird erwartet, dass die Erzählperson den Text in dieser Form auswendig kann und mit der Gestik vertraut ist. Das Erzählen ist also Teil einer umfassenderen Praktik. Die Schüler/innen kommen nach dem Zuhören im Zusammenhang der sog. Erörterungsfragen aktiv ins Spiel (82f):

> „Nun frage ich euch, welchen Teil der Geschichte ihr am liebsten mögt.
> Was meint ihr, welcher Teil der Geschichte ist wohl am wichtigsten?
> Ich würde gerne wissen, wo ihr euch in dieser Geschichte wiederfindet. Welcher Teil der Geschichte erzählt etwas von euch?
> Ob wir wohl einen Teil der Geschichte weglassen könnten und hätten noch immer alles, was wir an dieser Geschichte brauchen?“

Auch für die Schüler/innen handelt es sich um eine habitualisierte Praktik. Sie wissen, welche Sequenzen aufeinander folgen. Nach Erzählung und Erörterung kommt in der Regel eine Form des Freispiels mit den vorhandenen Materialien. Wir erkennen hier eine eingespielte Praxis, in der die Teilnehmer/innen ihre Rollen kennen und damit Unterricht erwartbar und so für die Teilnehmer/innen entlastend wird.

10.5 Schiffbau im Religionsunterricht

Ich habe bereits im Kontext von Kapitel 6 auf die interessante Konstellation verwiesen, dass wir im Hinblick auf die Geschichte von der Sturmstillung mehrere Referenzen haben. Durch den Fund eines entsprechenden Schiffswracks im See Genezareth haben wir eine unmittelbare Anschauung im Hinblick auf das im Evangelium erwähnte Boot. Im Zuge der Wunderinterpretation hat dann später das Boot als Metapher etwa für Geborgenheit oder für die Kirche eine andere, übertragene Bedeutung gewonnen. Nun macht man sich oft keinen rechten Gedanken darüber, was sich Kinder in der 5. oder 6. Klasse vorstellen (können). So wird das Modelldenken oft überschätzt. Für schwächere Schüler/innen ist es oft wichtig, dass sie auch einen haptischen Zugang zum Unterrichtsgegenstand haben. Sie können ihr Spielauto durchaus mit einem ‚echten‘ vergleichen. Man kann sicher sein, dass ein solches selbst gebasteltes kleines Boot es ihnen erleichtert, Zugang zum archäologischen Bericht und der antiken Darstellung zu finden. Für die Praxis des Religionsunterrichts ist die Bastelanleitung gleichwohl ungewöhnlich. Gerade dies lässt uns nochmals neu und anders nach dem ‚Ding des Wissens‘ fragen.

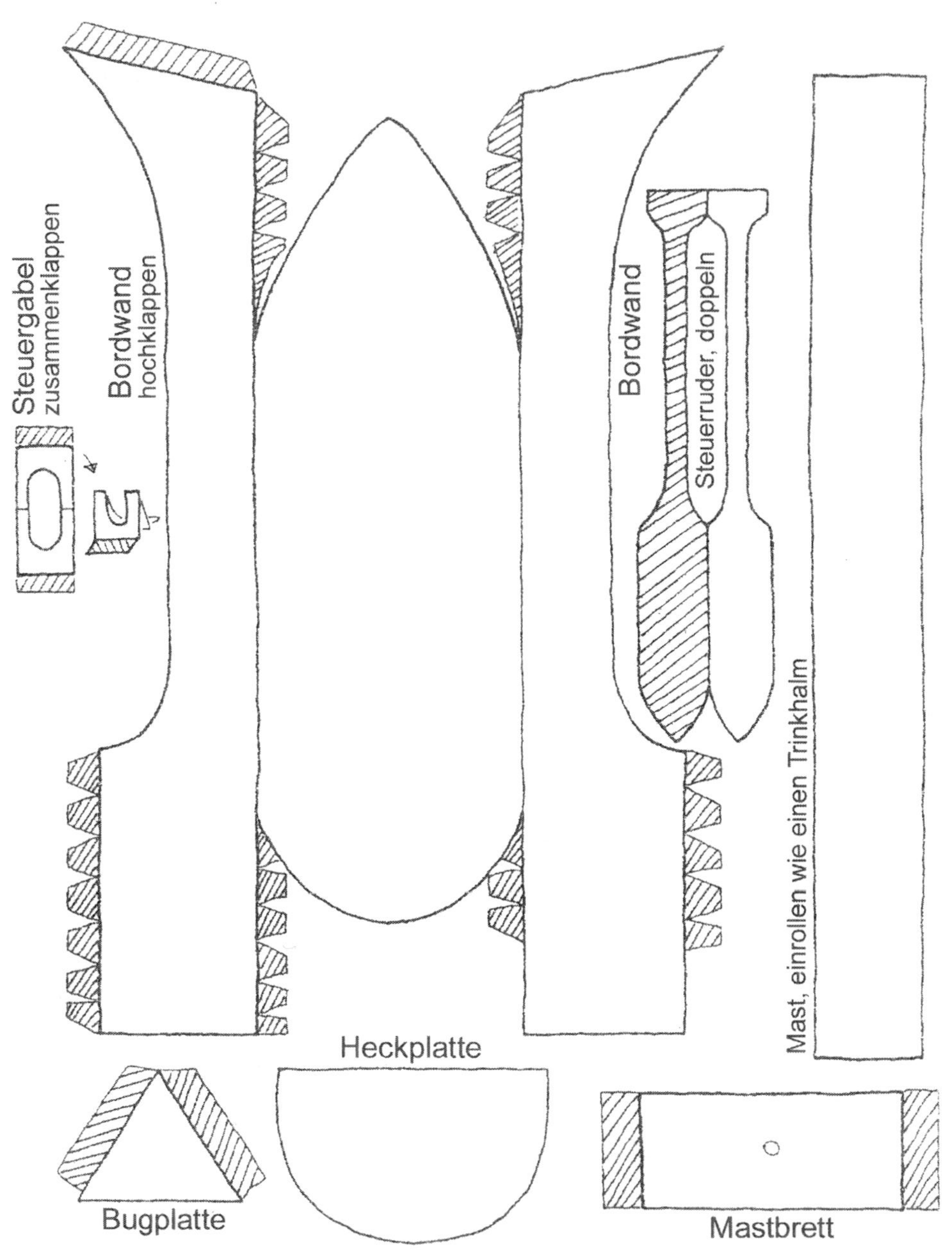

Mit dem Bastelbogen kannst du selbst ein Schiff aus der Zeit Jesu nachbauen.

1. Kopiere den Bastelbogen. Du kannst ihn auch vergrößern! Klebe ihn auf Pappe.
2. Male die Teile an und schneide sie aus. Klappe und klebe sie zusammen wie angegeben.
3. Schiff ahoi!

Das Werkbuch zum Schulbuch „Spuren lesen 1“ (Büttner u.a. 2008, 202) druckt das Material ab, ohne weitere Instruktionen. Dass man das Blatt durch Hochkopieren vergrößern kann und dass festeres Papier oder Karton der Festigkeit dienen wird, erfährt man beiläufig. Die Kenntnis, wie Ausschneiden und Kleben geht, wird vorausgesetzt. Das ist ein Indiz dafür, dass eher von homogenen Klassen ausgegangen wird, in denen solche Praktiken aus der Grundschule vorausgesetzt werden können. In einer Klasse mit lernbehinderten Schüler/innen könnte dieses Medium geradezu ideal sein, weil es auch diesen Kindern ermöglicht, am selben Thema zu arbeiten wie etwa diejenigen, die bereits ‚Experten‘ für Römer und dergleichen sind. D.h., wir sehen hier, dass die Zuordnung von den ‚Dingen des Wissens‘ zu entsprechenden Praktiken oft nicht so selbstverständlich ist, wie die Lehrpersonen annehmen.

10.6 Elementare Lernwege – eine Reformulierung

Ich schlage vor, auf der Grundlage der ausgewählten ‚Dinge des Wissens‘, darunter auch Texte und mündlicher Vortrag, jeweils zu überlegen, welche Appelle von diesen ausgehen. Für die Lehrpersonen bedeutet das, Abschied zu nehmen von der stillschweigenden Voraussetzung, dass die Dinge das machen, was sie nach der Intention der Lehrkraft machen sollen. So wusste man schon immer, dass in pubertierenden Klassen die Schüler/innen erotische Appelle an Stellen finden, die der Lehrkraft nie in den Sinn gekommen wären. Darüber hinaus ist kritischer zu fragen, welche Praktiken bei den Schüler/innen vorausgesetzt werden können. Je heterogener die Klassen z.B. im Hinblick auf den religiösen Hintergrund der Schüler/innen sind, desto weniger kann in dieser Hinsicht mit bekannten Praktiken gerechnet werden. Unser Beispiel ist gerade deshalb nicht trivial, weil das Umsetzen von Diagrammen für Schüler/innen generell Transformationsoperationen voraussetzt, die im Einzelnen erst eingeübt werden müssten. Dabei ist es den Lehrkräften oft nur bedingt geläufig, welche Praktiken in anderen Fächern eingeübt werden und auf die man zurückgreifen kann. Von daher ist es für den Religionsunterricht oft leichter, sich eine komplexe Praxis als Ganze zu eigen zu machen, wie das Beispiel Godly Play gezeigt hat. Wer etwa eine bestimmte Variante von Rollenspiel neu im Unterricht einbringt, der ist sich in der Regel bewusst, dass er dies kleinschrittig tun muss und bei seiner Instruktion nichts vergessen sollte. Außerdem sollte sie/er bedenken, wo die heiklen Schritte sind. Dass auch konventionelle Unterrichtsmethoden wie der Lehrervortrag ein Praxiskorrelat haben und brauchen, machen sich dagegen Lehrkräfte nicht immer klar.

11. Modelltheoretische Reformulierung des Elementarisierungsansatzes

11.1 Beobachtungen im Schulpraktikum

Meist finden Schulpraktika in den Schularten statt, für die die Studierenden ihr Studium absolvieren. Interessant ist, was passiert, wenn dies einmal so nicht geschieht. Grundschulstudierende reagieren manchmal etwas panisch, wenn sie etwa ältere Gymnasialschüler unterrichten sollen. Lehramtsstudierende für Gymnasium stellen sich dagegen bei jüngeren Schüler/innen oft besonders ungeschickt an. Wie kommt das? Für Grundschulstudierende ist es meistens klar, dass sie den Unterrichtsstoff ihrer Schüler/innen in der Regel gut beherrschen, in vielen Bereichen ohne weitere Konsultation von Büchern oder Internetquellen. Von daher bildet dann die kindliche Wissenswelt gewissermaßen ‚die Wirklichkeit' in diesen Wissensdomänen ab. Diese Prämisse funktioniert bei älteren Schüler/innen nicht mehr. Es geht dann nicht nur um einen zusätzlichen Wissensbereich, sondern auch um ein Zerbrechen der Annahme eines gemeinsamen Wissensraums. Gymnasialstudierende gehen in der Regel davon aus, dass das universitär erworbene Wissen im Prinzip ‚das Wissen schlechthin' darstellt, das es dann eins zu eins ‚weiterzugeben' gälte. Als Konzession an jüngere Schüler/innen wird zögernd eingeräumt, vielleicht müsse man das eine oder andere ‚runterbrechen'. Dass sich das Grundschulkind in einer anderen Wissenswelt bewegen könne, wird meist nur sehr widerwillig konzediert. Was hier sichtbar wird, könnte man mit der Begrifflichkeit Jean Piagets als ‚Egozentrismus' bezeichnen. Die hier zitierten Studierenden gehen davon aus, dass ihre Sicht der Welt die einzig mögliche ist und damit ‚richtig'. Es kann demnach nur darum gehen, diese ‚Richtigkeiten' an die Schüler/innen weiterzugeben. Dass dies so nicht immer funktioniert, wird dann offenbar, wenn Grundschulkinder vermuten, Jesu Diktum von den ‚Menschenfischern' sei so gemeint, dass die Fische Menschen fangen, oder wenn sie es kommentieren ‚mit fremden Menschen sollten Kinder nicht mitgehen' (Freudenberger-Lötz 2008). Ausgehend von solchen Beobachtungen schlage ich vor, die Untersuchung unterschiedlicher Denkmodelle als Grundlage der didaktischen Analyse zu nehmen.

11.2 ‚Modelle' im didaktischen Kontext

Aus ihrer eigenen Schulzeit kennt jede Lehrperson typische Lehrmaterialien: eine Menschenfigur, der man die inneren Organe herausnehmen kann, verschiedene Modelle zur Darstellung von Molekülen und natürlich diverse Landkarten. Wenn ich mit Schüler/innen über Äpfel sprechen will, kann ich jedem ein Exemplar zusammen mit einem Messer zur Verfügung stellen, und wir können so die Details zu Schale, Kerngehäuse etc. zusammen erarbeiten. Doch die allermeisten Unterrichtsgegenstände sind nicht so direkt zugänglich. Um sie zu thematisieren, müssen Modelle herangezogen werden, um eine gewisse Anschaulichkeit zu gewährleisten. Doch damit stellt sich automatisch die Frage nach dem Verhältnis von Modell und damit gemeinter ‚Wirklichkeit'. Eines der Paradebeispiele, um dieses Verhältnis zu klären, ist die Wanderkarte zu einem Gebiet, das die Schüler/innen aus eigener Anschauung kennen. Sie können sehen, wie der Wald dargestellt ist, und erkennen anhand der Höhenlinien eine entsprechende Steigung etc. Erfahrung und Modell lassen sich aufeinander beziehen.

Gibt es so etwas auch im Religionsunterricht? Im Prinzip ja. Wir kennen Karten vom Heiligen Land und Modelle etwa von der sog. Zwei-Quellen-Theorie. Doch man kann den Modell-Begriff auch weiter fassen. Wenn ich mit Kindern über das Beten spreche, dann sollte ich mir darüber im Klaren sein, dass das einzig Anschauliche die betende Person mit ihrer entsprechenden Haltung ist. Über das göttliche Gegenüber kann ich nur Annahmen machen – über sein ‚Aussehen', sein ‚Hören' und sein mögliches ‚Antworten'. D.h., dass ich auch dort von einem ‚Unterrichtsmodell' sprechen kann, wo es sich nicht um ein Artefakt, sondern um eine gedankliche Konstruktion handelt. Ich werde im Folgenden zeigen, dass ein Großteil des Religionsunterrichts dadurch gekennzeichnet ist, dass Modelle inszeniert und besprochen werden. Dabei stehen in der Regel mehrere Modelle im Raum. Da der Modellcharakter dieser Aussagen meist nicht wahrgenommen wird, glauben die Interaktionspartner, dass ihr Modell die ‚Wirklichkeit' sei. Das hat zur Folge, dass neue Informationen auch in das vorhandene Modell assimiliert werden. Wenn eine Lehrkraft etwa davon spricht, dass Gott auf unsere Gebete antwortet, dann will sie vielleicht damit sagen, dass man ‚spüren' kann, dass eine brennende Frage jetzt lösbar erscheint – z.B. angesichts der Lektüre einer Bibelpassage. Das Kind stellt sich aber das ‚Antworten' Gottes so vor, dass da ein ‚alter Mann' in irgendeiner Weise direkt zu ihm redet. Beide Modelle sind möglich, aber eben nicht identisch.

11.3 Was ist ein Modell?

Ich hatte unterschiedliche unterrichtlich relevante Modelle unter *einer* Rubrik zusammengefasst. Mit Gottfried Boehm (2010) unterscheide ich simulative und heuristische Modelle. Erstere beziehen sich auf einen realen Gegenstand. Es geht hier um eine möglichst geringe Differenz zwischen Original und Modell. Den Unterschied macht oft die Maßstäblichkeit aus. Bedeutsam sind hier vor allem Architekturmodelle. So kann man an einem Modell des Kölner Doms etwa gut die Eigentümlichkeiten gotischer Kirchenarchitektur studieren. „Am anderen Ende des Spektrums treffen wir dagegen auf Modelle mit einem *offenen Referenzbezug*. Man kann sie deshalb auch *heuristisch* nennen. Sie entstammen einer Praxis, die mit Realitäten umgeht, die zum Beispiel unbetretbar sind, unsichtbar oder sichtbar, aber unbekannt. Kein fester Begriff erfasst sie, selbst nicht dessen Substitut: die *Greifbarkeit*" (116f). Das Paradebeispiel hierfür sind natürlich alle Varianten von Karten zu Sternen, Planeten etc. Die Entfernungen verbieten hier jegliche Maßstäblichkeit. Dasselbe gilt für den atomaren Bereich. Hier wird auch für den Laien deutlich, dass etwa die Annahme des Bohrschen Atommodells, das eine gewisse Analogie von Mikro- und Makrowelt suggerierte und einen baulichen Niederschlag auf der Weltausstellung in Brüssel fand, längst durch neue Modelle ersetzt wurde. So resümiert Boehm (119):

> „[D.h.], dass in die Modellpraxis, wie in die gesamte wissenschaftliche Hypothesenbildung, stets eine Selektion externer Daten einfließt. Modelle, so nüchtern sie daherkommen, verfügen über einen *Überschuss des Imaginären*, sie behaupten eine Differenz gegenüber dem Realen."

Wichtig ist, dass diese heuristischen Modelle immer mehrere Referenzen ermöglichen. Baue ich etwa mit Schüler/innen im Biologieunterricht ein Modell einer Zelle in einem durchsichtigen Plastikkästchen nach (Schlüter/Kremer 2013, 8), muss ich immer damit rechnen, dass ein Schüler statt der Hülle um die Zelle ein Plastikkästchen erinnert. Im Anschluss an Hans Blumenberg (2007) wird deutlich, dass das Problem der ‚Unbegrifflichkeit' ein Grundproblem der Religion anspricht. Sie muss ständig Modelle zu einem prinzipiell unzugänglichen Gegenstand entwerfen. Wenn ich von Gott als König oder Hirte spreche, riskiert dieses Modell – Blumenberg spricht hier von Metapher – immer, dass mein Gegenüber an Kronen, Hofnarren, süße Lämmchen oder dergleichen denkt und nicht an den von mir gedachten Vergleichspunkt. D.h. aber auch, dass wir von unserem Unterrichtsgegenstand nur vorläufige und metaphorisch zu denkende Modelle machen können. Das impliziert mindestens zwei Konsequenzen: einmal dürfen wir unsere Modelle nicht für die Sache selbst halten und müssen folglich immer mit konkurrierenden Entwürfen rechnen. Wir müssen uns aber gleichzeitig immer auch der Konstruktivität unserer Modelle bewusst sein und die Bedingungen unserer Konstruktion offenlegen.

Wir sind es gewohnt, davon auszugehen, dass wir in unserer theologischen Modellbildung allein von biblischer Überlieferung oder kirchlicher Lehre geleitet werden. Die Kognitionsforschung macht uns darauf aufmerksam, dass wir, sobald wir uns in der ‚Wissensdomäne' Religion resp. Theologie bewegen, an bestimmte Rahmenbedingungen gebunden sind (die sog. ‚constraints'). So formuliert etwa Pascal Boyer (2004), dass das Zusammenspiel zwischen Gottheit und Menschen im Prinzip denselben Regeln folgen muss, wie das unter Menschen – allerdings mit ganz wenigen spezifischen Ausnahmen. So gibt es etwa nirgends eine Gottheit, die nie mit den Menschen interagiert. So folgt etwa unser Verständnis von Gottes Schöpferhandeln einem Modus, den Piaget als ‚Artifizialismus' bezeichnet hat, der kindlichen Annahme, dass alle Dinge ‚gemacht' sind, und zwar mit einem ‚Zweck' (‚Finalismus'). Später hat man diese Einsicht in eine sog. ‚agent'-Theorie überführt, die von der menschlichen Gewohnheit ausgeht, dass hinter jedem Ereignis letztlich ein intentional handelndes Subjekt stehen muss – in letzter Instanz ein göttliches Wesen. Als Resultat solcher Überlegungen kommt man zu der Einsicht, dass christliche Theologie zwar im Prinzip frei ist in der Formulierung ihrer Denkmodelle, doch dass sie damit rechnen muss, dass diese letztlich in der Mehrzahl der Fälle im Sinne der vorgegebenen Schemata rezipiert werden – einfach deshalb, weil diese offenbar der menschlichen Art, Dinge zu verarbeiten und zu behalten, besonders affin sind.

11.4 Elementarisierung als Ordnung der Modelle

Wenn ich am Schreibtisch sitze, um eine Unterrichtsstunde zum Wunder der Brotvermehrung durch Jesus zu planen, dann stellen sich mir zahlreiche Fragen. Es gibt sechs Darstellungen der Geschichte, z.T. mit 4000 z.T. mit 5000 Gesättigten und weiteren Nuancen im Detail. Kann ich mir das damalige Geschehen vorstellen? Hilft es mir, dass ich in Israel schon an einer der Stellen war, an denen das Ereignis stattgefunden hat? Wie kann ich auf Schülerfragen nach Details der Geschichte reagieren, die im Text nicht zu finden sind? Kann ich mir das Wunder überhaupt bildlich vorstellen? Wie stehe ich zur Möglichkeit von ‚übernatürlichen' Wundern? Die Liste ließe sich ohne Mühe weiterführen. Es wird jedem deutlich, dass ich, zumal wenn ich die Geschichte erzählen will, ein inneres Bild generieren muss, um gegenüber den Schüler/innen auskunftsfähig zu sein. Dieses innere Bild ist *mein Modell*. Nach dem oben Gesagten heißt das zweierlei: Ich brauche ein Modell, um über die Sache sprechen zu können. Und ich muss wissen, dass dieses Modell keinesfalls ‚die Wirklichkeit‘ abbildet und dass notwendigerweise zahlreiche andere Modelle existieren. Dieser Prozess ist für die Unterrichtsplanung essentiell. Ich bin willens, ihn als eine Variante der Frage nach der *elementaren Wahrheit* anzusehen. Doch diese Suche nach meinem Modell setzt in aller Regel voraus, dass ich mich über den Sachverhalt kundig mache, – in der Diktion der Elementarisierungsdiskussion – dass ich mich um die *elementaren Strukturen* kümmere. Dies tue ich als Lehrkraft nicht, wie die Tübinger Kollegen meinten, durch die Konsultation entsprechender wissenschaftlicher Literatur, sondern diese finden sich in den Lehrplänen, den Schulbüchern und ihren dazugehörigen Kommentaren und in Unterrichtsideen, in Präparatorien, Zeitschriften oder im Internet. In Letzteren spiegeln sich natürlich wissenschaftliche Präferenzen und aktuelle Moden. Mal ist ‚Frieden‘ ein zentrales Thema, dann eher nicht, mal muss ‚Ruth‘ als wichtige biblische Frauengestalt behandelt werden, dann wieder fehlt sie. Zeitweise hat man Gleichnisse für Grundschülerinnen empfohlen, dann wieder abgelehnt. So gesehen muss jede Lehrperson erst einmal wahrnehmen, was das ‚Modell‘ der genannten Repräsentanten der ‚elementaren Struktur‘ eigentlich ‚will‘. Indem ich es als Modell begreife, akzeptiere ich, dass es noch nicht ‚die Wirklichkeit‘ ist, sondern ein Versuch, diese zu fassen und begreifbar zu machen. Ich habe nun die Aufgabe und die Schwierigkeit, dieses mit ‚meinem Modell‘ in Verbindung zu bringen. Ich werde – auf das obige Beispiel bezogen – immer selbst überlegen müssen, ob ich im Hinblick auf die Wundergeschichte die Perspektive der Vorlage teilen will und kann. Und ich muss im Hinblick auf meine bildliche Modellierung immer überlegen, was durch den Bibeltext gedeckt ist und wo meine Phantasie Leerstellen füllen muss. Und nicht zuletzt geht es auch um die Erkenntnis, dass man manche Fragen einfach prinzipiell nicht beantworten kann. Man kann hier bestenfalls angeben, welche Idee man dazu hat, gerade angesichts zahlreicher Alternativen.

Nach diesen ersten beiden Elementarisierungsschritten kommt die ins Auge gefasste Klasse in den Blick. Die *elementaren Anfänge bzw. Zugänge* stellen sich den Lehrkräften in der Weise dar, dass diese ‚wissen‘, was ihre Klasse kann und mag und was eher nicht. Natürlich ist es hilfreich, wenn Lehrer/innen wissen, wie ‚abstrakt‘ ihre Schüler/innen denken können, aber ebenso wichtig ist auch, dass sie über deren religiöse und soziale Verortung Bescheid wissen und Vermutungen anstellen können über die Modelle der Schüler/innen zu dem entsprechenden Gegenstand. Da es inzwischen viele Studien zum Verstehen bestimmter Inhalte von Schüler/innen gibt, können sich Lehrkräfte leicht kundig machen (z.B. Büttner u.a. 2014). Auf dieser Ebene der Planung ergibt sich modelltheoretisch das folgende Bild:

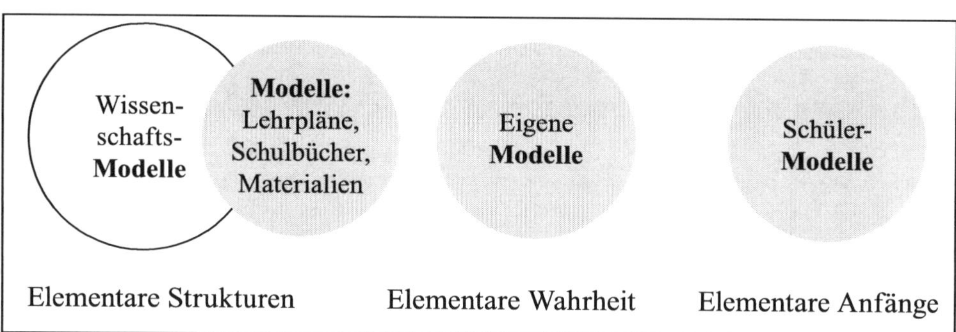

Damit haben wir – gemäß den Überlegungen im letzten Kapitel – den ersten Teil der didaktischen Analyse abgeschlossen.

Ich will im Folgenden anhand der bereits angesprochenen Perikope von Jesu Brotwunder zeigen, wie das hier angebotene Schema in der Praxis funktionieren kann. Wenn ich in einer Suchmaschine die Begriffe ‚Lehrplan' und ‚Speisungswunder' eingebe, zeigt es sich, dass die Perikope in den *größeren Einheiten bereits in einer ganz bestimmten Weise gerahmt und damit auch* inhaltlich situiert ist:

BS Kath. Religion RP	Ethisches Handeln zwischen individuellem Freiheitsstreben und solidarischer Verantwortung – Der Mensch als soziales Wesen: [...] Theologische Akzentuierung – Speisung der 5000 (Mk 6)
GS Ev. Religion BY	Hoffnung für das Leben gewinnen: [...] In der Begegnung mit der Geschichte von der Speisung der 5000 sollen sie entdecken, wie die von Jesus verkündete Hoffnung sich zu realisieren beginnt. Vor diesem Hintergrund können sie bereit werden, eigene Hoffnungsbilder zu entwickeln
GS Ev. Religion SL	Feste und Feiern. Erntedank: [...] Die Wundererzählung der Speisung der 5000 (Mk 6,30–44) macht zusätzlich deutlich, dass dem Menschen das Teilen des Brotes (im übertragenen Sinn) aufgetragen ist. So trägt er eine Mitverantwortung für eine gerechte Teilhabe aller an der Schöpfung.

Die eher zufällige Auswahl macht deutlich, dass etwa Bibelperikopen nicht ‚einfach so' in den Lehrplänen auftauchen. Sie sind Teil eines Programms, in welchem sie Bausteine einer größeren Argumentationskette sind. D.h. aber auch, dass damit bereits ein Auswahlprozess gleichsam vorausgesetzt ist. Dieser bestimmt mit seiner Referentialität, in welcher Hinsicht der Bibeltext zu lesen ist, wofür er ‚exemplarisch' stehen soll. Die Lehrplanmacher greifen dazu – dies zeigt das obige Schaubild – auf Interpretamente zurück, die im wissenschaftlichen Diskurs bereitgestellt werden.

Als Lehrperson könnte ich im Prinzip – wenn keine explizite Angabe vorhanden ist – aus den verschiedenen Versionen der Erzählung von der wunderbaren Brotvermehrung eine auswählen. Mir fällt dabei auf, dass Mk zwei Versionen der Geschichte im selben Evangelium bietet und Mt ihm dabei folgt; Lk und Jh haben nur eine Version. Die beiden Mk-Versionen unterscheiden sich einmal durch den Ort, dann durch die Zahl der Gespeisten. Die Speisung der 5000 findet in jüdischem Siedlungsgebiet statt, die der 4000 im heidnischen. Jh bietet im Anschluss an die Erzählung eine Rede Jesu, in der er das Geschenkwunder relativiert und darauf verweist, dass er selbst ‚das Brot des Lebens' sei (Jh 6,35). Nach der sog. Zwei-Quellen-Theorie gilt die Mk-Version meist als am ursprünglichsten, und so präferieren die Lehrpläne in der Regel die Perikope Mk 6,30–44. Hier findet sich auch in Vers 37 der für die Interpretation wichtige Satz Jesu: „Gebt ihr ihnen zu essen!". Schaut man in die einschlägigen wissenschaftlichen Auslegungen, so findet man unter der Rubrik „Verstehensangebote und Deutungshorizonte" (Kollmann 2013, 298ff bzw. Claußen 2013, 711ff) Hinweise auf die Motivik, die im gemeinsamen reichlichen Mahl ein eschatologisches Zeichen sieht. Weiterer Bezugspunkt ist das eucharistische Mahl. Dazu tritt die rationalistische Deutung, nach der die Mahlteilnehmer durch ihr Teilen selbst das ‚Wunder' ermöglicht hätten – was u.a. mit dem zitierten Jesuswort begründet wird. Man kann leicht erkennen, wie das oben skizzierte Modell funktioniert: Die Lehrpläne wählen einen Text bereits unter einer sie leitenden didaktischen Fragestellung aus. Sie tun dies aber bereits unter Einschluss einer bestimmten Interpretation. Die Kontextualisierung in einer bestimmten Unterrichtseinheit impliziert bereits einen Auswahlprozess. Der Lehrplan suggeriert: Die vorgegebene Interpretation ist wissenschaftlich geprüft, die nicht-passenden Akzente können vernachlässigt werden. Analoge Prozesse lassen sich auch in Schulbüchern und Unterrichtshilfen nachzeichnen.

Der beschriebene Prozess ist dann unproblematisch, wenn er offen bleibt für den nächsten Schritt. Dieser impliziert die Prüfung, ob die vorgesehene theologische Akzentsetzung mit der ‚Lehrertheologie' der unterrichtenden Person kompatibel ist. Bin ich etwa eine Anhängerin einer eher mystischen Abendmahltheologie, für die es um ‚das Geheimnis des Glaubens' geht, wird mir die rationalistische Deutung der Geschichte mit ihrer ethischen Implikation eher weniger gut gefallen; und wenn ich an der Frage der ‚Historizität' des Ereignisses interessiert bin, ebenso. Die letztere Fragestellung ist zudem bei den ins Auge gefassten Schüler/innen zu erwarten. Wie gehe ich als Lehrperson damit um? Folge ich dem obigen Schema, dann ist der entscheidende Schritt der Elementarisierung: mich zuerst meiner eigenen Sicht der Dinge zu vergewissern und ‚mein Modell' mit seinen Bausteinen und im Bewusstsein seiner Reichweite und Grenzen ins Verhältnis zu setzen zu den Modellen der Vorgaben. Es ist in der Regel hilfreich, davon auszugehen, dass der Lehrplan nicht genau dasselbe meint wie ich. Die weitere Herausforderung liegt darin, sich klar zu machen, dass die Schüler/innen zu dieser Frage eigene, nur z.T. kompatible Vorstellungen zur Thematik mitbringen. Ich habe in den vorherigen Kapiteln schon gezeigt, welche Zugänge Schüler/innen unterschiedlicher Altersstufen zur Wunderthematik haben. Die Lehrplanvorgaben überspringen in unserem Beispiel relativ elegant die Frage nach dem Übernatürlichen. Mit einer Wundergeschichte, wie der genannten, ist das Thema aber unterrichtlich immer präsent und lässt sich durch keine Interpretation ‚ein für alle Mal' völlig eliminieren. Insofern ist das Nichtbeachten dieser Frage im unterrichtlichen Procedere immer ein latenter Störanlass.

11.5 Die Materialität des Stundenthemas

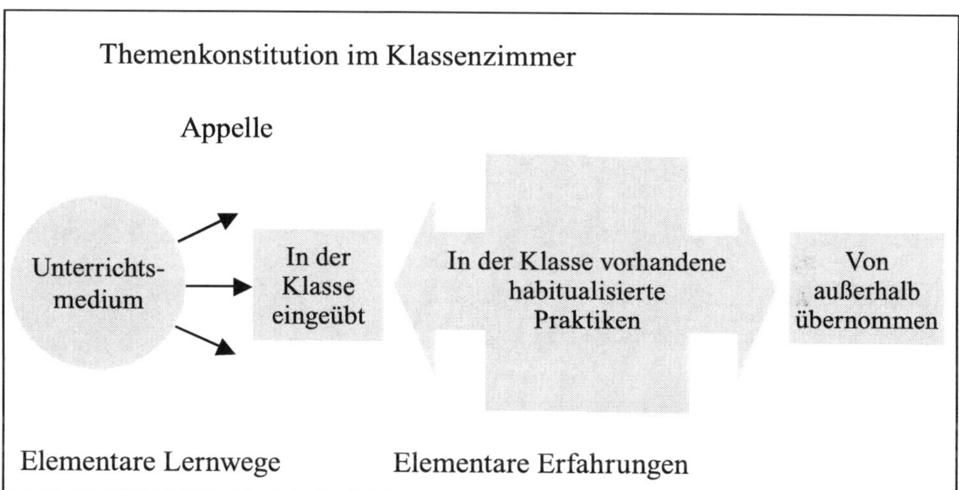

Nach der Erarbeitung des Stundenthemas beginnt in dem Sinne die eigentliche Planung, weil mit der Wahl des Unterrichtsmaterials eine neue Dimension ins Spiel kommt. Habe ich mich für ein bestimmtes Unterrichtsmedium entschieden, dann bestimmt dies den realen Unterricht – unabhängig von meinen ursprünglichen Intentionen. Dabei wird dann das wichtig, was die Schüler/innen an Voraussetzungen mitbringen, um die Appelle, die von dem Medium ausgehen, aufzunehmen und zu verarbeiten. Ich nehme hier das Stichwort von den ‚elementaren Erfahrungen' in einer präziseren und eingeschränkteren Weise auf. Erfahrungen meint hier Verarbeitungskompetenzen und -kapazitäten im Hinblick auf die Appelle des Unterrichtsmediums. Dies ist ein wichtiger und oft unterschätzter Punkt bei der Unterrichtsplanung. Eine Lehrerin im Anfangsunterricht wird meist recht genau bedenken, was ihre Schüler *schon können*. In einer Gymnasialklasse der Sek I geht die Lehrkraft in der Regel davon aus, dass die Voraussetzungen für die Bearbeitung des Materials gegeben sind – und zwar durch die Vorarbeit früheren Unterrichts bzw. von anderen Fächern her. Im Religionsunterricht neigen die Lehrkräfte außerdem dazu, außerschulische Erfahrungen etwa in Familie oder Kirche vorauszusetzen. Das kann man machen, müsste sich dessen aber im Einzelfall immer erst versichern. Ich möchte für das angesprochene Beispiel davon ausgehen, dass das Procedere im Unterricht erst einmal neu eingeführt werden soll. Das geschieht natürlich bei Schüler/innen der Sek I nicht voraussetzungslos – so wird etwa ‚Lesefähigkeit' selbstverständlich als gegeben betrachtet.

Bei der Auswahl des Unterrichtsmaterials treffen wir immer eine mehrfache Selektion. Wenn ich versuchen will, die Erzählung von der Brotvermehrung in dem Kontext zu situieren, in den ihn die Vorgaben des Lehrplans eingeordnet haben, dann werde ich zu prüfen haben, welche Appelle meines Mediums diese Tendenz unterstützen und welche sie konterkarieren. Das beginnt bereits bei der Auswahl der passenden Perikope. Doch auch die Materialität im engeren Sinne ist bedeutsam. Ich versuche dies im Folgenden kurz zu erläutern.

Text in der Bibel	Zeigt den unmittelbaren Kontext der Perikope und ermöglicht einen Blick auf die Komposition des Evangelisten. – Lenkt u.U. von der Konzentration auf den gemeinten Text ab.
Bibeltext als Arbeitsblatt	Erleichtert Konzentration. Ermöglicht textliche Eingriffe im Sinne von Kürzungen oder Erläuterungen. Kann mit Leitfragen versehen werden. – Relativiert die Besonderheit des Bibeltextes.
Erzählung des Textes	Eine Erzählung ermöglicht ein bildhaftes Erleben. Erzähler kann den Text im Hinblick auf eine Fragestellung fokussieren. – Den Schüler/innen fehlt ein Korrektiv durch den Bibeltext.
Bildliche Darstellung	Erleichtert die Vorstellung vom Geschehen. Ein Bild selektiert den Erzählinhalt, das kann Präzisierung oder Vereinseitigung bedeuten. – Bedarf letztlich der Begegnung mit dem Text.
Video/Film (z.B. YouTube)	Hat noch stärkere Suggestivwirkung im Sinne einer bestimmten Interpretation. – Hier ist die Gegenüberstellung des Bibeltextes besonders dringlich.

Richten wir die Aufmerksamkeit auf die Praktiken. Konzentrieren wir uns auf den Text in einer Bibel, dann kommen erst einmal Lesen und Zuhören in den Blick. Der nächste Schritt wäre es zu überlegen, welche Praktiken es ermöglichen, das Verstehen des Textes nicht nur als ‚inneren Prozess' zu perspektivieren, sondern das Verstehen *öffentlich zu inszenieren*. Hartmut Rupp (2004) hat hierfür ein Verfahren entwickelt, das Schüler/innen der Sek I erlernen können und das ihnen bei der Erschließung neutestamentlicher Wundergeschichten (und nicht nur dieser) helfen kann. Der Gedanke lautet, dass diese Methodik im Prinzip zum Generalschlüssel für solche Perikopen werden soll. Rupp (21) begründet sein Vorgehen so:

> „Schülerinnen und Schüler brauchen ein einfaches, gut merkbares und auf verschiedene Bibeltexte anwendbares Werkzeug, um sich selbst und mit anderen den Sinn eines Bibeltextes erschließen zu können. ‚Textraumerkundung' will Schülerinnen und Schülern der Sekundarstufe I ein methodisches Instrumentarium zur Verfügung stellen, mit dem es ihnen möglich ist, vor allem narrative Texte der Bibel eigenständig zu erschließen."

Rupp verknüpft dabei unterschiedliche theoretische Prämissen. Neben dem aus dem performativen Religionsunterricht bekannten Gedanken der aufführenden Inszenierung sind dies die Vorstellung einer zu entdeckenden Eigenwelt der Bibel und der Gedanke der persönlichen Auseinandersetzung mit den Einzelelementen des Textes. Ich stelle die vier Schritte Rupps so vor, dass ich sie gleich auf den Text Mk 6,33–40 beziehe.

Schritt	Praktik	Angewandt auf Text
1. Schritt: ‚Wie Schauspieler sprechen'	Der Text wird als ursprünglich mündlich genutztes Dokument entdeckt. Lautes Vortragen setzt eine innere Vergegenwärtigung des Textes voraus. Die Aufforderung zu lesen ‚wie ein Schauspieler' impliziert zweierlei: eine besondere Mühe beim Vortragen und die Möglichkeit, den Text ‚als ein Kunstwerk' zu verstehen.	Auffällig an der Szene sind die zahlreichen wörtlichen Reden. Wichtig wäre, die einzelnen Vorleseperformances zu besprechen und u.U. Verbesserungen vorzuschlagen. Man kann das Stück auch mit Vorleser und verteilten Rollen lesen.

2. Schritt: ‚In der Geschichte spazieren gehen‘	Im Sinne der Aufführungsmetapher geht es darum, gewissermaßen die Kulisse und die Requisiten einer Szene bzw. Aufführung zu bedenken und sich gegebenenfalls zu informieren. Dabei wird erst einmal davon ausgegangen, dass das Stück in einer ‚fremden Welt‘ spielt.	Beim Reden über die Requisiten (Geld – 200 Denare, Brote, Fische, Gras, Körbe, Brocken) und Gesten (sich in Gruppen lagern, Lobpreis sprechen, Brocken aufheben) dürfte die Frage auftauchen: Was unterscheidet dieses gemeinsame Mahl von einen ‚normalen‘?
3. Schritt: ‚Klickbild‘	Der von der Pantomime her entwickelte Gedanke eines ‚Standbildes‘ wird hier weitergeführt durch die Möglichkeit, dieses elektronisch festzuhalten und vergleichsweise leicht reproduzieren zu können.	Wie kann ‚das Besondere‘ zum Ausdruck gebracht werden? Wer muss ins Bild: Jesus, die Jünger, die Menge? Wie kann man das Essen ins Bild bringen?
4. Schritt: ‚Mit anderen sprechen‘	Jetzt geht es darum, sich in Einzelarbeit nochmals der Inhalte zu vergegenwärtigen und diese dann im Sinne des Theologisierens miteinander auszutauschen.	Hier sollte nach Deutungen dessen gesucht werden, was an ‚Normalem‘ und was an ‚Besonderem‘ dargestellt werden soll.

Ich konzentriere meine Überlegungen auf die ersten drei Schritte, weil der vierte eher als *konventionell* vorausgesetzt wird. Was passiert hier? Ein Bibeltext wird im Sinne Goffmans (1977) gerahmt. Die Schüler/innen werden zu einer Perspektive geführt, jetzt und in Zukunft, biblische Geschichten erst und vor allem so zu betrachten, dass ihnen hier eine fremde Welt begegnet, die sie in einer Art ‚Kunstprojekt‘ zu Aufführung bringen sollen. Sie sind damit erst einmal von der Aufgabe befreit, den Text auf seine gegenwärtige Plausibilität zu untersuchen oder sich mit ihm in persönlicher Weise in Verbindung zu setzen. Es geht erst einmal um die ‚gute Aufführung‘. Wichtig an diesem Gedanken des performativen Vorgehens ist der Fokus auf die Praktiken. Von den vielen Appellen des Textes sollen all diejenigen möglichst abgeblendet werden, die ihn nicht als ‚künstlerisch wertvollen‘ Gegenstand erscheinen lassen, der darauf wartet, in Szene gesetzt zu werden. Dies erfordert, dass die Schüler/innen wissen, dass man sich beim Lesen bzw. Vortragen besonders anstrengen sollte, dass man ein inneres Bild dessen entwickeln sollte, was in der Szene abläuft. Es geht also um das Einüben von Phantasiearbeit: Wie sieht das aus, wenn die Leute im Gras sitzen? Wie ist die Stimmung? Es ist da nur von Männern die Rede – gab es Frauen und Kinder? Kann man bei so einer großen Zahl hören, was Jesus sagt? Im Prinzip müssen die Schüler/innen peu à peu lernen, eine Art Storyboard für einen Film zu entwickeln. Das Klickbild ist dann im Prinzip nur eines von mehreren.

Man sieht, dass eine Praktik in diesem Sinn etwas Komplexes beinhaltet. Schulklassen erlernen solche meist auch in der Weise, dass sich Arbeitsteilungen ergeben. Man weiß, wer besonders gut vortragen kann, wer die Regie beim Klickbild übernimmt, wer sich gut Szenen ausdenken kann. Rupp hat aus gutem Grund postuliert, ein solches Verfahren nicht bloß einmal zu praktizieren, sondern in der Religionsklasse als eine Art Standard zu etablieren. Das Wissen um ihre eigenen Praktiken entlastet die Klasse und auch die planende Lehrperson.

12. Exemplarische Planung I

12.1 Unterschiedliche Ausgangslagen

Stellen Sie die Titelüberschriften für zehn Unterrichtsstunden zusammen! Überlegen Sie, ob Ihre Titelwahl bereits Hinweise dazu enthält, wie Sie sich dem Stundenthema annähern wollen!

Die Bildung von Untergruppen ist immer etwas heikel. Doch ist es einleuchtend, Stunden, in denen bereits das Thema mehr oder weniger auch das Unterrichtsmedium bestimmt, von solchen zu unterscheiden, in denen erst einmal ein Programm zu artikulieren und das genaue Procedere zu bedenken ist. Manche Stunden sind bereits durch die vorgesehenen Praktiken vorbestimmt oder etwa durch ein geplantes Produkt. Ich möchte dies im Folgenden erläutern. Wenn meine Stundenüberschrift lautet ‚Die fünf Säulen des Islam' oder ‚Psalm 23', dann sind die zentralen Unterrichtsbausteine klar. Dies nötigt mich dann durchaus zu den im letzten Kapitel erörterten Einzelschritten, aber im Hinblick auf die Auswahl bin ich durch die Themenvorgabe bereits festgelegt. Doch bei Themen wie ‚Christenverfolgung in der Antike' und besonders bei solchen wie ‚Freundschaft – Liebe' oder ‚Drogen' gibt es keine Medien, mit denen ‚klassischerweise' gearbeitet werden soll. Zudem sind gerade die lebensweltlichen Themen der Sek I sehr modeabhängig. Texte, Lieder oder Bilder, die der Lehrkraft passend erscheinen, treffen u.U. nicht das Lebensgefühl der Jugendlichen oder vielleicht nur den einer Teilgruppe. In den frühen Jahren der Curriculumdiskussion hat Karl Ernst Nipkow (1971) vorgeschlagen von zwei Grundtypen des Religionsunterrichts auszugehen. Neben Themen, die sich an einem Problem orientieren, sollten auch Unterrichtseinheiten stehen, die in Kursen eine Fragestellung nach ihrer eigenen Logik behandeln, z.B. biblische Einheiten. Betrachtet man die kompetenzorientierten Pläne, so erkennt man, dass der zweite Typus tendenziell zugunsten des ersten aufgegeben wurde. Wie sich der Planungsprozess dadurch für die Lehrer/innen verkompliziert, möchte ich anhand des Themas „Amos" demonstrieren. Die Behandlung des Propheten Amos in der Klassenstufe 7/8 ist das letzte alttestamentliche Thema, das sich in den Kerncurricula der Sekundarstufe erhalten hat. Es ist deshalb schwierig zu unterrichten, weil die meisten anderen alttestamentlichen Themen nur eingeschränkt historisch situiert werden können. Die Geschichten des Pentateuch bestechen durch ihre narrative Kraft – dies gilt wenig eingeschränkt auch für die Davidsgeschichten. Prophetie ist dem gegenüber ein Phänomen, das in seiner klassischen Gestalt nur verständlich wird, wenn man es in die Königszeit Israels bzw. Judas einordnen kann. D.h. aber, dass jetzt erstmals im Religionsunterricht die Notwendigkeit besteht, Wissen aus der Realgeschichte dieser Zeit so zu entfalten, dass die spezifische Rolle der Propheten in ihrem kritischen Gegenüber zur königlichen und z.T. auch zur religiösen Macht zu verstehen ist. Nur dort hat es dann einen Sinn, ‚Grundformen prophetischer Rede' (Westermann 1968) zu beschreiben und damit die performativen Bedingungen einer solchen überhaupt didaktisch reflektieren zu können (Büttner/Spaeth 2011). Betrachtet man den Bildungsplan Baden-Württemberg für das Fach Evangelische Religionslehre in der Sekundarstufe I für die Klassenstufe 7/8, dann begegnet man dem Thema „Amos" im Hinblick auf drei inhaltliche Kompetenzfelder: Welt und Verantwortung, Bibel sowie Gott mit den Textangaben Am 5,4; 5,21.27; 8,4–10; 9,1–15. Nehme ich die angegebenen Verse bzw. Perikopen im Kontext eines übergeordneten Themas, dann geraten sie zum puren Biblizismus, wenn ich über ihren Kontext gar nichts weiß. Die Lektüre der angegebenen Textausschnitte spricht aber keineswegs für sich selbst. Wie kann ich zu den elementaren Strukturen vorstoßen? Der Lehrplan selbst kann dies nicht leisten und die einschlägige exegetische Literatur ebenfalls nicht. Dies leistet ein entsprechender Lehrerkommentar zu einem entsprechenden Schulbuch (Büttner u.a. 2010).

Die angegebenen Bibelstellen zeigen eine sehr selektive Auswahl. So fehlen die aus dem Bibeltext ersichtlichen Angaben zur Person des Propheten, besonders die Auseinandersetzung mit dem Kultpropheten Amazja (Am 7,10–17). Die zum Verständnis der Autorität des Prophetenamtes zentrale Bedeutung der Visionen (Am 7 und 8) fehlt ebenfalls. Am gravierendsten erscheint die mangelnde Reflexion des hier sichtbar werdenden Gottesbildes. Im Lehrerkommentar (42) wird ausdrücklich herausgearbeitet, dass die Verkündigung des Amos Gott gerade nicht in seiner zuwendenden Seite zeigt, sondern als Richter. Die Folge der Visionen macht deutlich, dass es dem Propheten nicht um *Mahnungen* geht, sondern um die Mitteilung des bevorstehenden *Gerichts.* Es verwundert von daher nicht, dass der Lehrplan diese exegetische Einsicht zu relativieren sucht. Der erwähnte Einzelvers Am 5,4 „*Ja, so spricht der HERR zum Hause Israel: Suchet mich, so werdet ihr leben*" ist aus dem Kontext einer Art Totenklage über Israel entnommen – und so seiner Dramatik beraubt. Die Textpassage aus dem 9. Kapitel – die einzige heilsgeschichtliche Passage, die exegetisch eher als späterer Zusatz angesehen wird – wird hingegen ebenfalls als Textempfehlung angeboten.

Man kann also im Hinblick auf die Erarbeitung einer elementaren Struktur des Amos-Buches im Hinblick auf den Unterricht feststellen: Die Lehrplanvorgaben entschärfen die Radikalität der prophetischen Botschaft durch tendenzielle Umwandlung der Gerichtsbotschaft in einen moralischen Appell – mit einer wiedergutmachenden Heilsperspektive am Schluss. Der Lehrerkommentar verweist hingegen auf die Ambivalenz der Prophetengestalt des Amos – gerade im Gegenüber zu den Kultpropheten am Heiligtum. Gleichzeitig wird grundsätzlich thematisiert, was es heißt, dass Gott hier im Gegensatz zu vielen anderen Bibelstellen als der erscheint, der als Konsequenz menschlicher Missetaten strafend eingreift – und zwar gerade auch gegenüber denen, die meinen, durch kultgemäßes Verhalten ihre ungerechte Lebenspraxis kompensieren zu können. Der an dieser Stelle gern bemühte Hinweis auf den ‚vergebenden Gott' des NT greift nicht wirklich. Nach 1945 konnte die Evangelische Kirche im sog. Stuttgarter Schuldbekenntnis durchaus davon sprechen, dass die Schrecken des verlorenen Krieges Konsequenz ihrer eigenen Verfehlungen sei. Ich will damit festhalten, dass eine Beschäftigung mit der alttestamentlichen Gerichtsprophetie nur dann Sinn macht, wenn man bereit ist, die davon ausgehenden Irritationen im Blick auf das Gottesbild zu reflektieren. Damit habe ich bereits angesprochen, dass die Frage nach der elementaren Wahrheit im Sinne einer Lehrertheologie an dieser Stelle unausweichlich ist. Ich kann den Schüler/innen die Irritationen des Amos-Textes nur dann zumuten, wenn ich mich als Lehrkraft hier selber positionieren kann – durchaus unter Zugestehen eigener Verunsicherung. Die Zuordnung einer entsprechenden Schülertheologie ist an dieser Stelle nicht einfach. Wir sind es nicht mehr gewohnt, kollektive, gar geschichtliche Ereignisse theologisch zu deuten. In Bezug auf individuelle Erfahrungen sind Kinder bereit zu akzeptieren, dass Gott (wie andere Erziehungspersonen) gezwungen ist, irgendwann ‚ein Machtwort zu sprechen' (Büttner/Freudenberger-Lötz 2003 im Hinblick auf das Ergehen der Eli-Söhne in der Samuel-Geschichte). Auch im Kontext der Überlegungen zur Theodizeefrage taucht der Gedanke einer ‚Pädagogik Gottes' auf (Büttner/Dieterich 2016, 172ff). Es ist theologisch durchaus zwiespältig, das Handeln Gottes an Einzelnen oder seinem Volk (oder gar an der Menschheit!) subjektiv vom Erleben der Schüler/innen her zu perspektivieren. Dennoch wird man diese Sichtweise ins Kalkül ziehen müssen. Dies gilt ganz besonders im Hinblick auf die Amos-Thematik. Dass die Kritik des Propheten an den ‚Frommen' (Amos 4,4ff) in einer Zeit der tendenziellen Gleichgültigkeit schwer zu situieren ist, versteht sich fast von selbst. Im Kontext einer Lehrertheologie kommt es demnach zu allererst darauf an, sich selbst gegenüber einem Gottesbild zu positionieren, das Glauben mit Gemeinschaftstreue (*zedaqua*) unlösbar verknüpft. In dieser Logik ist es dann auch konsequent, dass nicht-gerechtes Verhalten nicht folgenlos bleiben kann. Zwar ist – selbst im Amosbuch – die dominierende Gerichtsprophetie mit einem (vermutlich eher sekundären) heilsgeschichtlichen Schluss (Amos 9,7ff) versehen, doch wird, wer das Amosbuch unterrichtlich einsetzt, nicht umhin kommen, sich dem Gedanken des richtenden Gottes zu stellen. In ein Planungsschema übertragen heißt das:

Elementare Strukturen nach Lehrplan und Schulbuchkommentar	Elementare Wahrheit – Lehrertheologie	Elementare Zugänge – Schülertheologie
Der LP situiert den Propheten Amos im Kontext von Gerechtigkeit und Verantwortung und verbindet diese Stichworte mit der Gottesfrage. Der Lehrerkommentar verweist diese Fragestellung in die konkreten Lebensverhältnisse im Israel des 8. Jh. und positioniert die Gerichtsbotschaft des Propheten in die politische Konstellation dieser Zeit. Wichtig ist das Zusammenspiel zwischen der Gottesoffenbarung und der Verkündigung des Propheten (*So spricht JHWH*). Der Gerichtsprophetie geht es nicht nur um Mahnung und Drohung, sondern explizit um Gottes richtendes Handeln.	Die in der Gerichtsprophetie sichtbar werdende Seite des Gottesbildes ist eng verbunden mit der Frage der Gemeinschaftstreue als Konsequenz des Bundes Gottes mit seinem Volk. Dieser Gedanke, dass aus unserer Verbundenheit mit Gott ein entsprechendes Verhalten unsererseits entspringen soll, gilt auch im NT. Doch der Gedanke von kollektiver Schuld (→ Stuttgarter Schulderklärung 1945) ist heute nicht leicht ansprechbar. Jede Lehrperson muss hier für sich eine Position bedenken.	Auch für die Schüler/innen ist der Gedanke vom ‚lieben Gott' bestimmend, der von ihnen allenfalls im Persönlichen ein gewisses Wohlverhalten erwartet. Immerhin ist dem Gerechtigkeitsverständnis der Schüler/innen geläufig, dass es so etwas wie eine ‚Pädagogik Gottes' geben könne bzw. müsse. An diesen Gedanken kann das Gespräch über ‚Gericht' anknüpfen.

Ich leite aus diesem Schritt zwei Folgerungen ab. Es erscheint mir plausibel, das obige Schema so zu verallgemeinern, dass daraus *eine allgemeine Anleitung* zur didaktischen Analyse werden kann. Es wird aber auch deutlich, dass ein zweiter Schritt noch aussteht. Dieser besteht dann darin, *das zentrale Unterrichtsmedium zu bestimmen.* Wie kann dieses im Unterricht bedeutsam werden? Es ist zu überlegen, welche Appelle von diesem Zentralmedium gegenüber meinen Schüler/innen zu erwarten sind. Gleichzeitig entsteht aber auch die Frage, welche Praktiken im Umgang mit dem Material in der Klasse geläufig sind. Nehme ich z.B. Am 7,10–17 als Ausgangspunkt. Der Text berichtet von der Begegnung des Kultpropheten Amazia mit dem ‚freien' Propheten Amos. Ich werde dann zu fragen haben, wie es gelingen kann, dass die Schüler/innen ein inneres Bild dieser Begegnung generieren können und ihnen die unterschiedliche Haltung und Absicht der beiden Personen klar wird. Dazu können verschiedene Methoden zur Anwendung kommen. Nach einer Praxis des *verstehenden Lesens* können Umsetzungen vorgenommen werden: die Geschichte als Comic zeichnen, einen eigenen Dialog der Kontrahenten schreiben, mit Hilfe von Requisiten eine Szene komponieren (Pantomime oder mit Sprechrollen). Diese Schritte müssen u.U. erst eingeführt, d.h. genau erklärt werden.

12.2 Ein allgemeines Schema

Ich verstehe die obige Tabelle als eine Art Schablone, in die jeder die Bausteine seiner didaktischen Analyse eintragen kann. Anstelle der konkreten Ausführungen gebe ich allgemeine Hinweise:

Elementare Strukturen nach Lehrplan und Schulbuchkommentar	**Elementare Wahrheit – Lehrertheologie**	**Elementare Zugänge – Schülertheologie**
Suchen Sie in den Angaben zu den Standards und Kompetenzen nach den Passagen, die den Kontext des Themas darstellen! Prüfen Sie, wie weit das Thema Ihrer Stunde Teil eines ‚Lehrganges' ist, der einen komplexeren Sachverhalt einführen soll, oder ob es darum geht, einen Argumentationsbaustein innerhalb eines Problemfeldes zu markieren! Da fast alle Schulbücher für das Fach Religion dazugehörige Lehrerhandbücher bzw. -kommentare haben, kann man diesen in der Regel wichtige Hinweise zur Struktur entnehmen. Im Online-Lexikon W*iReLex* gibt es zu vielen Themen passende Artikel, die wichtige Hinweise zur elementaren Struktur des Themas enthalten.	Natürlich gibt es im Religionsunterricht auch sachkundliche Themen, die nur bedingt eine Positionierung der Lehrkraft fordern. Dennoch hat im Religionsunterricht fast jedes Thema eine existentielle Dimension: Was hat das Thema mit Gott zu tun? Welche Konsequenzen hat das dann? Teile ich die Sichtweise des Lehrplans, des Unterrichtsmaterials? Berührt das Thema meinen Glauben, meine Zweifel? Wie kann und sollte ich in diesem Falle damit umgehen? Was ist mir an dem Thema wichtig, was unwichtig?	Es ist für angehende Lehrer/innen oft nicht ganz leicht zu antizipieren, wie Schüler/innen einer bestimmten Klasse auf das Thema reagieren werden. Es liegen inzwischen aber zu vielen Themen dokumentierte Gespräche mit Schüler/innen vor, die helfen können, den Horizont der Kinder und Jugendlichen in dieser Frage zu erhellen. Ein guter Hinweis ist das **Handbuch Theologisieren mit Kindern** (Büttner u.a. 2014). Oft findet man auch Hinweise in den entsprechenden *WiReLex*-Artikeln.

12.3 Ein Planungsversuch zum Thema „Weihnachten" in der Grundschule

Unter dem Stichwort „Kirche und Kirchen" sieht der baden-württembergische Lehrplan für die Stufen 1/2 und 3/4 evangelischer- wie katholischerseits jeweils die Behandlung der christlichen Jahresfeste vor. Dabei dürfte das Thema Advent/ Weihnachten in der Regel die größte Aufmerksamkeit finden. Ich stelle deshalb eine Planung vor, die auf die älteren Grundschüler/innen zielt. Da ich in den obigen Ausführungen dem zweiten Planungsschritt mit seiner Konzentration auf Materialien und Praxen zu wenig Aufmerksamkeit geschenkt habe, möchte ich es diesmal umgekehrt machen. Ich gehe aus von einem Weihnachtsbild von Sandro Botticelli. D.h., dass ich eine Intuition habe, dass ein bestimmtes Material gut für ein Thema ‚passen' könnte. Mich spricht das Bild an, und beim Betrachten fällt mir auch das Eine oder Andere ein, was man anhand dieses Bildes entdecken bzw. ansprechen könnte. Doch erspart mir dies nicht die didaktische Analyse. Verkürzt gesagt: der Maler hat nicht nur ‚irgendein' Weihnachtsbild gemalt, sondern damit eine explizite Vorstellung des Christfestes (dazu noch in einer ganz konkreten Zeit) zum Ausdruck gebracht. Dieses Wissen muss ich in der Grundschule nicht in Gänze zur Anwendung bringen, wenngleich damit ein bestimmter thematischer Akzent mitgesetzt ist.

Beschreiben Sie, was Sie auf dem Bild sehen! An welchen Stellen entspricht es dem anderer Weihnachtsbilder – wo unterscheidet es sich? Orientiert sich das Bild eindeutig am Mt- oder Lk-Evangelium? In welchem Verhältnis steht der Bildinhalt zu der Art, wie wir das häusliche Weihnachtsfest begehen?

Vollzieht man den ersten didaktischen Planungsschritt im Sinne des obigen Schemas, dann käme man etwa zu folgenden Überlegungen:

Elementare Strukturen nach Lehrplan und Schulbuchkommentar	**Elementare Wahrheit – Lehrertheologie**	**Elementare Zugänge – Schülertheologie**
Die Lehrplanvorgaben sind äußerst vage – wohl um das Begehen bzw. Besprechen der Feste nach den konkreten Bedingungen vor Ort auszurichten. Mit Matthias Morgenroth (2003) kann man zwei	Es ist nicht so einfach, die emotionale Hochschätzung des Weihnachtsfestes mit dem biblischen Bild von Bethlehem in Übereinstimmung zu bringen. Wer das Boticelli-Bild wählt, der lässt eine Sicht-	Für die Schüler/innen sind die Geschichten um die Geburt des Christkindes (wenn sie ihnen bekannt sind) meist unmittelbar verbunden mit den Freuden der häuslichen Weihnachtsfeier. Einer-

theologische Schwerpunktsetzungen beim Weihnachtsthema ausmachen: das Erleben der Weihnachtsfreude in der Familie (im Sinne Schleiermachers) oder die Betonung des kosmischen Ereignisses der Christgeburt (im Sinne Barths). Mit der Wahl des Bildes von Botticelli entscheidet man sich für die zweite Variante.	weise zu, die thematisiert, dass an diesem Tag *der Himmel auf die Erde gekommen* ist. Mit dem Bild lässt man sich ein auf eine ‚fremde Welt', die sich vielleicht beschreiben, aber nicht erklären lässt. Nur von dieser Andersheit ist die offensichtliche Wirkung bis in unsere Wohnzimmer hinein denkbar.	seits dominiert das Fest und die Geschenke. Andererseits kann die Faszination der Weihnachtsgeschichte noch unmittelbar erlebt werden. Es bedarf nicht – wie bei Erwachsenen – einer ‚zweiten Naivität', weil die erste noch ein intensives Nachvollziehen ermöglicht.

12.4 Das Material und die Praktiken

Wenn ich mich entschließe, die Weihnachtsgeschichte anhand eines Bildes zu thematisieren, habe ich eine große Auswahl. So finden sich in den meisten Grundschulreligionsbüchern entsprechende kindgemäße Abbildungen. Neben der Freiheit jedes Malers, seine besonderen Akzente zu setzen, gibt es auch sachliche Differenzen. Soll das Bild eher die Lk-Version (mit Hirten) oder die Mt-Version (mit Magiern) zum Vorbild nehmen oder im Sinne einer Evangelienharmonie bzw. den üblichen Weihnachtskrippen beide verbinden? Doch ich möchte eine weitere Überlegung einführen. Was passiert, wenn ich für Grundschüler/innen ein Werk der Bildenden Kunst als Vorlage auswähle? Von Seiten der Rezeption gibt es hier einige Hinweise, was Kindern eher gefällt und was eher nicht (Bucher 2000; Kalloch 1997). Dabei geht die Problematik in zwei Richtungen. Mutet man den Kindern mit einem Werk der ‚Großen Kunst' zu früh zu viel zu? Nimmt man andererseits dem Kunstwerk nicht etwas von seiner Bedeutung, wenn man es zum bloßen ‚Guck-Ereignis' reduziert, das die wirklichen Absichten des Werkes gar nicht in den Blick bekommt? Ich argumentiere hier im Sinne Klafkis, dass es im schulischen Lehr-Lern-Prozess darauf ankommt, den *Bildungsgehalt* des Inhalts zu bedenken. Aus einer eigenen kleinen Studie weiß ich, dass sich Grundschüler/innen durchaus geehrt fühlen, wenn man ihnen ein Bild präsentiert, das ‚eigentlich ins Museum gehört' (Büttner/Rupp 1998). Bei dem ins Auge gefassten Bild geht es nun unstrittig um das Weihnachtsereignis, und wer dessen einzelne Personen an ihrem Ort und in ihrer Gestik betrachtet, der hat durchaus die Chance, den Sinn der biblischen Überlieferung intensiver und vor allem anschaulich zu erfassen. Damit wird dann allerdings in Kauf genommen, dass der eventuell mit gemeinte politische Aspekt des Bildes vernachlässigt werden muss, weil er für diese Altersstufe unverständlich bleibt. Damit stelle ich mich der Einsicht, dass das Bild für Grundschüler/innen durchaus viele Appelle aussendet, andere Appelle hingegen, die für ein anderes Publikum gedacht sind, hier nicht zur Wirkung kommen.

12.5 Das Boticelli-Bild

Das Resultat meiner didaktischen Analyse ergab, dass ich das Thema ‚Weihnachtsgeschichte' anhand eines Bildes des Renaissance-Malers Sandro Botticelli bearbeiten möchte (siehe S. 144). Das impliziert normalerweise, sich kundig zu machen über Inhalt und Kontext des Kunstwerks. Dabei wird zu unterscheiden sein das Wissen, das allein der Lehrkraft als Hintergrund dient, von der Auswahl der Bildelemente, deren Rezeption durch die Schüler/innen den Kern des Unterrichts darstellen soll. Der nächste Schritt besteht dann darin, die Materialität meines Schlüsselmediums zu bedenken. Ich werde ja nicht die Möglichkeit haben, das Original in der National Gallery London anzuschauen. Wieviel Musealität bleibt dann übrig, wenn ich das Bild projiziere oder als Papierbild für jeden ausdrucke? Letzteres bestimmt entscheidend die ‚Zugänglichkeit' des Themas. Die Beantwortung dieser Frage bildet dann auch den Ausgangspunkt für die Überlegung zu den Praktiken der Kunstaneignung bei den Schüler/innen. Gibt es private Erfahrungen mit Museumsbesuchen oder dem Betrachten von Kunstbüchern? Haben einzelne oder alle Schüler/innen schon an museumspädagogischen Veranstaltungen teilgenommen? Am wichtigsten ist aber die Frage, ob die Schüler/innen aus dem Kunst- oder Religionsunterricht Strategien systematischer Zugänge zu Bildern dieser Art bereits kennengelernt und eingeübt haben. Je weniger ich als Lehrkraft hier voraussetzen kann, umso mehr bin ich gezwungen, eine solche Praxis selber zu etablieren und dabei elementare Zugangswege in der Weise zu bedenken, dass ich gerade auch die Rezeptionsvoraussetzungen schwächerer Schüler/innen ins Auge fasse.

Bei dem Bild handelt es sich um ein Werk, das der Künstler in seiner späteren Lebensphase gemalt hat. Bekannter sind seine klassischen Renaissance-Werke ‚Die Geburt der Venus' und ‚Der Frühling'. Das Bild steht unter dem Eindruck umwälzender Vorgänge in Florenz durch das Auftreten und das Martyrium des Bußpredigers Savonarola. Darauf weisen die Bildüberschrift und zahlreiche Symbole hin. Auf all das wird hier nicht eingegangen. Es geht ausschließlich um die Darstellung der biblischen Weihnachtsgeschichte. Das Bild hat die folgende Gliederung:

<table>
<tr><td colspan="3">Himmel</td></tr>
<tr><td>Magier / Könige</td><td>Geburtsszene</td><td>Hirten</td></tr>
<tr><td colspan="3">Irdische Welt / Unterwelt</td></tr>
</table>

Es wird an dieser Stelle davon ausgegangen, dass das Bild als Powerpointfolie oder als SMART für das Whitboard, möglichst als Gesamt- und Teilbild zur Verfügung steht (Büttner 2016). Für die Schüler/innen erscheint das Ganze als eine Art ‚Wimmelbild' mit vielen bekannten und unbekannten Figuren. Die hier skizzierte Gliederung gibt aber einen Weg vor, der vom Bild her quasi eine Reihenfolge der Betrachtung vorgibt. Man kann das auf DIN A4 ausgedruckte Bild im Prinzip so falten, dass die Mittelszene als eine Art Postkarte erscheint. Dann kann man den unteren Teil wegklappen, dann den oberen und schließlich die beiden Seitenszenen. Für Grundschüler/innen kann man das als Lehrkraft u.U. schon selbst vorbereiten. Beim Aufklappen erscheinen dann die einzelnen Szenen: Maria und Josef mit dem Jesuskind sowie Ochs und Esel dürften bekannt sein. Zu erläutern wäre die Anbetungshaltung, die eher verborgene Krippe sowie Josefs Schlaf. Nach Lk 2 erscheinen dann die Hirten mit dem Engel. Die linke Seite mit den Magiern ist eine Übernahme aus Mt 2. Die Fortsetzung des Bildes nach oben bietet als Besonderheit die bei Lk erwähnte Anwesenheit der ‚himmlischen Heerscharen'. Botticelli will die Christgeburt als ein außergewöhnliches Ereignis darstellen, in dem der Himmel auf die Erde gekommen ist. Dies bleibt dann im unteren Teil nicht ohne Folgen. Es begrüßen sich Menschen und Engel mit dem Friedensgruß, und die Teufel verziehen sich in die Erdspalten.

Das Original des Bildes hat eine Größe von 108,6 x 74,9 cm und ist mit Ölfarben auf Leinwand gemalt. Es ist also kleiner als eine Powerpoint-Präsentation oder eine SMART-Darstellung auf dem Whiteboard. Bei hoher Wiedergabequalität erleichtert das die Zugänglichkeit. Dennoch fehlt natürlich die Aura des Originals und die Atmosphäre eines Museums (oder gar einer Kirche). Dasselbe gilt für eine Kopie auf DIN A4 oder eine Abbildung im Schulbuch. D.h., das Botticelli-Bild hat für die Schüler/innen erst einmal nichts Außergewöhnliches – da es durchaus schulförmig daherkommt. Dennoch ist zu erwarten, dass viele Schüler/innen bei der Komplexität des Bildes an ihre Grenzen kommen. In unserer Bilderwelt sind die Schüler/innen bunte Darstellungen gewohnt. Doch das beharrliche Arbeiten an einem Sujet über einen längeren Zeitraum ist ihnen eher fremd. Es geht also darum, die ‚Sehgeduld' zu stärken. Die Arbeit am Bild wird man aber nicht über die ganze Stunde betreiben können, sondern noch andere Arbeitsformen als das Gespräch vor dem Bild praktizieren müssen (→ Büttner 2016).

12.6 Entwicklungspsychologische Stufen und pädagogische Praktiken

Gemäß der klassischen Elementarisierungstheorie wäre es jetzt an der Zeit, im Sinne der elementaren Zugänge/Anfänge nach den entwicklungspsychologischen Voraussetzungen der Rezeption des Botticelli-Bildes zu fragen. In der religionspädagogischen Diskussion gibt es dazu profunde Beiträge. Diese entzündeten sich v.a. an dem Streit darüber, ob es sinnvoll sei, bereits im Religionsunterricht der Grundschule mit modernen, d.h. in der Regel nur bedingt gegenständlichen Bildern zu arbeiten. Für unser gegenständlich gemaltes Weihnachtsbild trifft die Kontroverse also nicht zu. Dennoch ist es hilfreich, die Grundaussagen zur erwarteten Bildrezeption von Grundschüler/innen hier zu erwähnen. Grundlegend ist demnach die Studie von Michael J. Parsons (1987), der die kindliche Bildrezeption in Anlehnung an Piagets Stufen sieht, in der Konsequenz, für die konkrete Operation der Grundschulzeit anschauliche Bilder zu empfehlen. Erst mit der formalen Operation werden die ungegenständlichen Kunstwerke verstehbar. In den Worten Anton Buchers (2000, 217) heißt das:

> „Jüngere Kinder schätzen Bilder umso mehr, je familiärer die dargestellten Gegenstände sind bzw. je mehr ihrer Lieblingsfarben sie aufweisen. In der mittleren Kindheit dominiert die Präferenz eines naturgetreuen Realismus, was an Piagets Stadium der konkreten Operationen erinnert und mit dem Bemühen der Kinder konvergiert, eigene Zeichnungen visuell-realistisch zu gestalten."

Die starke Betonung des *Bildinhaltes* hat zur Folge, dass dort auch die Irritationen ihren Ursprung haben. Analog zu Nipkows Beobachtung, dass es in der Bibel moralisch korrekt zuzugehen habe, finden sich solche Hinweise auch in einer Studie zu Bibelillustrationen (Metzger 2012). So stören sich Grundschüler/innen u.U. an der Nacktheit der Personen in der Schöpfungsszene (291ff) oder am brutalen Drüberweggehen der Passanten in der Geschichte vom Barmherzigen Samariter (323; 441). Auf unser Bild bezogen könnte das bedeuten, dass sich die Kinder irritiert fühlen durch Marias Gebetsgeste, der Art, wie das Jesuskind (in der Krippe?!) liegt oder über Josefs Schlafhaltung. Gerade weil das zentrale Weihnachtsbild so bekannt ist, sind Abweichungen für die Kinder u.U. problematisch. Dagegen wird das Fehlen einer (Zentral-)Perspektive mit dem harten Übergang zwischen der mittleren und der unteren Szene in diesem Alter wohl kaum registriert werden (Mollenhauer 1996, 164f).

Auffällig ist, dass Bucher und Metzger den Praxiskontext ihrer Studien kaum reflektieren. Es geht nicht um Bildrezeption überhaupt, sondern um den kindlichen Zugang zu Bildern in Kinderbibeln, als Illustration oder selbst gemalt. Die Relativität dieser Aussagen wird deutlich, wenn wir in unserem Fall davon ausgehen wollen, dass es uns um ein Bild gehen soll, das in einer Größe, die das Original übertrifft, in guter Qualität an der Wand oder auf dem Whiteboard zu sehen sein soll. Das Bild gewinnt damit eine bestimmende Position im Klassenzimmer – analog einem Hochaltar im Kirchenraum.

In einer kleinen Studie hatten wir (Büttner/Rupp 1998) Schüler/innen drei Jesusbilder vorgelegt mit der Bitte, diese auf ihre Eignung zur Dokumentation einer entsprechenden Geschichte zu prüfen: zwei Illustrationen zu Religionsbüchern und ein mittelalterliches Kunstwerk. Interessant ist dabei die folgende Antwort eines Zweitklässlers:

> „Überall ist Jesus drauf. Nur die meisten sind halt der Meinung, dass des [mittelalterliche Bild] am besten zu Jesus passt. Und ich find's auch am besten, weil ich glaub', des ist ein richtiges Gemälde, was auch in einem Museum hängt. Ich glaub', des hab' ich schon mal gesehen."

Hier wird deutlich, dass *das Sehen* kein unabhängiger, individueller Prozess ist, sondern Teil einer Tätigkeit, „die automatisch auf das körperlich verankerte ‚Know-how' oder ‚Praxiswissen' zurückgreift, welches das Individuum durch sein konkretes Involviertsein mit der dinglich-materiellen und sozialen Umwelt ausgebildet hat" (Prinz 2014, 34). Konkret heißt das zu überlegen, welche Praktiken in der von uns anvisierten Klasse geläufig sind. Der zitierte Schüler spielt auf seine Praxis als Museumsbesucher an. Dies impliziert eine Vertrautheit mit dem Gegenüber zu Werken mit einer gewissen Aura. Es zeugt aber auch von einer Manifestation von ‚kulturellem Kapital' im Sinne Bourdieus (Bourdieu/Darbel 2006). Gleichzeitig wird deutlich, dass die unterrichtliche Begegnung mit einem anerkannten Kunstwerk im Prinzip an museumspädagogische Praxen erinnert oder an außerschulische Unternehmungen im Sinne der Kirchenraumpädagogik. Der signifikante Unterschied liegt nun darin, dass die Wiedergabe eines Kunstwerkes durch Projektion einerseits dessen beliebige Reproduzierbarkeit dokumentiert, andererseits jedoch versucht, die Aura des ursprünglichen Werkes zu transportieren. So lassen sich auch Beobachtungen zur Praxis des Sehens im Museum durchaus auf unsere schulische Konstellation übertragen. Alexander Glas (2015) beschreibt das Sehverhalten von Haupt- und Realschüler/innen vor einem Landschaftsgemälde des 19. Jahrhunderts. Das Eye-Tracking zeichnet dabei die Blicke der Schüler/innen vor dem Kunstwerk auf. Zeit und Intensität des Blickvorganges sind kaum willentlich gesteuert. Sie zeigen, dass in diesem Fall die Hauptaufmerksamkeit dem gut sichtbaren Brückengebäude gilt. In einem anschließenden Fragebogen erinnern die Schüler/innen nur einen Teil der visuell erfassten Gegenstände. Ihre häufigste Nennung betrifft die abgebildeten Personen. Glas führt das darauf zurück, dass vor allem solche Bildelemente erinnert werden, die zuvor auch begrifflich identifiziert werden konnten. Man könnte sagen: Man sieht nur, was man kennt. Ließen sich diese Ergebnisse auf das Sehen des Weihnachtsbildes durch Grundschüler/innen übertragen, hieße das, dass der Erfolg letztlich davon abhängt, welche Figuren die Kinder schon kennen und jetzt auf dem Bild identifizieren können. Es wird sich aber auch zeigen, wie weit einzelne Schüler/innen solche Museumserfahrungen mitbringen und so hier auf bekannte Praktiken stoßen werden. Nicht zuletzt heißt dies, dass es wenig Sinn macht, eine solche Aktion nur einmal zu veranstalten. Wenn zeitnah ein zweites Weihnachtsgemälde in ähnlicher Weise unterrichtlich behandelt wird, dann besteht die Chance, dass ein solcher Zugang von mehreren, vielleicht sogar allen Schüler/innen angeeignet wird. Schematisch gesehen ergibt sich dann die folgende Konstellation:

Appelle des Bildes	Angesprochene Praktiken
➢ Enthält die bekannten Figuren der Weihnachtsgeschichte ➢ Es gibt unbekannte Variationen und neue Figuren ➢ Das Bild entspricht den *realistischen* Erwartungen der Grundschüler/innen ➢ Die Präsentation folgt entsprechenden Praktiken der Museumspädagogik	➢ Die Personen und das Ambiente des Bildes enthalten das kulturell verbreitete Programm des Weihnachtsnarrativs ➢ Die Arbeit mit *Wimmelbildern* ist seit der Kindergartenzeit vielen geläufig ➢ Praxen der Bildbetrachtung lassen sich gut einüben ➢ Die Praxis ist affin zur Museums-, Kirchenraum- und Kunstpädagogik

13. Exemplarische Planung II

13.1 Vorüberlegungen zum Thema ‚Segen' in der Grundschule

Das Thema ‚Segen' ist von zwei Seiten her für den Religionsunterricht von Interesse. Die Unterrichtseinheit ‚Jakob' ist für die meisten Lehrpläne der Grundschule vorgesehen (Steinkühler 2017). Wie schon angemerkt, kontextualisieren die einzelnen Pläne die biblischen Perikopen in ganz unterschiedliche Themenfelder. Eine zentrale Fragestellung bildet dabei die Rivalität der beiden Brüder Jakob und Esau um den *Segen*. Diese Geschichte ist gattungsmäßig eine ätiologische Sage, weil sie die geschichtliche Auseinandersetzung Israels mit den Edomitern zurückprojiziert in eine Auseinandersetzung der beiden Urväter bis in deren Kindheit, ja sogar in den Mutterleib. Als *Familiengeschichte* bietet die Darstellung für Kinder viele Anknüpfungspunkte. Die unterschiedlichen Interessen der beiden Zwillingsbrüder, die besondere Bindung an Vater und Mutter, die permanente Frage von Bevor- bzw. Benachteiligung. Gegenstand dieses Konfliktes ist der Segen – und damit etwas, das bei den Kindern eher weniger geläufig ist und wenn, dann gewiss nicht in der Bedeutung der Perikope. Man wird also nicht darum herum kommen, sich der Bedeutung dieses Themas zu vergewissern. Damit sind zwei Themenstränge angesprochen. Das Thema ‚Segen' taucht in der Jakobsgeschichte noch an zwei weiteren Stellen prominent auf: bei Jakobs Kampf mit dem Gottwesen am Jabbok und schließlich bei seinem Segen an die zwölf Söhne als den Repräsentanten der zwölf Stämme Israels. Der zweite Kontext eröffnet sich mit der vielfältigen Praxis des Segnens und Gesegnet-Werdens im Rahmen von Kirche und eventuell Familie (Grethlein 2005, 276ff). An dieser Stelle ist interessant, wie der Lehrplan Evangelische Religion des Kantons Thurgau (LP Thurgau 2012) das Segensthema als Schlüssel für das ganze 2. Schuljahr situiert. Die alttestamentliche Segensthematik rahmt dabei mehrere Jesuseinheiten, u.a. die Weihnachtsthematik.

Der Segen Gottes Abraham, Sara und Isaak – Vertrauen und Segen	4. Mose 6,24–26 Aaronitischer Segen Mt 13,31–32 Gleichnis vom Senfkorn 1. Mose/Gen 20ff
Advent und Weihnachten und andere Jesus-Perikopen Brot für alle (≈ für die Welt)	
Jakob und Esau, Rahel und Lea	1. Mose 25,19 Esau und Jakob bis 1. Mose 35,29 Jakobs Rückkehr

13.2 Die elementare Struktur

Wie schon früher erwähnt, bietet auch hier der Lehrplan eine gute Orientierung für die Erarbeitung einer elementaren Struktur. Mit den Figuren der Jakob-Einheit begegnen wir dem archaisten, aber auch grundlegendsten Verständnis von Segen. Claus Westermann (1992, 13) verweist auf die spezifische Unterscheidung zwischen ‚rettendem und segnendem Handeln Gottes'. Rettung – exemplarisch im Exodus-Ereignis – ist Ausdruck von Gottes Geschichtshandeln. Segen manifestiert sich dem gegenüber in der Natur – exemplarisch in der Fruchtbarkeit der Pflanzen und Tiere und v.a. der Menschen. Daraus ergibt sich dann auch die spezifische Spannung zwischen der Segensverheißung der Erzväter und den Schwierigkeiten der Erzmütter, Nachkommen zu gebären. Positiv wird der Segen an seine rituelle Weitergabe geknüpft (56f):

> „Am deutlichsten tritt uns die alte Auffassung vom Segen in Gen 27 entgegen, wo uns erzählt wird, wie Jakob den Segen seines Vaters Isaak erlistet. Aus dieser Erzählung ergeben sich die wesentlichen Züge.
> (1) Der Segen ist die vom Vater an den Sohn weitergegebene Lebenskraft; das Wort hat hier die ursprüngliche Bedeutung: Kraft der Fruchtbarkeit und Kraft des Gedeihens. Diese Kraft wirkt sich nicht nur am Gesegneten selbst, sondern auch an seinem Besitz, hier vor allem seinem Vieh aus.
> (2) Der Vater hat nur *einen* Segen zu vergeben. Dies muss auf ein frühes Verständnis des Segens weisen; in einer anderen Stelle in den Vätererzählungen, bei der Segnung der Söhne Jakobs, können ohne jeden Anstoß alle zwölf Söhne gesegnet werden.
> (3) Der Segen ist unwiderruflich und wirkt unbedingt. Dieser Zug spielt in der Erzählung eine wichtige Rolle. Ist der Segen einmal erteilt, so kann die Segensübertragung nicht mehr rückgängig gemacht werden.
> (4) Der Zeitpunkt der Segnung ist der des Abschieds, der Vater erwartet seinen Tod."

Später verändert sich das Segensverständnis. Er wird gebunden an den Bund JHWHs mit seinem Volk und kann im Falle des Bundesbruches auch entzogen werden (51). Doch für die angesprochene Geschichte kommt eine andere Perspektive dazu: in der beschriebenen Szene tritt der magische Charakter dieses Segensverständnisses zutage (59). Literaturgeschichtlich strahlt die Behandlung der Segensthematik auf die Abrahamsgeschichten aus und rahmt damit die Vätererzählungen (Leuenberger 2015, 58f). In der Priesterschrift finden wir dann die Segensaussage, die sich als Schlüsseltext im christlichen Gottesdienst wiederfindet – der aaronitische Segen: (Num 6,24–26): *Der Herr segne dich und behüte dich, der Herr lasse sein Angesicht leuchten über dir und sei dir gnädig, der Herr hebe sein Angesicht über dich und gebe dir Frieden.* Mit diesem Aspekt kommt nun gewissermaßen die existentielle Dimension des Themas ins Spiel (Wagner-Rau 2015, 189).

„Indem Menschen die Worte und Gesten des Segens vollziehen, treten sie in einen Prozess ein, der sie auf eine spezifische Weise zu Gott, zu sich selbst und zur umgebenden Wirklichkeit ins Verhältnis setzt."

Nimmt man diese Einsicht zum Ausgangspunkt, dann ist es nicht sinnvoll, die elementaren Strukturen aus der innerbiblischen Entwicklung der Segensvorstellung abzuleiten. Es geht vielmehr um eine spezifische Beziehung in der Triade Mensch – Gott – Mitmensch.

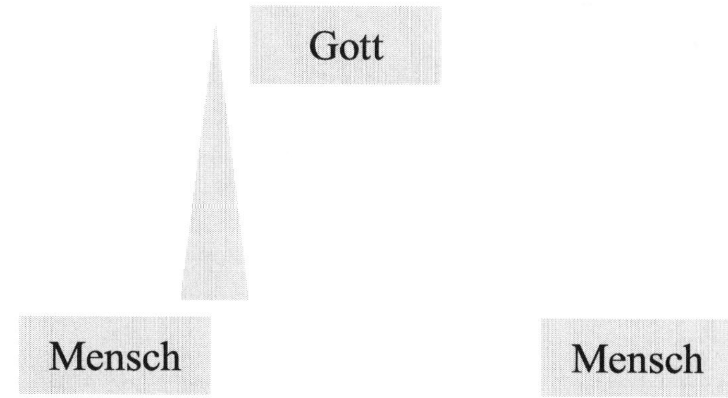

Segnen bedeutet demnach eine Kommunikation zwischen Menschen, die an entscheidender Stelle Gott einbezieht. Streng genommen geht es darum, dem anderen zu versichern, dass Gott in positiver Weise an ihm handeln wird, zumindest wird das erwartet. D.h., dass der Segnende einerseits handelt, aber eigentlich nur mitteilt, dass Gott handeln wird. Die unterschiedlichen Varianten dieser Konstellation betreffen nun die Frage nach dem Wie. Gäbe es eine Art Sicherheit, dass mein segnendes Handeln das bewirkt, was ich segnend antizipiere, dann läge hier eine Variante (weißer) Magie vor. Je unsicherer es bleibt, was mein Segnen bewirken wird, umso mehr bewege ich mich im Bereich des Symbolischen, das die Frage einer Wirksamkeit faktisch offen lässt bzw. offen lassen muss. Ich kann eine mögliche Wirksamkeit dann am ehesten im Bereich psychologischer Beeinflussung sehen – also quasi auf der Achse Mensch-Mensch. Man wird das Zitat von Wagner-Rau hier verorten können und dazu die meisten Segensaktivitäten, die in pädagogischer Absicht unternommen werden. Diese Konstellation hat viele Varianten. Auch das Grüßen (Grüß euch Gott!) geht in dieselbe Richtung (auch wenn der mögliche Verursacher des Guten heute eher im Allgemeinen bleibt). In diese Konstellation lässt sich auch die Fürbitte einzeichnen und ihre unreligiösen Schwestern, die ‚guten Wünsche'. Der dunkle Gegenbegriff ist der Fluch, für den all das Gesagte mit negativem Vorzeichen auch gilt.

Die segnenden Erzväter gehen noch von einer materiellen Realität des Segens aus. D.h., sie sind sicher, dass der einmal gegebene Segen den Segnenden und den Gesegneten, aber auch Gott bindet – im Sinne einer sicheren Kausalität. Das kann in dieser determinierenden Weise auch innerbiblisch nicht durchgehalten werden. D.h., dass etwa die Verheißung des gnädigen Angesichts Gottes im aaronitischen Segen, subjektiv ‚genossen' werden kann, ohne dass eine magische Sicherheit damit verbunden ist. Im Rahmen des skizzierten Schemas muss es unterrichtlich darum gehen, das Segenshandeln zwischen die beiden Pole Magie und Symbolik zu situieren. Wer die magische Seite ganz vernachlässigt, verfehlt die Jakobs-Perikope und schließt ein Handeln Gottes in dieser Welt faktisch aus. Doch nur die symbolische Deutung lässt Gott und uns Menschen die Freiheit, das segnende Handeln nicht zu fixieren, und schafft die Möglichkeit, den Segen auch in unerwarteter Form erfahren zu können.

13.3 Mein existentieller Zugang zum Segen – elementare Wahrheit als Lehrertheologie

Zweifellos kann man die Geschichte von Jakobs Segensbetrug erzählen, ohne vertieft auf die Details des Segnens einzugehen. In der Welt der Vätergeschichten gehören solche ‚geheimnisvollen' Akte irgendwie dazu. Doch spätestens wenn es um die Möglichkeit gegenwärtigen Segnens geht, stellen sich grundlegende Fragen: „Was passiert beim Gesegneten und beim Segnenden?" und „Wer darf nun aber segnen?" (Labusch/Rogge 2006, 172.173). Für die Unterrichtsperson heißt das: Welche konkreten Erfahrungen habe ich mit dem Segen? Da gibt es die Erfahrung des Gesegnet-Werdens am Ende jedes Gottesdienstes und bei Andachten. Doch neben diesen

Geschehnissen ‚aus der Ferne' stehen dann die intimeren etwa bei Konfirmation oder Firmung mit Gesten der Handtauflegung. Dazu treten solche Erfahrungen bei Hochzeiten, Taufen oder Amtseinführungen. Doch wie werden diese erlebt? Manchen Menschen ist diese Nähe peinlich, andere suchen sie ausdrücklich in Segensgottesdiensten. Man kann sich an Definitionen orientieren wie „Segnen ist Gutes wünschen im Zeichen und Namen Gottes und damit in der Macht Gottes" (173). Doch das hilft mir nur bedingt, wenn ich mich zur Thematik etwa gegenüber Grundschüler/innen äußern soll. Es geht darum: ‚Was traue ich dem Segen zu?' Wenn ich jemandem Segenswünsche zukommen lasse, ist das dasselbe wie an ihn denken? Vielleicht freut er sich, wenn er es liest, aber bewirkt es etwas? Kann diese Wirkung etwa so gravierend und nachhaltig sein wie in den Vätergeschichten der Bibel? Kann ich selber nicht nur Segenswünsche – etwa per Post – versenden, sondern explizit segnen, z.B. meine Schüler/innen? Hier kommen vielen Lehrkräften Zweifel. Doch es gilt „Wenn der Segen eine Grundgeste des Glaubens ist, darf er von allen Glaubenden praktiziert werden, und das schließt auch die Kinder ein" (ebd.). Das Segnen ist demnach kein Privileg von Pfarrer/innen und expliziten Kirchenvertretern. Der Segen kann auch von den Schüler/innen weitergegeben werden. Da der Segen jemanden Gott anempfiehlt, legt man auch die Wirkung in Gottes Hand. Man kann also nichts ‚falsch machen'. Das Wie der Wirkung des Segens muss ausdrücklich offen bleiben – so strikt kausal wie in der Jakobsgeschichte sollte man eher nicht denken. Doch man sollte eine mögliche Segenswirkung auch nicht kleinreden. Das explizite Segnen mit Berührung ist dagegen eine sehr intime Angelegenheit. D.h., es ist unproblematisch, wenn der Segen unter vertrauten Menschen erteilt wird (z.B. Eltern im Hinblick auf ihre Kinder). Gegenüber weniger nahestehenden Menschen ist die Berührung u.U. heikel – hier hat es seinen Sinn, dass etwa ein Amtshabit die Distanz symbolisiert (z.B. Pfarrer im Talar).

Meine Ausführungen zielen auf zwei Situationen: Mein eigenes Segensverständnis wird in meine Präsentation der Segensgeschichte einfließen – und sollte mir von daher einigermaßen bewusst sein. Das zunehmende Interesse an Segenspraktiken – gerade in der Grundschule – legt es nahe, in diesem Zusammenhang über mögliche Segensrituale im Unterricht, zumindest zu exponierten Anlässen, nachzudenken (Labusch/Rogge 2006). Hier ist es noch wichtiger, dass ich als praktizierende Lehrperson einen eigenen Standpunkt einnehmen kann.

13.4 Segen in der Sicht der Schüler/innen – elementare Zugänge

Gibt es eine Entwicklungspsychologie des Segensverständnisses? Vielleicht nicht explizit, aber es gibt Untersuchungen, die dieses Verständnis aufklären können. Jacqueline Woolley hat untersucht, wie sich bei Kindern das Verständnis von

Wünschen, Wunscherfüllung und dem Beten entwickelt (Woolley 2000). Man sieht, dass der Ausgangspunkt ein magisches Einverständnis ist, das einen inneren Zusammenhang zwischen Wunsch und Erfüllung zur Grundannahme hat. Doch differenziert sich diese Einstellung, die dann in ähnlicher Weise auch für das Gebetsverständnis relevant wird. Für das Wünschen heißt das (Büttner/Dieterich 2016, 44):

Interviewfragen	Jüngere Kinder (3–4)	Ältere Kinder (5–6)
Weißt du, was es heißt, einen Wunsch zu äußern?	65	93
Hast du jemals einen Wunsch geäußert?	53	76
Werden Wünsche Wirklichkeit?		
Immer	22	0
Manchmal	74	95
Wurden deine eigenen Wünsche Wirklichkeit?	56	38

Die Prozentangaben lassen wohl ähnliche Werte auch im Hinblick auf die ‚Wirksamkeit' von Segenshandlungen erwarten. Beim Beten und beim Segnen wird Gott ja in irgend einer Weise als ‚Erfüller' von Wünschen erwartet – was jedoch, das wissen bereits die älteren Kinder, so selbstverständlich nicht funktioniert.

Es gibt nun eine Untersuchung, die – unmittelbar anschlussfähig an die zitierte Studie – die Segenserwartungen gerade eingeschulter Kinder betrifft. Marcell Saß (2010) beobachtet die folgenden Facetten:

> Geschenk und Schutz (144): „Petra […] legt sich die Hand auf den Kopf, um die Segensgeste zu veranschaulichen und erklärt: ‚Gott bringt viel Glück für euch!'. Auf Nachfrage, warum das so gemacht wurde, kann sie umgehend eine Erklärung liefern: ‚… damit man sich eindenkt, dass der Gott viel Glück bringt.'" Oder Anja im Gespräch mit dem Interviewer (145): „Anja: ‚Der Pfarrer hat das so gemacht, weil der uns beschützt.' I: Ja, aha, wer beschützt euch? Anja: ‚Der Jesus. Und der Gott.'"

> Die Anknüpfung an die familiale Erfahrung des ‚Wuschelsegens' (147): „Miriam: Aber meine Mami mal. *[Miriam legt sich die Hand auf den Kopf]*. Und mein Papa. I: Mh, warum machen die das? Miriam: ‚Weil sie mich auf'm Kopf streicheln wollen."

> Die Erfahrung, dass die Segenswirkung kein Automatismus ist (ebd.): Nele: „Weil da haben die in der Kirche gesagt, das bringt euch Glück, und macht die Angst weg, dass ihr keine Angst vor der Schule habt, dass ihr nicht verprügelt werdet, und jetzt heute,

draußen, das hat aber nicht geklappt, weil ich meinen Tornister nicht dabei hatte, da war so ein Großer, der hat mir in den Rücken geboxt.'"

Dieselbe Mischung aus Erwartung und gleichzeitiger Enttäuschung findet sich auch in Inger Hermanns (1999, 21) Schilderungen ihrer 12- und 13-jährigen Schüler/innen:

> In einer sechsten Stunde führt sie ihre hungrigen und aufgewühlten Schüler/innen zu ihrem Auto in der Tiefgarage. Dort teilt sie mit ihnen ihre Packung Knäckebrot und erzählt ihnen im Auto die Geschichte von der Errettung des neugeborenen Mose. Die intensive Erfahrung endet mit dem Wunsch, den in der Klasse üblichen Segen zum Abschied zu erhalten: „‚Und der Segen?' fragt Tonio. ‚Du hast recht.' Sie falten die Hände: ‚Gott segne uns und behüte uns … und gib uns deinen Frieden,'" Und kurz darauf fallen sie über einen Mitschüler her.

D.h. doch aus der Sicht der Schüler/innen, dass offensichtlich gerade angesichts bedrohlicher Erfahrungen – deren Urheber sie z.T. selbst sind – das Bedürfnis nach Schutz und Geborgenheit, wie ihn Gottes Segen verspricht, wohl den allermeisten Schüler/innen eigen ist. Damit wird deutlich, dass die gegenseitigen guten Wünsche – jemandem wie Gott aufgetragen, weil man sie selbst nicht garantieren kann – offenbar etwas sind, was zu allererst eine anthropologische Größe darstellt. Wenn wir sehen, dass in den multireligiösen Feiern letztlich das Austauschen von guten Wünschen das eigentlich Verbindende ist (Ahrnke/Rupp 2017), dann ist es auch nicht übergriffig, diese guten Wünsche jeweils Gott anzuempfehlen, d.h., Segen zu erbitten. Von daher erklärt sich auch, dass Segnen zu einer in Ostdeutschland gerade bei der Arbeit mit erst einmal nicht-religiösen Schüler/innen zu einer durchaus anerkannten Praktik geworden ist (Domagen/Handke 2016).

13.5 Übertragung in ein Schema

Meine bisherigen Ausführungen geben keine Auskunft darüber, auf welchen Unterrichtsinhalt sie denn hinauslaufen sollen. In der Tat habe ich zwei Praxisfelder vor Augen. Es soll darum gehen, wie man die Geschichte vom Segensbetrug des Jakob darbieten soll, damit Grundschulkinder verstehen können, worum es bei der Segensfrage geht. Der zweite Gedanke nimmt dann die Frage auf, ob es (bei dieser Gelegenheit) nicht sinnvoll sein könnte, dass die Lehrperson zum Stundenende ein Segenswort spricht – zumal das, was da geschieht, ja vorher zwangsläufig thematisiert worden ist. Meine Überlegungen treffen also beide Praxen.

Elementare Strukturen	Elementare Wahrheit – Lehrertheologie	Elementare Anfänge
Beim Segnen geht es darum, dass Menschen anderen Menschen etwas Gutes wünschen, dessen Verwirklichung aber Gott anheim stellen. D.h., dass das Ob und das Wie der Realisierung offen bleiben müssen. In biblischen Erzählungen wie Gen 27 wird noch von einer gleichsam magischen Segenswirkung ausgegangen, die alle Beteiligten (und letztlich auch Gott) bindet und nicht reversibel ist. Unsere heutige Segenspraxis besteht dem gegenüber in frommem Wünschen, die Gott anempfohlen werden.	Für die Lehrkraft kommt es darauf an, sich die unterschiedlichen Segensvorstellungen klar zu machen. Die Geschichte von Isaak und Jakob spielt erst einmal in einer ‚fremden Welt', deren Selbstverständnis nicht das unsere ist und dessen Logik wir erst einmal verstehen müssen. Gleichwohl sollte die Lehrkraft sich verdeutlichen, dass sie sich im Zusammenhang mit dem Segen in der Nähe ‚magischer Praktiken' bewegt – deren Ernsthaftigkeit die biblische Geschichte deutlich macht. Positiv gesprochen: Wenn ich als Lehrkraft meine Schüler/innen segne, dann ist dies ein zutiefst ernsthafter Akt. Dies zu tun kann und sollte sich eine Lehrkraft trauen – doch sie muss es sich *zutrauen*.	Manche Kinder kennen implizite (Wuschelsegen) oder auch explizite Segenserfahrungen aus der Familie. Die meisten Grundschulkinder werden den Zuspruch von Segensworten gerne aufnehmen. Doch sie wissen auch, dass daraus keine Garantie herleitbar ist, dass der Segen so wirkt, wie sie es sich erhoffen. Die Geschichte Gen 27 kann zu einer inhaltlichen Beschäftigung u.a. mit der Frage führen, wie denn Segen ‚wirkt' bzw. ‚wirken kann' und welchen Anteil dabei Gott und der Segnende haben.

13.6 Die Erzählung als zentrales Medium und ihre Appelle

Wenn ich die Geschichte vom Segensbetrug Gen 27 als Unterrichtsthema wählen will, dann muss ich bestimmte Auswahlüberlegungen anstellen. Die – durchaus begründete – Auswahl fasst die traditionell dem Jahwisten zugeschriebenen Passagen Gen 25,21–34 und Gen 27,1–45 zusammen zu einem Erzählplot. Die Rivalität der Brüder Esau und Jakob schon im Mutterbauch setzt sich fort im ‚Verkauf' des Erstgeburtsrechts und steigert sich dann in den realen Segensbetrug und dessen Konsequenzen. D.h., dass man die Perikope Gen 27 im Grunde nicht ohne die Vorgeschichte behandeln kann. Der Bibeltext ist für Schüler/innen im Grundschulalter eher zu lang als zu schwer. Zur Frage der Präsentation kann man anführen, dass im Grundschulalter bis hin zur Sek I das Verstehen bei mündlicher Darbietung deutlich besser ist als beim Selber-Lesen (Rost/Hartmann 1992; Schlücker u.a. 2017). D.h., es geht darum, einen narrativen Entwurf zu finden bzw. zu erstellen und diesen dann idealerweise zu erzählen oder notfalls vorzulesen. Angesichts der inhaltlichen Irritationen durch das sehr spezielle Segensverständnis der Geschichte legt es sich nahe, die zusätzlichen Erläuterungen zum Hergang möglichst in den Erzählplot einfließen zu lassen. Man folgt damit im Sinne der religionspädagogischen Tradition eher der Linie Walter Neidharts, der diesen Erzählstil propagiert hat – unter Verzicht auf Textnähe (Loose 2016). Dies gibt die Möglichkeit, mit der Erzählperspektive gleich die elementaren Strukturen als epistemischen Rahmen zu etablieren. Dies ermöglicht der Erzählaufriss von Werner Laubi (1985, 54ff) der – nachdem er der Vorgeschichte mit Geburt und Linsengericht eigenständig präsentiert hat – mit der Perspektive Rebekkas einsetzt (55f):

> „Rebekka erwacht. Eine Stimme hat sie geweckt. [...]
> Da ist sie wieder, die Stimme!
> Rebekka lauscht. Die Stimme kommt vom anderen Raum. Es ist Isaaks Stimme.
> ‚Ich bin nun alt geworden', hört Rebekka Isaak sagen. ‚Ich kann fast nicht mehr gehen. Meine Augen sind blind. Ich weiß nicht, wann ich sterben muss.'
> Rebekka schiebt den Vorhang, der das Zimmer Isaaks von ihrem Zimmer trennt, zur Seite. Durch den Spalt späht sie in den anderen Raum. Sie sieht Isaak. Er liegt auf den Polstern. Neben ihm sitzt Esau."

Vergleicht man diese Passage mit dem Bibeltext Gen 27,1–5, dann fällt die Umstellung auf: Die Rebekka-Passage tritt an den Anfang. Dies ist insofern konsequent, als sie in dieser Geschichte die Protagonistin ist. Als Jakob, der weiß, dass das Erschleichen des Segens zu dessen Gegenteil, einem Fluch, führen kann, zögert, sagt Rebekka V. 13: *Der Fluch sei auf mir, mein Sohn gehorche nur meinen Worten.* Sie ist also diejenige, die in dieser Geschichte als die intentional Handelnde präsentiert wird. Sie weiß das und sie übernimmt das Risiko. Isaak und Esau folgen im Grunde der ‚natürlichen Ordnung', die den Segen dem Erstgeborenen zuschreibt. Jakob handelt hier nur als Werkzeug Rebekkas, sein früherer Handel mit seinem Bruder wird nicht weiter erwähnt. Interessanterweise bleibt Gott als der Ursprung des Segens (und eines möglichen Fluchs) nur im Hintergrund. Damit ist die Geschichte – auch bereits für Grundschüler/innen – durchaus theologisch problemhaltig. Wenn Gott will, dass der Segen, der zur Volksgründung führen soll, über Jakob laufen soll, warum ist der dann nicht der Erstgeborene? Kann und darf man ‚gegen die Natur' eingreifen, um den ‚eigentlichen' Gottesplan zu verwirklichen? Es ist interessant, dass die innerbiblische

Weiterführung das Handeln von Rebekka und Jakob quasi nachträglich legitimiert, indem sie Esau moralisch abwertet, weil er ‚heidnische Frauen' geheiratet habe und damit der Segenstradition Israels nicht entsprochen hätte. Doch das steht in unserer Geschichte so nicht drin. Der Segensbetrug führt dazu, dass Isaak und Esau im Prinzip als Verlierer enden und Rebekka V. 45 realisiert, dass das Ganze in einem Racheexzess enden kann – dem Jakob durch eine Jahrzehnte dauernde Flucht entkommt.

Ich nehme im Folgenden die Laubi-Vorlage als Ausgangspunkt und versuche herauszufinden, welche Appelle von ihr ausgehen. Dies kann natürlich nur eingeschränkt erfolgen, weil die ‚Materialität' der Erzählung maßgeblich durch die erzählende Person, ihre Stimme und Haltung und ihre Gestik mitbestimmt wird.

Erzählpassagen (Laubi 1985)	**Appelle**
Rebekka tritt als erste auf (55f).	Achte auf sie, sie ist die Protagonistin!
Isaak deutet (über den Bibeltext hinaus!) sein Handeln (56): „So hat Gott den Abraham gesegnet. Und bevor dein Großvater gestorben ist, hat er mir den Segen weitergegeben. Und jetzt ist die Reihe an dir, Esau. Du bist älter als Jakob. Das Erstgeburtsrecht steht dir zu."	Der Verweis auf Abraham appelliert an Bekanntes: Jetzt passiert dasselbe, was du schon kennst bzw. erwarten kannst, da du ja nun die Regeln kennst.
Gegen den Bibeltext Rekurs auf das ‚Linsengericht' (ebd.): „Aber Esau hat doch das Erstgeburtsrecht mir verkauft!" sagt Jakob. „Davon hat er dem Vater nichts gesagt", erwidert Rebekka. „Und wenn schon: Der Vater würde trotzdem Esau segnen. Er ist der Erstgeborene."	Die Passage erinnert an die frühere Geschichte und relativiert sie zugleich: Fragwürdige Abmachungen bewähren sich oft nicht!
Es erfolgt eine ausführliche Schilderung der ‚Verkleidung' (57).	Du siehst, wie schlau Rebekka den Betrug vorbereitet hat. Sie hat an alle Eventualitäten gedacht. Du brauchst nicht nachzufragen, wie so etwas funktionieren kann (Fell, Stimme z.B.)!
Rebekka bietet ausdrücklich an, den Fluch zu übernehmen, der für den Fall des Misslingens droht (ebd.).	Siehe oben! Rebekka übernimmt die Verantwortung und Folgen.
„Wer?" „Der … Esau! Ich habe gemacht, was du mir befohlen hast." (ebd.)	Du kannst am Zögern Jakobs erkennen, dass ihm bei der Sache nicht wohl ist.

Isaak lächelt. „Dass ich so misstrauisch gewesen bin!“, sagt er. „Ich bin einfach nicht sicher gewesen, ob du der Esau oder der Jakob bist.“ (58)	Du musst bis zum Schluss zittern, ob der Betrug gelingt.
Der Wortlaut des Segens knüpft unmittelbar an die sinnliche Seite der Begegnung von Vater und Sohn an (V. 27): „Der Geruch meines Sohnes ist wie der Geruch des Feldes. Gott hat das Feld gesegnet. Und so soll er auch dich segnen!“	Du siehst, dass der Segen hier unmittelbar etwas mit den Feldern und ihrer Fruchtbarkeit zu tun hat.
Als schließlich Esau zurückkommt, spitzt sich die Geschichte zu: Isaak erschrickt. „Dann ist es doch Jakob gewesen“, sagt er. „Er hat mich betrogen. Aber ich habe ihn gesegnet und zum Herrn und Gebieter über dich gesetzt. [...] Niemand kann diesen Segen von ihm nehmen.“	Du musst die Tragik der Geschichte akzeptieren! Es gibt hier keine Teilung in Fairness!
Als er draußen ist, murmelt er [= Esau]: „Das sollst du mir büßen, Jakob!“ Mit diesem Schlusssatz verdichtet Laubi die sich neu ergebende Situation mit der Flucht Jakobs.	Die Geschichte muss weitergehen! So kann es nicht bleiben!

Es wäre vermessen anzunehmen, dass diese Aufzählung die Fülle der möglichen Appelle, die von der Erzählung ausgehen, auch nur annähernd erfassen kann. Andererseits stellt die Erzählung selbst, wenn sie im Unterricht vorgetragen wird, eine Lehrer-Praktik dar, der auf Seiten der Schüler/innen eine rezeptive Praktik entspricht. Dieser Praktik von Erzählen und entsprechendem Zuhören werden dann andere folgen: das Gespräch, das Notieren an der Tafel etc., die hier nicht weiter behandelt werden.

13.7 Die stumme Praktik der Konzentration

Doch welche konkreten Praktiken erwarte ich als Lehrkraft, wenn ich die Geschichte vom Segensbetrug (Gen 27) erzähle? Diese Frage ist religionsdidaktisch eher ungewöhnlich. Wenn ich davon ausgehe, dass die Schüler/innen sich den Text durch eigene Lektüre aneignen, dann kann ich auf didaktische Hilfestellungen hoffen, die mir Hinweise geben auf den Zusammenhang zwischen Textschwierigkeit und Lesevermögen der Kinder. Doch was erwarte ich beim Zuhören-Können. Mit Monika Falkenberg (2013) spreche ich an dieser Stelle von einer ‚stummen

Praktik'. Damit wird zum Ausdruck gebracht, dass dieses Zuhören-Können in Gemeinschaft keineswegs selbstverständlich ist. Die Fähigkeit zum Zuhören gehört auch zu den Praktiken, die die Kinder in unterschiedlichem Maße von zuhause mitbringen bzw. die in der Schule gelernt werden müssen. Wenn man sich vergegenwärtigt, dass Schweigen zu den ‚Eingangsvoraussetzungen' von Museen und Bibliotheken gehört (van den Berg/Rieger-Ladich 2015), dann wird sichtbar, dass diese Fähigkeit ein Merkmal des bildungsbürgerlichen Habitus ist. D.h., dass entsprechende Praxen in meiner Lerngruppe vermutlich unterschiedlich verteilt sein werden. Von daher ist es sinnvoll und wichtig, etwa im Religionsunterricht bestimmte Rituale des Stille-Werdens einzuüben (Maschwitz/Maschwitz 1995). Dies gilt umso mehr, als wir sowohl bei der Rezeption der Erzählung auf eine entsprechende stumme Praktik angewiesen sind als auch – und in noch stärkerem Maße – bei einem entsprechenden Segensritual. Monika Falkenberg (2013, 190) beschreibt diese Praxis der Aufmerksamkeit der Schüler/innen so:

> „Die Körper von Schulkindern vermitteln solche gespannten Haltungen zum Beispiel im Zuhören, sie zeigen das ‚Gestreckt-werden' und ‚Warten' in ihren Bewegungen, das auch als eine Art Versunkenheit verstanden werden kann, die in der gedanklichen Aufmerksamkeit für das entsteht, was die Schüler hören."

Doch gleichzeitig entsteht auch die Fähigkeit, diese *konzentrierte Interessiertheit* zu *zeigen*, so dass die Lehrperson sie gewissermaßen als ‚Leistung' attribuieren kann. Sowohl das Zuhören einer Erzählung als auch das Empfangen des Segens sind im einem schulischen Kontext eben ‚schulische Praktiken'.

13.8 Schulische Segensrituale

Die Geschichte von Jakob ist eine Gelegenheit, darüber nachzudenken, ob und in welcher Weise Segenspraktiken im Religionsunterricht – in der Regel zum Stundenende – eingeführt werden sollen. Es sollen an dieser Stelle einige Ideen skizziert werden.

1. Die Lehrkraft spricht am Ende der Stunde den Aaronitischen Segen: Der Herr segne dich und behüte dich, er lasse sein Angesicht leuchten über dir und gebe dir seinen Frieden (siehe Hermann 1999).
2. Man kann dies verbinden mit der Geschichte von Janosch über Schnuddel und den Hut (https://blogs.rpi-virtuell.de/simonewustrack/2014/06/23/gut-behuetet-mit-der-geschichte-von-schnuddel-in-die-schule-starten/):

„Schnuddel braucht dringend einen Hut. Schnuddel sagt: ‚Ich brauche einen Hut, damit er mich behütet. Hut – Hüte – behütet. So kann man es schon hören, wie er mich behütet. Wenn es also vom Himmel aus der großen Gießkanne regnet, setze ich meinen Hut auf – und werde nicht nass. Weil ich mich unter dem Hut befinde. Ich gehe im Regen herum, das Wasser plätschert auf meinen Hut und ich werde nicht nass, denn durch meinen Hut geht kein Wasser. Weil er mich behütet. Dafür brauche ich meinen Hut.'" (Janosch 1997, 5ff)

3. Man kann ein Segenslied miteinander singen, z.B. EG 170: Komm, Herr, segne uns, dass wir uns nicht trennen.
4. Man kann auch ein eigenes Segensritual einführen, in dem die Kinder sich in kleinen Kreisen versammeln und jeweils für ein Kind (nacheinander) mit den Händen ein Segensdach bilden (Labusch/Rogge 2006, 176).

Das gemeinsame Singen betrifft eine Praktik eigener Art, die mit der Klasse eingeübt werden muss. Dies gilt natürlich noch mehr für ein Segensritual, das letztlich erst dann *passt*, wenn die Schüler/innen es als *ihr* Ritual annehmen und schätzen.

14. Was fehlt – der Rahmen des Unterrichts

14.1 Was heißt in unserem Zusammenhang Rahmen?

Etwa zu der Zeit, in der Wolfgang Klafki sein didaktisches Konzept entwickelt hat, auf dem letztlich auch das Elementarisierungsmodell gründet, entwickelten Heimann, Otto und Schulz (Heimann u.a. 1965) ein alternatives Analysekonzept, das als ‚lern-/lehrtheoretische Didaktik' (Topsch 2002) firmiert. Es ist kein Wunder, dass sich die Religionspädagogik weitgehend in der Klafki-Tradition situiert hat, denn dort kommt den Inhalten letztlich die entscheidende Rolle zu. Der alternative Entwurf der lern-/lehrtheoretischen Didaktik legt dagegen sein Augenmerk besonders auf die soziale Einbettung des Unterrichts und die Partizipationschancen der Beteiligten. Die Planung wird dadurch insgesamt komplexer (Topsch 2002, 83). Das bedeutet z.B.: Wenn ich weiß, dass in meiner Klasse zwei Flüchtlingskinder sind, die wenig Deutschkenntnisse haben und kulturell noch fremd sind, dann werde ich im Kontext des Elementarisierungsprogramms hier in erster Linie daran denken, wie mein Unterrichtsinhalt Resonanz erzeugen kann auf einem sehr niedrigen kognitiven Niveau bzw. welche erklärenden ‚Supplemente' der Inhalt für diese Kinder braucht. In einem lern-/lehrtheoretischen Ansatz würde mich das nötigen, grundsätzlich (auch) zu überlegen, inwiefern sich in Gestalt dieser Kinder die gesamte Flüchtlingsthematik in meinem Unterricht abbildet. Die Stärke dieses Ansatzes liegt in der Tat darin, dass er uns aufmerksam macht, dass unser Unterricht ‚gerahmt' ist. Was das bedeutet, kennt jeder, der schon in unterschiedlichen Schulen unterrichtet hat. Wer genauer hinschaut, der wird hinter den offiziellen Bedingungen zahlreiche Merkmale erkennen, die den spezifischen Stil dieser Schule, ja sogar dieser bestimmten Klasse, ausmachen. Solche impliziten Faktoren sind die Zugangsregeln der Schüler/innen zum Lehrerzimmer, die Gewohnheiten zur Pünktlichkeit des Unterrichtsbeginns oder auch die Lichtverhältnisse in den Klassenräumen.

Wenn Sie sich an bestimmte Unterrichtsstunden zurückerinnern, dann spielen solche Merkmale gewiss eine Rolle: Da war es immer so laut, so kalt, so heiß, so eng etc. Erinnern Sie sich an eine bestimmte Unterrichtssituation ihrer eigenen Schulzeit!

Die Beispiele zeigen, dass jeder Unterricht einen *Rahmen* hat. Die Rahmen-Merkmale sind mannigfach. Es gibt solche, die bewusst zur Inszenierung ‚Schule' gehören. So tragen etwa in vielen Ländern Schüler/innen eine spezifische Schuluniform. Hierzulande sind es etwa die Regeln zum Unterrichtsbeginn (Begrüßung!), die Rederegeln (Melden!), die die Kommunikation als *schulförmig* erkennen lassen. Solche und zahlreiche Verhaltensweisen stellen sich nach einer Weile gleichsam automatisch ein – sie müssen aber, das zeigt die Arbeit mit Schulanfänger/innen, jeweils wieder zeitaufwändig etabliert werden. Wie rahmenabhängig solche Verhaltensregeln sind, kann man sehen, wenn sich eine Schulklasse etwa auf einem Ausflug außerhalb des Schulgeländes bewegt. Hier herrschen dann ganz offensichtlich andere – meist alltagsnähere – Kommunikationsformen. Bei einer gemeinsamen Zugfahrt erschiene das „Melden" vor dem Redebeitrag unangemessen. Erving Goffman (1977) hat in zahllosen Beispielen darauf aufmerksam gemacht, wie sehr unsere Kommunikation auf solche Rahmungen angewiesen ist. So zeigt etwa Ulrich Hemel (1991), dass die spezifische Rahmung ‚Religionsstunde' ein Religionsstunden-Ich erzeugt. Das wirkt sich dann etwa so aus, dass ein Bild einer Wasserfläche bei den Kindern sofort zu der Vermutung führt, es handle sich hier um den See Genezareth. Ich werde im Folgenden aus der angesprochenen Didaktiktradition von Heimann, Otto, Schulz den Impuls aufnehmen, Rahmenelemente mit zu beachten.

14.2 Der Unterrichtsraum

Schreiben Sie auf, in welchen Räumen, Sie bislang Unterricht erlebt bzw. erteilt haben. Welche Merkmale halten Sie für unterrichtsrelevant?

Wenn ich die Räumlichkeiten bedenke, in denen ich als Schüler, Lehrer oder Beobachter schon Religionsunterricht erlebt habe, ergibt sich ein sehr breites Spektrum, das verstehen lässt, wie sehr auch das Klassenzimmer einerseits Ausdruck eines bestimmten pädagogischen Stils ist, diesen andererseits aber auch mitprägt. Dies soll die folgende Aufzählung erläutern:

Grundschulklassenzimmer: Altbau mit Lese und Freiarbeitsecke	Ermöglicht verschiedene gleichzeitige Arbeitsformen – auch Stuhlkreis
Klassenzimmer mit Sechsertischen	Erleichtert Gruppenarbeit
Klassenzimmer mit mehreren Reihen von Zweiertischen	Für Einzel- und Gruppenarbeit, frontale Ausrichtung an die Tafel
Unterricht in Baracke am Rande des Schulgeländes	Geringe Beaufsichtigung in den Pausen, Tendenz zu Geringschätzung von Mobiliar u.a.
Ausgelagert in den Keller des Gemeindehauses (wg. Sanierung)	Beengt – Anstoß zum Improvisieren
Klassenzimmer mit fest verbundenen Bank-Stuhl-Kombinationen	Kein Stuhlkreis und keine Gruppenarbeit möglich
Funktionaler Neubau mit prinzipiell verschiebbaren Tischen und Stühlen	Tabula Rasa mit Variationsmöglichkeiten
Klassenzimmer mit der Möglichkeit, an der Wand für längere Dauer Ergebnisse zu dokumentieren	Ermöglicht, Unterricht als komplexen Lernprozess zu visualisieren
Klassenzimmer mit angeschlossenem Differenzierungsraum	Ermöglicht das separate Arbeiten von Teilgruppen
Plenumsraum mit zentralem Stehtisch	In einem stark von individuellen Arbeitsformen bestimmten Unterrichtssetting ermöglicht die Arbeit in diesem Raum eher eine konferenzartige Präsentation bzw. einen Austausch als Formen von Frontalunterricht

Diese gewiss nicht umfassende Aufzählung macht deutlich, dass allein die Raumauswahl maßgeblichen Einfluss auf die Form hat, in der Unterricht organisiert werden kann. Dabei ist zunächst nicht erwähnt, ob ein Raum im Winter wirklich gleichmäßig heizbar ist (Heizungsseite, Fensterseite), ob die Sonne durch Seitenfenster oder Oberlichter den Raum aufheizt, die Klimaanlage ihn im Sommer unterkühlt usw. Die Lehrpersonen haben diese Randbedingungen in der Regel schon ‚eingepreist', wenn sie ihren Unterricht planen. Kann ich den Unterricht an einer Tapete an der Wand sukzessive dokumentieren oder die Ergebnisse per Whiteboard elektronisch den Schüler/innen zugänglich machen, werde ich anders planen müssen, als wenn ich faktisch zum Frontalunterricht mit einer Tafel als einzigem Speichermedium gezwungen bin. Bei hellhörigen Wänden kann ich nur bedingt singen, wenn ich das Zimmer nicht verdunkeln kann, wird es mit Präsentationen u.U. schwierig. All das sind Faktoren, die den Auswahlprozess beeinflussen – die ihn sogar beeinflussen müssen. Das Zimmer, das für den Religionsunterricht zur

Verfügung steht, ergibt sich meist aus den Organisationsbedürfnissen der Schule. Im konfessionellen Religionsunterricht kommt es in der Regel zu speziellen Lerngruppen – zusammengesetzt aus den Schüler/innen verschiedener Parallelklassen. Dies führt einerseits dazu, dass die Passung Gruppengröße – Raumgröße nicht immer optimal ausfällt. Wichtiger ist aber, dass sich in der Sitzordnung oft die Zugehörigkeit abbildet: vorne rechts die Schüler der A, hinten links die der B. Dies erschwert unter Umständen die Kommunikation. Man kann und muss dies z.B. bei der Gruppeneinteilung berücksichtigen. Ich möchte den Gedanken zuspitzen zu der Frage: Wie könnte bzw. sollte ein ‚Fachraum Religion' aussehen?

14.3 Dichte Beschreibung eines Religionsraums

Fachräume für Religion sind eine seltene Ausnahme an unseren Schulen. Insofern kann das folgende Beispiel keinesfalls beanspruchen, in irgendeiner Weise repräsentativ zu sein. Dennoch lassen sich daran wichtige Merkmale dessen beobachten, was ein solcher Raum als Rahmung bietet.

Ein Fachraum Religion ist zunächst einmal ein ‚normales' Klassenzimmer. D.h., dass es besonderer Bedingungen bedarf; dass eine Schule, solange es das Raumangebot ermöglicht, einen Raum für den Religionsunterricht reserviert. In der Regel bedarf es dazu der Initiative einer oder mehrerer Kolleg/innen. Dies gilt auch für den von mir beschriebenen Religionsraum in der Grund- und Hauptschule einer größeren Stadt. Das Zimmer liegt in der Flucht ‚normaler' Klassenräume, von der Tür aus schaut man direkt auf eine große Fensterfront. Links ist die Tafelseite. Direkt neben der Tür links ist ein Waschbecken mit Handtuchspender, darunter mehrere Abfallkörbe zur Mülltrennung. Geht man die Tafelseite entlang, kommt eine weiße Projektionsfläche an der Wand und davor ein Tageslichtprojektor. Es folgt die aufklappbare schiefergrüne Tafel mit Kreide und Schwamm. Rechts daneben befinden sich die Instrumente zum geometrischen Zeichnen. Darüber hängt eine Uhr. In der Ecke steht ein Einzelpult mit einem Stuhl. Vor der Tafel steht dann ein der Klasse zugewandtes Lehrerpult. Darauf eine Vase mit künstlichen Sonnenblumen. Auf dem Pult liegen mehrere auf gelbem Papier gedruckte Einladungen, beim Krippenspiel der Kirchengemeinde mitzumachen.

Auf der Innenseite der Tür hängt eine Information in Bildern, durch sachgemäßes Verhalten Ansteckungen, z.B. bei Infektionskrankheiten, zu vermeiden.

Rechts neben der Tür (von dieser aus gesehen) hängen zwei Informationsblätter. Das eine instruiert über den Fluchtplan bei Gefahr, das andere enthält eine Lernzeitregel zum angemessenen Verhalten z.B. beim Schulraumwechsel. Daneben befindet sich ein Doppel-Regal (weiß, wie alle anderen Möbel im Raum) mit zehn

Fächern. Das Fach oben links ist leer, im Fach oben rechts finden sich 14 Bibeln der Einheitsübersetzung. Im zweiten Fach stehen 21 Liederbücher (Kolping), daneben liegt ein zusammengerolltes rotes Plakat; im rechten Fach findet sich ein Bibellexikon und eine Landkarte des Heiligen Landes. Im dritten Doppelfach steht links eine Laterne und rechts liegt ein großes Bilderbuch. Das vierte Doppelfach ist leer; im untersten liegen Fußmatten, auf die sich die Schüler/innen bei einem Sitzkreis auf dem Boden setzen können. Daneben befindet sich dann ein bis zur Rückwand reichender Schrank mit fünf Türen. An ihm klebt eine ‚Klassen-Regel' zum angemessenen Verhalten. Auf dem Schrank steht in einer Vase ein Strauß, an dem aus Papier gefertigte Früchte hängen. Vor dem Regal stehen zwei Tisch-Stuhl-Kombinationen mit Blick zur Wand.

Die Fensterfront besteht aus vier Einzelfenstern. An diese sind 11 bemalte Transparent-Bilder zum St.-Martin-Motiv geklebt. Auf der Fensterbank befinden sich drei Topfpflanzen und eine ca. 20 cm große Figur einer Frau mit einem großen Tonkrug, dazu ein Ährenstrauß in einer Vase und ein aus Papier gefertigtes Schwimmtier (Ente?). Unter dem Fenstersims finden sich drei Heizkörper. Orthogonal zur Fensterfront sind 2x4 und 2x5 Tisch-Stuhl-Kombinationen aufgestellt. Zwischen den Tischen und der gegenüber liegenden Wand ist Platz für einen möglichen Stuhlkreis. Der Boden des Raums besteht aus einem gelben Kunststoffbelag; an der weißen Decke sind sechs Neon-Leuchten angebracht.

Vor der Rückwand stehen drei Tisch-Stuhl-Kombinationen, ausgerichtet zur Wand. Die Wand ist geprägt von den angebrachten Bildern bzw. Symbolen. Es beginnt von der fensterabgewandten Seite mit einem Bild von Sieger Köder, darauf folgt ein Kreuz ohne Korpus. Daneben befindet sich eine Pinnwand mit zahlreichen Bildern. Rechts auf der Pinnwand findet sich ein Plakat mit dem Kirchenjahr (in einem Kreis). Es folgen im oberen Teil fünf ausgemalte Mandalas, darunter ein weiteres Köder-Bild mit dem Titel „In Gottes Hand geborgen", darunter drei Bilder einer Raupe, dazwischen noch ein kleiner Zeitungsausschnitt von einem Planetenbild. Links daneben sieht man eine Karte des Heiligen Landes in schwarz-weiß. Daneben ist auf grünem Karton ein Gebet zu lesen:

> Guter Gott!
> Du bist immer da, auch wenn ich dich nicht sehe.
> Du kennst mich und alle Menschen.
> Schenke uns Kraft für diesen Tag.
> Ich vertraue dir.

Daneben befindet sich ein größeres Poster mit den Worten ‚Aus der Mitte sein – Zur Mitte finden – Aus der Mitte leben – Welt gestalten'. Links davon eine zweite – diesmal farbige – Karte des Heiligen Landes.

Die Zeichen dieses Klassenraums sind geprägt durch eine gewisse Binarität (Lotmann 2002, 164) zwischen der ‚Schulwelt' und der ‚Religionswelt'. Die Schulwelt manifestiert sich an der Tafelseite mit Tafel und Overhead-Projektor als Medien der Vermittlung. Auf der Türseite zeigt sie sich von ihrer disziplinierenden Seite (Foucault 1977): Hygiene-Vorschriften, Klassen- und Lernzeit-Regel und der Fluchtplan. Schüler/innen sollen in der Schule zu regelgemäßem Verhalten angehalten werden. Dazu gehört dann auch die Uhr an der Tafelseite. Die Religionswelt manifestiert sich vor allem im Materialangebot des Regals und dem Bildangebot der Rückseite des Klassenzimmers. Bibeln und Gesangbücher sind klassische Medien des Religionsunterrichts. Bilderbücher verweisen auf eine spezifische Akzentuierung im Grundschulalter. Auch die beiden Bilder von Sieger-Köder sind Ausdruck eines besonderen Grundschul-Stils, dem es darauf ankommt, den Kindern Geborgenheit und Ästhetik zu vermitteln. Die zahlreichen Landkarten zur biblischen Welt sind Indikatoren für einen Unterricht, dem es wichtig ist, die Realien dieser Zeit einsichtig zu machen; dies zeigt auch die ‚biblische Frau' auf der Fensterbank. Bibel und Gesangbuch lassen sich als ‚katholisch' identifizieren, ebenso das Poster zum Kirchenjahr. Doch kann man sich bei allen Materialien und Medien gut vorstellen, dass auch evangelische Gruppen davon Gebrauch machen. Die Einladung zum Mitmachen beim Krippenspiel verweist nun auf die mögliche Gemeindebezogenheit des Religionsunterrichts.

Die Analyse dieses freundlich wirkenden Schulraums lässt erkennen, wie stark Schule disziplinierend auf die Schüler/innen einzuwirken versucht. Man darf sich dies nicht als autoritäres Handeln vorstellen. Die Ordnungen regeln das notwendige Miteinander, ohne das ein Zusammenleben und Lernen in der Schule nicht möglich wäre. Dass Schüler/innen bei einem Brandfall wissen, wohin sie gehen sollen, dass sie versuchen sollen, ihre Mitschüler/innen möglichst nicht anzustecken (‚Schweinegrippe'), sind notwendige Vorkehrungen zu ihrem Besten. Ein Leben nach der Uhr schließlich bereitet auf ein Leben in einer geregelten Erwachsenen-Welt vor. Gleichwohl wird deutlich, in welchem Maße dies Aufgabe der Schule zu sein scheint (und eben nicht der Eltern). Selbstverständlich partizipiert der Religionsunterricht an diesem Rahmen und profitiert von ihm. Seine *Zeichen* sind teils professioneller Natur, teils Ausdruck religionsspezifischer Kommunikationsformen. Die Erschließung der biblischen Welt durch Karten, Bilder, anschauliche Figuren, Lexika und schließlich des Bibelbuches selbst scheint im Vordergrund dieses Religionsunterrichts (wohl beider christlicher Konfessionen) zu stehen. Es wird gesungen, es werden Bilder gemalt (auch Mandalas) und man setzt sich auf dem Boden in einen Kreis. Dies sind vor allem Signaturen eines Religionsunterrichts in der Grundschule. Dies schließt aber nicht aus, dass manches (z.B. der Gebrauch der Bibel) auch oder vor allem in der Hauptschule zum Einsatz kommt. Die Bilder von Sieger Köder und das Gebet lassen erkennen, dass ein Geborgenheit vermittelnder Gott das Zentrum dieses Religionsunterrichts bilden möchte.

Interessant ist im Hinblick auf den Raum weniger das Miteinander der beiden sichtbar gemachten Muster als vielmehr deren Positionierung im Raum, die eine gewisse Polarisierung zu erkennen gibt. Was passiert nun in diesem Raum? Die Raumaufteilung impliziert die Aufforderung, sich umzudrehen, den Blick – statt auf die *schulische* Vorderfront des Klassenzimmers zu richten – sich dessen *religiöser* Rückseite zuzuwenden. Vom Kreuz einmal abgesehen präsentieren die meisten anderen Symbole eine „heilige Welt“, die aber im Klassenzimmer eher *zitiert* wird als dass sie anwesend wäre. Insoweit bleiben immer beide Aspekte des Klassenraums präsent und relativieren einander im dem Sinne, dass sie aufeinander bezogen bleiben und insofern die anwesenden Schüler/innen und Lehrer/innen zur Reflexion auffordern. Die ‚Umwendungen‘ zur Religion finden immer nur auf Zeit statt, und die Schule bleibt immer präsent. D.h. auch, dass alle performativen Aktivitäten innerhalb des Rahmens der disziplinierenden Schule stattfinden. Wer beim Singen, Beten oder Meditieren immer wieder stört, kann im Rahmen der Schulordnung diszipliniert werden.

14.4 Schulzeit

Schule ist vielfach durch spezifische temporale Strukturierungen geprägt. Da ist der Rhythmus von Schulzeit und Ferien, von Unterrichtszeit und Freizeit am Nachmittag/Abend und am Wochenende. Doch auch der Schultag selbst ist getaktet – in der Regel nach dem 45-Minuten-Rhythmus oder nach dem von Doppelstunden. In der Grundschule, wo eine Lehrperson oft mehrere Fächer unterrichtet, kann man die Rhythmisierung eigenständiger – nach den Bedürfnissen des Lerntaktes – variieren. Doch die Verteilung der Stunden über einen Vormittag oder Vor- und Nachmittag ergibt Lernarrangements ganz unterschiedlicher Qualität. Wer dieselbe Klasse einmal in der ersten, dann in der 8. oder 9. Stunde unterrichtet hat, der weiß, dass das einen großen Unterschied macht. Morgens sind die Schüler/innen meist rezeptiv eingestellt – willens, viel Dargebotenes aufzunehmen. Nachmittags diskutieren sie lieber oder präferieren eher ‚Unterhaltsames‘ – jüngere Kinder z.B. das Vorlesen einer Geschichte oder das Singen. Das Resultat ist, dass man bei zwei parallelen Klassen je nach Lage der Stunde wesentlich mehr oder weniger Unterrichtsstoff bearbeiten kann. Auch über das Jahr verteilt differiert die Lernintensität. Gerade die Monate vor den Osterferien erweisen sich für Lehrer/innen und Schüler/innen eher als anstrengend. Auf die Planung von Unterricht bezogen heißt das, dass 45 Minuten nicht gleich 45 Minuten sind. Wenn der Bus morgens meistens zu spät kommt und man ein Morgenritual durchführen möchte, muss man mit kürzeren Lernphasen rechnen. Wenn die Schüler das

Klassenzimmer wechseln müssen und dergleichen, dann ergeben sich analoge Probleme. D.h., Planung sollte solche Bedingungen und Vorkommnisse berücksichtigen. Was bei der Planung oft wenig bedacht wird, ist die unterschiedliche Konzentration innerhalb der Stunde. D.h., dass im ersten Drittel, in dem die Aufmerksamkeit am größten ist, oft das Thema nur vorbereitet wird, und im letzten Drittel die Resultate dann unter Zeitdruck aufgenommen werden müssen. Friedrich Schweitzer u.a. (1995, 34f) haben deshalb als Resultat der Beobachtung zahlreicher Stundenverläufe dafür plädiert, die hinführenden Einstiege eher wegzulassen, weil sie Appelle produzieren, deren Eigendynamik vom ‚eigentlichen' Ziel eher abbringen. D.h., man sollte mit dem, was am wichtigsten ist, gleich anfangen und sich genügend Zeit für die Sicherung der Resultate lassen. Doch wie detailliert kann bzw. soll man planen? Ich präsentiere dazu die Planung von Ute Heinemann (1970, 100ff).

14.5 Eine Detailplanung mit Zeitangabe

Ute Heinemann stellt uns eine Planung für ein 4. Schuljahr vor zum Thema ‚Zacharias erhält eine gute Nachricht'.

Sie formuliert als Lernziele:
„1. Erkennen, dass Lukas seinen Lesern mit der Geschichte von Zacharias (Lk 1,5–22) ein ‚Bild' vor Augen malt.
2. Das Bild vom ‚sprachlosen' Zacharias erklären können."

Die Detailplanung sieht dann so aus:
1. Ein Tafelimpuls ‚Wir erhalten eine gute Nachricht' soll die Schüler/innen zur Einsicht führen: ‚Über eine gute Nachricht freut man sich.' Vorgesehen sind dafür 10 Minuten.
2. Wird eine etwas vereinfachte Version der Lk-Passage vorgelesen: ‚Ein Engel verkündet Zacharias die Geburt eines Sohnes.' Hierfür werden 3 Minuten veranschlagt.
3. Für die Wiedergabe und Klärung des Textes sind 5 Minuten vorgesehen.
4. In einem Gespräch wird an der Tafel zusammengefasst: ‚Zacharias erhält eine gute Nachricht. Er kann diese Nachricht nicht glauben. Er ist sprachlos!' Dieser Schritt soll 10 Minuten einnehmen.
5. Es wird nach einer Geschichte gesucht, in der ebenfalls ‚jemand sich nicht freut, weil er die Nachricht wegen ihrer Großartigkeit nicht glauben kann'. Dies soll 15 Minuten dauern.
6. Ohne Zeitangabe ist noch das Abschreiben des Tafelanschriebes und die Erteilung einer Hausaufgabe (Aufsatz: ‚Da war ich aber sprachlos') vorgesehen.

Es lohnt sich, diesen Stundenentwurf im Hinblick auf die Zeitplanung nochmals genauer zu betrachten. Die ersten drei Schritte sind einigermaßen sicher planbar, wobei der Einstieg Risiken birgt. Frau Heinemann sieht dafür 18 Minuten vor. Die auf 10 Minuten geschätzte Zusammenfassung mag man noch dazurechnen, dann wären mit 28 Minuten ungefähr 2/3 der Stunde fix geplant. Dazu kommt dann die auf eine 15 Minuten geplante Transferaufgabe. Für Abschreiben und Hausaufgabe bleiben bei dieser Planung 2 Minuten. Man wird mit einem gewissen Recht davon ausgehen können, dass dieser letzte Teil viel stärker situativ behandelt werden wird als die vorherigen. Man kann sich gut vorstellen, dass die letzten beiden Schritte in die Pause fallen oder ‚irgendwie' mit dem Klingeln verkündet werden ohne Gewähr, dass sie auch realisiert werden. Weiterhin geht die Planung über 43 (explizit ausgewiesene) Minuten. Außer Referendaren bei der Lehrprobe betritt normalerweise kein Lehrer den Klassenraum unmittelbar nach dem Pausengong. Wir sehen, dass auch dieser modellhafte Plan gerade bei seinem Bemühen um Präzision bereits Abstriche bei der unterrichtlichen Umsetzung von vornherein einkalkulieren muss.

Man könnte die Anfragen an der Realitätstauglichkeit dieses Entwurfs nun in der Weise entkräften, als man etwa den Schlussteil der Stunde nochmals einer detaillierten Planung unterzöge. Man könnte Lehrerfragen und ideale Schülerantworten bedenken, Alternativfragen für bestimmte Schülerreaktionen. Bevor wir dieses Bestreben kritisch bedenken, scheint es uns sinnvoll, der Faszination einer solchen Zeitökonomie nachzugehen. Für den unterrichtenden Lehrer bringt eine solche Detailplanung einen Zuwachs an Sicherheit. Der ‚Horror vacui', die Angst, in eine Situation zu geraten, in der man keinen Stoff mehr hat oder in der der Unterricht auf ein gänzlich unbekanntes Terrain abdriftet, lässt sich auf diese Weise bannen. Dahinter steht aber auch der berechtigte Anspruch, sich darüber Rechenschaft abzulegen, was denn nun in einer bestimmten Zeit lehr- und lernbar sei. Die physikalische Definition von Leistung als ‚Arbeit durch Zeit' lässt sich in eingeschränktem Maße natürlich auch auf das unterrichtliche Arrangement übertragen.

14.6 Elementarisierung und Framing

Schüler/innen und Lehrer/innen wissen, wenn sie zu einer bestimmten Zeit einen bestimmten Raum betreten, ungefähr, was sie dort erwartet. Dies wird noch besonders betont, wenn es sich um einen Fachraum handelt. Tobias Röhl (2013) hat ausführlich beschrieben, wie das Arrangement des Physikunterrichts in den Gymnasialklassen darauf hinzielt, alle Konzentration allein auf die aufgebaute Versuchsanordnung auszurichten. Ähnliches geschieht im Religionsunterricht. So schaffen etwa Bodenbilder in der Mitte des Klassenraums eine thematische und atmosphärische Einstimmung (Stögbauer-Elsner 2016). In manchen Klassen ist es üblich, zu Stundenbeginn eine Kerze zu entzünden, die dann während der Religionsstunde brennen bleibt (Juen 2012; Evangelisches Medienhaus 2012). Wer in die eher auf Dauerkommunikation eingestellte Schulwelt einen Moment der Stille etablieren kann, der wird eine völlig neue Atmosphäre erleben können (Stögbauer-Elsner 2017; Kunstmann 2018, S. 139ff). Wer einer Klasse eine einminütige Stillephase ‚abringen' kann, der wird erleben, wie ‚lang' diese Zeit empfunden wird und wie anhaltend der Eindruck einer solchen ‚Schweigeminute' sein kann. Eine explizite ‚Rahmung' findet auch dort statt, wo in performativer Absicht Spielanweisungen gegeben werden: Sprich wie ein Schauspieler! Ihr seid jetzt die Jünger! (Rupp 2006; Kumlehn 2012a; Kumlehn 2012b). Wir sehen hier, dass Unterricht nicht voraussetzungslos stattfindet (Deshalb ist die erste Stunde in einer neuen Klasse in einem neuen Raum mit einem neuen Lehrer so spannend (Luhmann 2004). Doch die Schüler/innen kennen in der Regel den ‚Ruf' des Lehrers sowie die anderen Modalitäten des Unterrichts, so dass ein Rahmen meist schon existiert. Dieser verfestigt sich und entlastet den Unterricht, weil jeder seine Rolle kennt. Dies ist der erste Teil einer Rahmenanalyse. Welche impliziten Annahmen sind gemacht, schon bevor ich als Lehrkraft den Klassenraum betrete? Diese betreffen z.B. das oben angesprochene Religionsstunden-Ich. In der Diskussion dieses Phänomens wurde oft vermerkt, dass man es nicht schätze, dass die Schüler/innen im Religionsunterricht ‚religionsspezifische' Antworten geben, die ihrer ‚wahren' Einstellung nicht entsprächen. Gefordert wurde also ‚Authentizität'. Doch verkennt diese Kritik die angelernte Notwendigkeit, sich in jeder Unterrichtssituation rollenkonform zu verhalten. So ist es dann durchaus angemessen, wenn Schüler/innen im Religionsunterricht erwarten können, dass die Kommunikation sich in irgendeiner Weise auf die religiöse Dimension beziehen lässt (Codeunterscheidung Immanenz-Transzendenz; Büttner u.a. 2015). Es ist demnach durchaus im Sinne des Religionsunterrichts, wenn er sich seiner eigenen Rahmung bewusst ist und diese auch kultiviert. Es geht dabei um die *Habitualisierung* der verschiedenen Praktiken. Die Analyseinstrumente des Elementarisierungsansatzes sind sehr stark geprägt von den intentionalen Ausrichtungen der Lehrkraft und der Fokussierung auf eine bestimmte Unterrichtseinheit. Dimensionen wie die Praktiken und die Rahmung des Unterrichts in einer bestimmten Klasse betonen demgegenüber Phänomene der *Dauer*. Hier bildet die Einzelstunde nur ein flüchtiges Phänomen, das als Episode vielleicht gar keine Spuren hinterlässt. Für Anfänger/innen fällt es naturgemäß schwer zu realisieren, dass für sie jede Unterrichtsstunde ein Abenteuer ist – für die Schüler/innen dagegen nur eine Variante des Vertrauten. Diesen Lehrkräften ist es nur bedingt möglich, die Rahmenbedingungen umfassend zu reflektieren. Hier kann es hilfreich sein, die neue Schule mit einem ‚fremden Blick' einmal ‚ethnografisch' zu betrachten. Dann wird Schule – ein seit der eigenen Kindheit bekannter Kontinent – plötzlich transparent für neue Sichtweisen: Warum hängt da ein Plakat? Warum benutzen alle die rechte Treppe? Warum riecht es in einer bestimmten Ecke des Schulhauses so komisch? Manchmal sind solche Phänomene durchaus ‚sprechend' und ‚erklären', warum dies zum Stil eben gerade dieser Schule gehört (Büttner/Pütz 2007). Und für Lehrer/innen, deren Alltag sich im Bereich des Selbstverständlichen bewegt, ermöglicht ein solcher ‚Blick in den Spiegel' die Entdeckung neuer Seiten in der bekannten Welt.

Literatur

Ahrnke, Stephan / Rupp, Hartmut (2017), Die Konstruktion von Heterogenität in multireligiösen Schulfeiern, JKR 8, 119–128.

Baldermann, Ingo (^{8}2006)Wer hört mein Weinen? Kinder entdecken sich selbst in den Psalmen, Neukirchen-Vluyn.

Baldermann, Ingo / Nipkow, Karl Ernst / Stock, Hans (1979), Bibel und Elementarisierung, Frankfurt/M.

Barrett, Justin L. (2012), Born believers – the science of children's religious belief, New York.

Bee-Schroedter, Heike (1998), Neutestamentliche Wundergeschichten im Spiegel vergangener und gegenwärtiger Rezeptionen, Stuttgart.

Benz, Sabine / Büttner, Gerhard (2013), Narrative Ethik in der Grundschule, JKR 4, 107–122.

Berg, Horst Klaus (1993), Grundriss der Bibeldidaktik. Konzept – Modelle – Methoden, München/Stuttgart.

Berryman, Jerome W. (^{3}2017), Godly Play. Das Konzept zum spielerischen Entdecken von Bibel und Glaube, Glaubensgeschichten, hg. von Martin Steinhäuser, Leipzig.

Blumenberg, Hans (2007), Theorie der Unbegrifflichkeit, Frankfurt a.M.

Blumenberg, Hans, Theorie der Unbegrifflichkeit, Frankfurt a.M. 2007.

Boehm, Gottfried (^{3}2010), Ikonisches Wissen – Das Bild als Modell, in: ders., Wie Bilder Sinn erzeugen. Die Macht des Zeigens, Darmstadt, 114–140.

Boschki, Reinhold (2016), Elementare Wahrheiten – Versuch einer Präzisierung, ZPT 68, 73–84.

Boschki, Reinhold (^{2}2017), Einführung in die Religionspädagogik, Darmstadt.

Boschki, Reinhold / Schlenker, Claudia (2001), Brücken zwischen Pädagogik und Theologie. Mit Karl Ernst Nipkow im Gespräch, Gütersloh.

Bourdieu, Pierre / Darbel Alain (2006), Die Liebe zur Kunst. Europäische Kunstmuseen und ihre Besucher, Konstanz.

Boyer, Pascal (2004), Und Mensch schuf Gott, Stuttgart.

Bubenheimer, Ulrich (1981), Spielen im Religionsunterricht. Zu einem Unterrichtsprojekt und zu einem Mitschaufilm, Entwurf 2/1981, 6–19.

Bucher, Anton A. (1990), Gleichnisse verstehen lernen. Strukturgenetische Untersuchungen zur Rezeption synoptischer Parabeln, Freiburg/CH.

Bucher, Anton A. (2000), „Das Bild gefällt mir: Da ist ein Hund drauf". Die Entwicklung und Veränderung von Bildwahrnehmung und Bildpräferenz in Kindheit und Jugend, in: Dietlind Fischer / Albrecht Schöll (Hg.), Religiöse Vorstellungen bilden. Erkundungen zur Religion von Kindern über Bilder, Münster, 207–232.

Büttner, Gerhard (2000), Warum erzählen wir heute neutestamentliche Wundergeschichten? Lebendige Katechese 22 Heft 1, 39–42.

Büttner, Gerhard (2002), Jesus hilft! Untersuchungen zur Christologie der Schülerinnen und Schüler, Stuttgart.

Büttner, Gerhard (2003), Landkarten des Denkens, ZDPE 25, 74–81.

Büttner, Gerhard (2007), Pfui Pharao – der Pharao des Exodus als der exemplarisch Böse, in: ders. (Hg.), Zwischen Nachbarschaft und Abgrenzung – fremde Religionen in der Bibel. Ein Symposion zu Ehren von Hans Grewel, Berlin/Münster, 39–49.

Büttner, Gerhard (2010), Gibt es einen johanneischen Stil in der bildenden Kunst? In: Thomas Pola / Bert Roebben (Hg.), Die Bibel und ihre vielfältige Rezeption. FS Detlef Dormeyer, Münster, 103–114.

Büttner, Gerhard (2016), Bilderschließung: Sandro Botticelli „Geburt Christi“ (PowerPoint) (Calwer e-Doc).

Büttner, Gerhard / Dieterich, Veit-Jakobus (²2016), Entwicklungspsychologie in der Religionspädagogik, Göttingen.

Büttner, Gerhard / Freudenberger-Lötz, Petra (2003), „Eigentlich gibt Gott Verwarnungen, dass sie sich ändern!“ Kindertheologische Überlegungen zur „Pädagogik Gottes“, in: Bizer, Christoph u.a., Die Gewalt und das Böse. Jahrbuch der Religionspädagogik, Band 19, Neukirchen-Vluyn, 145–152.

Büttner, Gerhard / Rupp, Hartmut (1998), „... ein Passfoto oder Geschichte irgendwie“. Wie Kinder unterschiedliche Jesus-Bilder bewerten, in: RU : Ökumenische Zeitschrift für den Religionsunterricht, 28, 104–108.

Büttner, Gerhard / Spaeth, Frieder (2011), Wie Propheten reden. Zur Einführung, entwurf H. 2, 4–5.

Büttner, Gerhard / Roose, Hanna (2007), Das Johannesevangelium im Religionsunterricht. Informationen, Anregungen und Materialien für die Praxis, Stuttgart.

Büttner, Gerhard u.a. (2008), SpurenLesen 1. Lehrermaterialien, Stuttgart/Braunschweig.

Büttner, Gerhard u.a. (2010), SpurenLesen 2. Lehrermaterialien, Stuttgart/Braunschweig.

Büttner, Gerhard u.a. (Hg.) (1993), Religionsunterricht im Urteil von Lehrerinnen und Lehrern. Ergebnisse und Bewertungen einer Befragung Evangelischer ReligionslehrerInnen der Sekundarstufe I in Baden-Württemberg, Idstein.

Büttner, Gerhard / Pütz, Tanja (2007), „Dichte Beschreibung“ als methodische Möglichkeit bei der Erstellung von Praxisberichten, Journal für Lehrerinnen- und Lehrerbildung 7, H. 3, 56–64.

Büttner, Gerhard u.a. (Hg.) (2014), Handbuch Theologisieren mit Kindern, Einführung – Schlüsselthemen – Methoden, Stuttgart/München.

Büttner, Gerhard u.a. (2015), Einführung in den Religionsunterricht. Eine kompetenzorientierte Didaktik, Stuttgart.

Caldwell, Joyce A. / Berkowitz, Marvin L. (1987), Die Entwicklung moralischen und religiösen Denkens in einem Programm zum Religionsunterricht, Unterrichtswissenschaft 2, 157–175.

Claußen, Carsten (2013), Mehr als ein Prophet und ein Brotkönig (Die Speisung der Fünftausend) – Joh 6,1–15, in: Zimmermann (2013), 705–715.

Corsi, Giancarl (1999), Struktur, in: Claudio Baraldi u.a. (Hg.), GLU. Glossar zu Niklas Luhmanns Theorie sozialer Systeme, Frankfurt a.M., 1984–1986.

Dohmen, Christoph (²2013), Mose. Der Mann, der zum Buch wurde, Leipzig.

Domsgen, Michael / Handke, Emilia (2016), Lebensübergänge begleiten. Was sich von religiösen Jugendfeiern lernen lässt, Leipzig.

Dressler, Bernhard u.a. (Hg.) (2012), Unterrichtsdramaturgien. Fallstudien zur Performanz religiöser Bildung, Stuttgart.

EKD (Hg.) (2006), Kirche der Freiheit. Perspektiven für die evangelische Kirche im 21. Jahrhundert, Impulspapier, Hannover.

Englert, Rudolf u.a. (2014), Innenansichten des Religionsunterrichts. Fallbeispiele Analysen Konsequenzen, München.

Evangelisches Medienhaus Stuttgart (Hg.) (2006), „Die Nacht wird hell" – Kompetenzorientierter Religionsunterricht nach Bildungsstandards. Die Dokumentation einer Doppelstunde Religionsunterricht. Produziert unter der Leitung von Heide Breitel, Margit Metzger und Gerhard Ziener, Stuttgart.

Falkenberg, Monika (2013), Stumme Praktiken. Die Schweigsamkeit des Schulischen, Stuttgart.

Faust-Siehl, Gabriele (1987), Themenkonstitution als Problem von Didaktik und Unterrichtsforschung, Weinheim.

Faust-Siehl, Gabriele u.a. (o.J.), 24 Stunden Religionsuntzerricht Eine Tübinger Dokumentation für Forschung und Praxis, Münster.

Foerster, Heinz von ([4]2002), Lethologie. Eine Theorie des Erlernens und Erwissens angesichts von Unwissbarem, Unbestimmbarem und Unentscheidbarem, in: Voß, Reinhard (Hg.), Die Schule neu erfinden, Neuwied, 14–32.

Fölling-Albers, Maria / Meidenbauer, Katja (2010), Was erinnern Schüler/innen vom Unterricht? Zeitschrift für Pädagogik 56, 229–248.

Foucault, Michel ([2]1977), Überwachen und Strafen, Frankfurt a.M.

Foucault, Michel (1994), Die Ordnung der Dinge. Eine Archäologie der Humanwissenschaften, Frankfurt a.M.

Fowler, James W. (1989), Glaubensentwicklung. Perspektiven für Seelsorge und kirchliche Bildungsarbeit, München.

Freudenberger-Lötz (2008), Von Menschenfischern und Rettungstauchern – Mit Zweitklässlern im Gespräch über die Jüngerberufung in Mk 1,16–20. JaBuKi 7, 186–192.

Fricke, Michael (2005), Schwierige Bibeltexte im Religionsunterricht Theoretische und empirische Elemente einer alttestamentlichen Bibeldidaktik der Primarstufe, Göttingen.

Fried, Lilian (2008), Das wissbegierige Kind – neue Perspektiven in der Früh- und Elementarpädagogik, Weinheim.

Fröbel, Friedrich (1982), Ausgewählte Schriften Bd. 4: Die Spielgaben, hg. v. Erika Hoffmann, Stuttgart.

Gärtner, Claudia (2014), Unterrichtsplanung und -durchführung konstruktivistisch reflektieren, Jahrbuch für konstruktivistische Religionsdidaktik 5, 53–68

Glas, Alexander (2015), Lernen mit Bildern. Eine empirische Studien zum Verhältnis von Blickbildung, Imagination und Sprachbildung, in: ders. u.a. (Hg.), Kunstunterricht verstehen. Schritte zu einer systematischen Theorie und Didaktik der Kunstpädagogik, München, 383–401.

Gloy, Karen (2004), Wahrheitstheorien. Eine Einführung, Tübingen.

Goffman, Erving (1977), Rahmen-Analyse. Ein Versuch über die Organisation von Alltagserfahrungen, Frankfurt a.M.

Gradl, Hans-Georg (2013), Glaube in Seenot (Die Stillung des Sturms – Mk 4,35–41, in: Zimmermann (2013).

Grethlein, Christian (2005), Fachdidaktik Religion. Evangelischer Religionsunterricht in Studium und Praxis, Göttingen.

Grewel, Hans (1971), Die Mosegeschichten, Gütersloh.

Halbfas, Hubertus (1982), Das dritte Auge. Religionsdidaktische Anstöße, Düsseldorf.

Hanisch, Helmut / Bucher, Anton A. (2002), Da waren die Netze randvoll. Was Kinder von der Bibel wissen, Göttingen.

Harris, Paul (2012), Trusting What You're Told: How Children Learn from Others, Cambridge (MA).

Harz, Frieder (2014), Mose, in: Büttner u.a., Handbuch Theologisieren mit Kindern, Einführung – Schlüsselthemen – Methoden, Stuttgart/München 371–375.

Heil, Stefan (2015), Korrelation Wirelex (https://www.bibelwissenschaft.de/wirelex/das-wissenschaftlich-religionspaedagogische-lexikon/lexikon/sachwort/anzeigen/details/korrelation/ch/10115ba8537e4a34ef50beb6d8e76acb/)

Heimann, Paul u.a. (1965), Unterricht. Analyse und Planung, Hannover.

Heinemann, Ute (1970), Die Vorgeschichte des Lukas. Ein Unterrichtsmodell für das 4. Schuljahr, in: Horst Heinemann u.a. (Hg.), Lernziele und Religionsunterricht, Zürich u.a., 97–114.

Helbling, Dominik (2010), Religiöse Herausforderung und religiöse Kompetenz: Empirische Sondierungen zu einer subjektorientierten und kompetenzbasierten Religionsdidaktik, Münster.

Hemel, Ulrich (1991), Das Religionsstunden-Ich. Handicap oder Chance für den Religionsunterricht? Religionsunterricht an berufsbildenden Schulen 23, H. 3, 67–72.

Hermann, Inger (1999, [10]2011), „Halt's Maul, jetzt kommt der Segen." Kinder auf der Schattenseite des Lebens fragen nach Gott, Stuttgart.

Imhof, Margarete (2003), Zuhören. Psychologische Aspekte auditiver Informationsverarbeitung, Göttingen.

Janosch ([2]1997), Das große Schnuddel-Buch, München.

Jeremias, Joachim (1980), Die Gleichnisse Jesu, Gütersloh.

Juen, Maria (2012), Die ersten Minuten des Unterrichts. Skizzen einer Kairologie des Anfangs aus kommunikativ-theologischer Perspektive, Wien.

Käsemann, Ernst (1970), Begründet der neutestamentliche Kanon die Einheit der Kirche? In: ders., Das Neue Testament als Kanon, Göttingen, 124–133.

Kalloch, Christina (2016), Erzählplots. Vom Bibeltext zur Erzählung. Narrativität. Jahrbuch für konstruktivistische Religionsdidaktik 7, 99–111.

Kalloch, Christina (1997), Bilddidaktische Perspektiven für den Religionsunterricht der Grundschule, Hildesheim.

Kammeyer, Katharina / Büttner, Gerhard (2012), Erfolgreiche Bibelperikopen und ihre Lernorte. Woher 6.- und 7.-Klässler/-innen ihr Bibelwissen haben und welche Geschichten zu Lieblingsgeschichten werden, Schönberger Hefte 4/2011, 16–20.

Klafki, Wolfgang (1959), Das pädagogische Programm des Elementaren und die Theorie der kategorialen Bildung, Weinheim/Berlin.

Klafki, Wolfgang (1958/1963), Didaktische Analyse als Kern der Unterrichtsvorbereitung, in: ders., Studien zur Bildungstheorie und Didaktik, Weinheim, 126–153.

Kohlberg, Lawrence (1995), Die Psychologie der Moralentwicklung, Frankfurt a.M.

Kollmann, Bernd (2013), Brot und Fisch bis zum Abwinken (Die Speisung der Fünftausend) – Mk 6,30–44) (ActJoh 93), in: Zimmermann (2013), 294–303.

Kumlehn, Martina (2012a), „Ihr seid meine Instrumente" – Die Stillung des Sturms:

Theatral-ästhetische Inszenierung und symboldidaktisch-allegorische Fokussierung – Fallanalyse „Neumöller“, in: Dressler u.a. (2012), 83–117.

Kumlehn, Martina (2012b), „Ihr seid Eva – ihr seid Adam – ich bin Gott“: Dramaturgische Performanz und das reflexive Ringen um die Hermeneutik biblischer Texte am Beispiel der Paradieserzählung (Gen 3) – Fallanalyse „Richter“, in Dressler u.a. (2012), 119–147.

Kunstmann, Joachim (2018), Subjektorientierte Religionspädagogik. Plädoyer für eine zeitgemäße religiöse Bildung, Stuttgart.

Labusch, Christine / Rogge, Ralf (2006), „Und du sollst ein Segen sein!“ Vom Segnen und Gesegnet-Werden in Kindergarten, Grund- und Förderschule, Loccumer Pelikan, 172–177.

Laubi, Werner (1985), Abraham, Jakob, Josef. Geschichten zur Bibel Bd. 3, Lahr/Zürich.

Lehrplan Ev. Religion Thurgau/CH 2. klasse (2012) (http://www.evang-tg.ch/uploads/media/Katechetik_Lehrplan_2_Schuljahr_September_2012.pdf.

Lenzen, Dieter (1976), Struktur, Strukturalismus und strukturale Theorien der Erziehung und des Unterrichts, in: ders. (Hg.), Die Struktur der Erziehung und des Unterrichts. Strukturalismus in der Erziehungswissenschaft, Kronberg, 9–18.

Leuenberger, Martin (2015), Segen im Alten Testament, in: ders. (Hg.), Segen, Tübingen, 49–75.

Loose, Anika (2016), Biblische Geschichten erzählen mit Dietrich Steinwede und Walter Neidhart. Konstruktivistische und didaktische Implikationen, Jahrbuch für konstruktivistische Religionsdidaktik 7, 112– 130.

Lotmann, Jurij M. (2010), Die Innenwelt des Denkens, Berlin.

Luhmann, Niklas (1975), Komplexität, in: ders., Soziologische Aufklärung Bd. 2, Opladen, 204–220.

Luhmann, Niklas / Schorr, Karl Eberhard (1982), Das Technologiedefizit der Erziehung und die Pädagogik, in: dies. (Hg.), Zwischen Technologie und Selbstreferenz. Fragen an die Pädagogik, Frankfurt a.M., 11–40.

Luther, Martin (1991), Luther Deutsch. Die Werke in Auswahl, hg. v. Kurt Aland, Bd. 5: Die Schriftauslegung, Göttingen.

Mandler, Jean M. (1984), Stories, scripts, and scenes. Aspects of schema theory, Hillsdale, N.J.

Maschwitz, Gerda / Maschwitz, Rüdiger (1995), Gemeinsam Stille entdecken. Übungen für Kinder und Erwachsene, München.

Mendl, Hans (2015), Modelle – Vorbilder – Leitfiguren. Lernen an außergewöhnlichen Biografien, Stuttgart.

Metzger, Nicole (2012), „Geschichten sind doch dazu da, weitererzählt zu werden!“ – Eine empirische Untersuchung zu Sinn, Relevanz und Realisierbarkeit einer Kinderbibel von Kindern, Kassel.

Meyer, Meinert / Meyer, Hilbert (2007), Wolfgang Klafki. Eine Didaktik für das 21. Jahrhundert? Weinheim/Basel.

Mollenhauer, Klaus (1996), Grundfragen ästhetischer Bildung. Theoretische und empirische Befunde zur ästhetischen Erfahrung von Kindern, Weinheim/München.

Müller, Peter / Ralla, Mechthild (Hg.) (2011), Alles Leben hat ein Ende. Theologische und philosophische Gespräche mit Kindern, Frankfurt a.M.

Müller, Peter u.a. (2002), Die Gleichnisse Jesu. Ein Studien- und Arbeitsbuch für den Unterricht, Stuttgart.

Nipkow, Karl Ernst (1971), Schule und Religionsunterricht im Wandel. Ausgewählte Studien zur Pädagogik und Religionspädagogik, Heidelberg.

Nipkow, Karl Ernst (1979), Elementarisierung biblischer Inhalte. Zum Zusammenspiel theologischer, anthropologischer und entwicklungspsychologischer Perspektiven in der Religionspädagogik, in: Baldermann, Ingo / Nipkow, Karl Ernst / Stock, Hans, Bibel und Elementarisierung, Frankfurt a.M., 35–73.

Nipkow, Karl Ernst (1984), Elia und die Gottesfrage im Religionsunterricht. Elementarisierung als religionsdidaktische Aufgabe. Der Evangelische Erzieher 36 (1984), 131–147.

Nipkow, Karl Ernst (1986a), Elementarisierung als Kern der Lehrplanung und Unterrichtsvorbereitung am Beispiel der Elia-Überlieferung, Braunschweiger Beiträge 1986/3, 3–16.

Nipkow, Karl Ernst u.a. (Hg.) ([2]1988), Glaubensentwicklung und Erziehung, Gütersloh.

Nipkow, Karl Ernst (1982), Grundfragen der Religionspädagogik Bd. 3: Gemeinsam leben und glauben lernen, Gütersloh.

Oser, Fritz / Gmünder, Paul ([4]1996), Der Mensch – Stufen seiner religiösen Entwicklung. Ein strukturgenetischer Ansatz, Gütersloh.

Oser, Fritz / Reich, Karl Helmut (1990), Moral Judgement, Religious Judgement, World View and Logical Thought. A Review of Their Relationship, British Journal of Religious Education 12, 94–101; 172–181.

Parsons, Michael J. (1987), How we understand art. A cognitive developmental account of aesthetic experience, Cambridge.

Piaget, Jean (2015), Das moralische Urteil des Kindes, Neuausgabe, Stuttgart.

Prinz, Sophia (2014), Die Praxis des Sehens: über das Zusammenspiel von Körpern, Artefakten und visueller Ordnung, Bielefeld.

Reiß, Annike (2015), „Man soll etwas glauben, was man nie gesehen hat." Theologische Gespräche mit Jugendlichen zur Wunderdidaktik, Kassel.

Ritter, Werner, H. (1989), Glaube und Erfahrung im religionspädagogischen Kontext. Die Bedeutung von Erfahrung für den christlichen Glauben im religionspädagogischen Verwendungszusammenhang, Göttingen.

Röhl, Tobias (2013), Dinge des Wissens. Schulunterricht als sozio-materielle Praxis, Stuttgart.

Roose, Hanna (2012), „War das wirklich so?" – Mose im Religionsunterricht der Grundschule. Zwischen Tatsachenbericht und fiktiver Erzählung, JaBuKi 12, 147–158.

Roose, Hanna (2013), Narrative Ethik und Adressierung am Beispiel des Gleichnisses vom barmherzigen Samariter, in: JKR 4, 61–75.

Roose, Hanna / Büttner, Gerhard (1999), Moderne und historische Laienexegesen von Lk 16,1–13 im Lichte der neutestamentlichen Diskussion, ZNT 7, 52–64.

Rosenberg, Rina (1989), Die Entwicklung von Gebetskonzepten, in: Bucher, Anton A. / Reich, K. Helmut: Entwicklung von Religiosität, Freiburg (CH), 175–198.

Rost, Detlef H. / Hartmann, Annette (1992), Lesen, Hören, Verstehen, Zeitschrift für Psychologie 200, 345–361.

Rupp, Hartmut / Bosold, Bernhard (o.J.), Basics im Religionsunterricht (https://shop.irp-freiburg.de/neue-publikationen-36/gemeinsamkeiten-staerken-unterschieden-gerecht-werden-umsetzungsimpulse-fuer-die-unterrichtspraxis.html).

Rupp, Hartmut (2009), Kontinuität und Vielfalt. Wie kann man sich die Fülle biblischer Texte merken? In: Gerhard Büttner / Volker Elsenbast / Hanna Roose (Hg.), Zwischen Kanon und Lehrplan, Münster.

Rupp, Hartmut (2006), Den Textraum erkunden. Eine Methode zur Erschließung von Wundergeschichten, entwurf H. 4, 22–24.

Ruchatz, Jens (Hg.) (2007), Das Beispiel. Epistemologie des Exemplarischen, Berlin.

Saß, Marcell (2010), Schulanfang und Gottesdienst. Religionspädagogische Studien zur Feierpraxis im Kontext der Einschulung, Leipzig.

Schiering-Schomborg, Nele (2018), Zwischen den Zeilen. Jugendliche Lesen Exodus 1: Theoretische Zugänge, bibeldidaktische Impulse und empirische Ausschnitte, JaBuKiJu 2, 59–69.

Schlag, Thomas / Suhner, Jasmine (Hg.) (2017), Theologie als Herausforderung religiöser Bildung. Bildungstheoretische Orientierungen zur Theologizität der Religionspädagogik, Stuttgart.

Schlücker, Barbara u.a. (2017), Zuhören vs. Lesen: Verständnis literarischer Texte bei Schüler/innen, Zeitschrift für angewandte Linguistik 67, 149–177.

Schlüter, Kirsten / Kremer, Bruno P. (2013) (Hg.), Modelle und Modellversuche für den Biologieunterricht, Baltmannsweiler.

Schmid, Wolf ([2]2008), Elemente der Narratologie, Berlin/New York.

Schmidt, Tanja (2008), Die Bibel als Medium religiöser Bildung. Kulturwissenschaftliche und religionspädagogische Perspektiven, Göttingen.

Schnitzler, Manfred ([2]2008), Elementarisierung – Bedeutung eines Unterrichtsprinzips, Neukirchen-Vluyn.

Schottroff, Luise (2007), Von der Schwierigkeit zu teilen. (Das große Abendmahl) Lk 14,12–24, in: Zimmermann (2007), 593–603.

Schrader, Juliane (2016). „Manna ist also etwas, was sozusagen von den Schildläusen ausgeschieden wird …“ – Ein Blick in die religionsunterrichtliche Praxis aus kindertheologischer Perspektive, JaBuKi 15, Stuttgart, 23–34.

Schramm, Christian (2008), Alltagsexegesen. Sinnkonstruktion und Textverstehen in alltäglichen Kontexten, Stuttgart.

Schröder, Bernd (2017), Hintergrundwissen. Historisch-kritische Methode und Praktische Theologie, ZThK 114, 210–242.

Schützeichel, Rainer (2007), Annäherung an eine Wissenssoziologie des Exemplarischen, in: Ruchatz u.a., 357–373.

Schweitzer, Friedrich (2003), Elementarisierung. Erfahrungen, Perspektiven, Beispiele, Neukirchen-Vluyn.

Schweitzer, Friedrich (2003a), Elementarisierung der Inhalte – oder elementare Formen des Lernens?, in: Schweitzer (2003), 187–201.

Schweitzer, Friedrich (2011a), Kindertheologie und Elementarisierung. Wie religiöses Lernen mit Kindern gelingen kann, Gütersloh.

Schweitzer, Friedrich ([2]2011), Elementarisierung und Kompetenz. Wie Schülerinnen und Schüler von ‚gutem Religionsunterricht‘ profitieren, Neukirchen-Vluyn.

Schweitzer, Friedrich u.a. (1995), Religionsunterricht und Entwicklungspsychologie: Elementarisierung in der Praxis, Gütersloh.

Steinkühler, Martina (2017), Jakob – bibeldidaktisch (Primarstufe) https://www.bibelwissenschaft.de/wirelex/das-wissenschaftlich-religionspaedagogische-lexikon/lexikon/sachwort/anzeigen/details/jakob-bibeldidaktisch-i-primarstufe/ch/b7b82748bdd07d376484bd5f01f2c262/.

Stögbauer-Elsner, Eva (2016), Art. Bodenbilder, https://www.bibelwissenschaft.de/wirelex/das-wissenschaftlich-religionspaedagogische-lexikon/lexikon/sachwort/anzeigen/details/bodenbilder/ch/9a8184ec1a19ed2d4c6663e8e080d3a0/.

Stögbauer-Elsner, Eva (2017), Art. Stilleübungen, https://www.bibelwissenschaft.de/wirelex/das-wissenschaftlich-religionspaedagogische-lexikon/lexikon/sachwort/anzeigen/details/stilleuebungen/ch/fb44f7d736912f4ab2e72fa60188cebe/

Stock, Hans (1979), Theologische Elementarisierung und Bibel, in: Baldermann / Nipkow / Stock, 75–86.

Streib, Heinz (2008), Kinder und Jugendliche – religiöse Erziehung und Entwicklung, in: Friedrich Schweitzer / Volker Elsenbast / Christoph Th. Scheilke (Hg.), Religionspädagogik und Zeitgeschichte im Spiegel der Rezeption Karl Ernst Nipkows, Gütersloh, 41–54.

Sünkel, Wolfgang (2007), Zum Problem der Elementarisierung von Unterrichtsgegenständen überhaupt, in: Matthes, Eva (Hg.), Elementarisierung im Schulbuch, Bad Heilbrunn, 17–24.

Theißen, Gerd (2003), Zur Bibel motivieren. Aufgaben, Inhalte und Methoden einer offenen Bibeldidaktik, Gütersloh.

Topsch, Wilhelm (2002), Die lern-/lehrtheoretische Didaktik, in: Hanna Kiper u.a. (Hg.), Einführung in die Schulpädagogik, Berlin, 76–86.

Traub, Silke (2012), Mit Projektunterricht zum selbstgesteuerten Lernen: Wunschdenken oder Wirklichkeit? Ergebnisse einer empirischen Studie, in: Religion lernen. Jahrbuch für konstruktivistische Religionsdidaktik, 199–215.

Vaden, Victoria C. / Woolley, Jacqueline D. (2011), Does God Make it Real? Children's Belief in Religious Stories from the Judeo-Christian Tradition, Child Development 82, 1120–1135.

Valstar, Johan (2008), Het model Elementarisieren, in: Henk Kuindersma / Johan Valstar (Hg.), Verwonderen & Ontdekken. Vakdidaktiekgodsdienst primair onderwijs, Amersfort, 100–128.

Valstar, Johan (2013), The Quest for Powerful Learning Environments. Children's Theology & Elementarization, in: Henk Kuindersma (Hg.), Powerful Learning Environments and Theologizing and Philosophizing with Children, Kassel, 14–30.

Van den Berg, Karen / Rieger-Ladich, Markus (2015), Pssst! Zum ‚hidden curriculum' von Museum und Bibliothek, in: Michael Geiss / Veronika Magyar-Haas (Hg.), Zum Schweigen. Macht / Ohnmacht in Erziehung und Bildung, Weilerswist, 235–258.

Westermann, Claus (1992), Der Segen in der Bibel und im Handeln der Kirche, München.

Westermann, Claus ([3]1968), Grundformen prophetischer Rede, München.

Willer, Stefan u.a. (2007), Zur Systematik des Beispiels, in Ruchatz u.a., 7–59.

Wagner-Rau, Ulrike, Unverbrüchlich angesehen – Der Segen in praktisch-theologischer Perspektive, in: Leuenberger, Martin, Tübingen, 187–209.

Zimmermann, Mirjam (2016), Kann Kindertheologie auch unwahr sein? Ein Plädoyer für differenzierte Kriterien in der Kindertheologie, ZPT 68, 58–72.

Zimmermann, Ruben (2007) (Hg.); Kompendium der Gleichnisse Jesu, Gütersloh.

Zimmermann, Ruben (2013) (Hg.), Kompendium der frühchristlichen Wundererzählungen, Gütersloh.

Zimmermann, Ruben (2017), Figurenanalyse im Johannesevangelium. Ein Beitrag zu Sinn und Wahrheit narratologischer Exegese, Zeitschrift für die Neutestamentliche Wissenschaft und die Kunde der älteren Kirche 105, 20–53.

Gerhard Büttner
Hanna Roose
Das Johannesevangelium
im Religionsunterricht
Informationen, Anregungen und
Materialien für die Praxis
192 Seiten
Format: 16 x 24 cm, broschiert
ISBN 978-3-7668-3937-4

Das Johannesevangelium wird in den Lehrplänen des Religionsunterrichts häufig zugunsten der drei synoptischen Evangelien in den Hintergrund gerückt.

Zu Unrecht, wie die beiden Autoren überzeugend darlegen, lässt sich anhand des Johannesevangeliums doch das Thema „Jesus Christus“ in all seinen historischen, literarischen und theologischen Facetten besonders gut erarbeiten.

Hierfür bietet das Buch sämtliche exegetischen Sachinformationen, didaktischen Anregungen und Materialien, die für eine erfolgreiche Behandlung dieses Themas im Unterricht erforderlich sind.